市场营销名校名师
新形态精品教材

大数据营销
基础、工具与应用

付晓蓉 陈佳 ◉ 主编
田晓丽 吴裕珠 王浩旻 ◉ 副主编

Big Data
Marketing

人民邮电出版社
北 京

图书在版编目（CIP）数据

大数据营销：基础、工具与应用 / 付晓蓉，陈佳主编. -- 北京：人民邮电出版社，2023.9
市场营销名校名师新形态精品教材
ISBN 978-7-115-61977-8

Ⅰ. ①大… Ⅱ. ①付… ②陈… Ⅲ. ①网络营销－高等学校－教材 Ⅳ. ①F713.36

中国国家版本馆CIP数据核字(2023)第108282号

内 容 提 要

本书分为4篇13章。其中，第1章到第4章属于基础篇，主要介绍大数据概述、大数据营销概述、大数据时代的消费者行为分析、大数据广告营销等内容。第5章、第6章属于工具篇，主要介绍精准营销、大数据搜索营销等内容。第7章到第11章属于智能应用篇，主要介绍当前热门的大数据营销应用领域，包括 App 营销、微信营销、微博营销、O2O 营销、短视频与直播营销等内容。第12章、第13章属于拓展篇，主要介绍跨界营销、其他大数据营销方式等内容。

本书提供了丰富的教学资源，用书教师可登录人邮教育社区（www.ryjiaoyu.com）免费下载。

本书适合作为高等院校市场营销、电子商务及其他经管类专业本科生和 MBA（工商管理硕士）相关课程的教材，也适合作为市场营销从业人员的参考用书。

- ♦ 主　　编　付晓蓉　陈　佳
　　　副 主 编　田晓丽　吴裕珠　王浩旻
　　　责任编辑　刘向荣
　　　责任印制　李　东　胡　南
- ♦ 人民邮电出版社出版发行　　北京市丰台区成寿寺路 11 号
　　邮编　100164　　电子邮件　315@ptpress.com.cn
　　网址　https://www.ptpress.com.cn
　　固安县铭成印刷有限公司印刷
- ♦ 开本：787×1092　1/16
　　印张：12.5　　　　　　　　　　2023 年 9 月第 1 版
　　字数：252 千字　　　　　　　2025 年 8 月河北第 4 次印刷

定价：49.80 元

读者服务热线：(010)81055256　印装质量热线：(010)81055316
反盗版热线：(010)81055315

FOREWORD

前言

党的二十大报告指出，推动战略性新兴产业融合集群发展，构建新一代信息技术、人工智能、生物技术、新能源、新材料、高端装备、绿色环保等一批新的增长引擎。党的二十大报告还指出，加快发展数字经济，促进数字经济和实体经济深度融合，打造具有国际竞争力的数字产业集群。

随着大数据、人工智能、云计算等技术快速发展，信息技术与传统产业加速融合，数字经济蓬勃发展。数据作为各行各业信息系统运行的物理载体，是经济社会运行不可或缺的关键基础设施，在数字经济发展中扮演着至关重要的角色。大数据已正式成为新型生产要素，在催生新产品、新服务、新业态等方面成为新一轮科技革命和产业革命的核心驱动力。

营销行业是数字经济的前沿行业。对于营销行业而言，大数据可以帮助企业发现新市场和新机遇，亦能助力营销决策优化与创新。大数据正在重新定义营销，营销行业面临新一轮的变革与升级。

当前，大数据营销作为企业数字化转型的重要突破口，不断推动营销技术、架构、方式的变革。从基于大数据的精准营销到不断涌现的大数据营销模式正引领新趋势下的新探索。

为顺应高等教育改革浪潮，贯彻落实以大数据等技术为主旋律的"新商科"人才培养理念，编者着眼于数据驱动下的智能营销价值发现，旨在新时代、新商科背景下为读者提供一本涵盖大数据技术分析以及实践案例的大数据营销教材。

本书立足大数据的本质特点，解读大数据营销的基础理论、工具方法、智能应用，阐释如何利用大数据深刻洞察用户行为，精准触达用户需求，并通过构建大数据营销体系，让读者既能学习与大数据相关的技术，又能深刻体会这些技术在现实营销场景中的应用，使读者具备将数据思维与营销理念相结合的能力，从而对大数据营销有进一步的思考和感悟。

针对大数据时代的数据安全、数据隐私等问题，编者强调合理、合规、合法地使用技术和数据实现商业价值和社会价值，塑造正确的数据观和价值取向。

本书分为四篇——基础篇、工具篇、智能应用篇、拓展篇。基础篇主要介绍了大数据和大数据营销的基础知识、大数据时代的市场和消费者行为，以及大数据广告营销。工具篇主要介绍了精准营销和大数据搜索营销的概念、发展背景和精准营销、大数据搜索营销的应用。智能应用篇主要介绍了当前热门的大数据营销应用领域，包含App营销、微信营销、微博营销、O2O营销以及短视频与直播营销。拓展篇则主要介绍了跨界营销和其他大数据营销方式。

```
┌─────────────────────────────────────────────────────────────┐
│                      第一篇 基础篇                             │
│               大数据营销基础内容（第1～4章）                   │
└─────────────────────────────────────────────────────────────┘

┌──────────────┐  ┌──────────────────────────┐  ┌──────────────┐
│  第二篇 工具篇 │  │      第三篇 智能应用篇      │  │ 第四篇 拓展篇  │
│              │  │  ┌──────────────────────┐ │  │              │
│              │  │  │   第7章 App营销        │ │  │              │
│   精准营销    │  │  ├──────────────────────┤ │  │   跨界营销    │
│ 大数据搜索营销 │  │  │   第8章 微信营销       │ │  │ 其他大数据营销方式│
│ （第5～6章）  │  │  ├──────────────────────┤ │  │ （第12～13章）│
│              │  │  │   第9章 微博营销       │ │  │              │
│              │  │  ├──────────────────────┤ │  │              │
│              │  │  │   第10章 O2O营销       │ │  │              │
│              │  │  ├──────────────────────┤ │  │              │
│              │  │  │ 第11章 短视频与直播营销  │ │  │              │
│              │  │  └──────────────────────┘ │  │              │
└──────────────┘  └──────────────────────────┘  └──────────────┘
```

本书凝结了编者在数字经济、市场营销领域中的研究成果以及一线教学经验，是团队通力合作的结晶。感谢西南财经大学工商管理学院的硕士生马文秀、沙薇、卢萍玉、刘莉、李昭瑾、油乾、胡凯丰、刘庆、陈治宇在资料整理方面所做的贡献。在编写本书的过程中，编者参考和借鉴了众多同行的优秀研究成果，在此一并表示感谢。

鉴于编者水平有限，书中难免存在疏漏之处，在此非常诚恳地请广大读者和同行批评指正，不吝赐教，以使本书的后续版本继续完善，不断提高。

编　者

2023年夏于成都

目录 ————————————————————— CONTENTS

第 3 章

大数据时代的消费者行为分析 / 28

第 4 章

大数据广告营销 / 45

第二篇　工具篇

第 5 章
精准营销 / 56

第 6 章

大数据搜索营销 / 79

第三篇　智能应用篇

第 7 章

App 营销 / 93

第 8 章

微信营销 / 107

第 9 章

微博营销 / 119

第 10 章

O2O 营销 / 135

第 11 章

短视频与直播营销 / 147

第 13 章
其他大数据营销方式 / 174

第一篇 基础篇

第1章
大数据概述

临沂作为中国的物流之都，是中国最大的物流集散地之一。对众多商家来说，准确又高效地管理商品，与其生存和发展密切相关。借助大数据的快速发展，临沂市顺和直播电商科技产业园通过构建大数据中心为商家提供供应链选品数据分析服务，通过大数据后台的实时数据分析为商家赋能。对产业园内主要从事运动服装与鞋品经营的山东顺和名品供应链管理有限公司来说，大数据技术的应用给其带来了天翻地覆的变化。第一，从前进货、点货、卖货各环节加起来至少需要30个人来工作，借助大数据技术，这些工作如今5个人就能轻松完成，减少了人工费用支出。第二，借助数据分析服务可分析出哪款商品更受欢迎，然后管理人员根据分析的结果制定销售策略，使得决策更科学合理，最终实现商品营业额的快速上升。

1.1 大数据的诞生

计算机软硬件的不断创新，推动了信息产业的巨大进步。全球数据量在2004年为30EB，2015年为7 900EB，到2020年已经达到了35 000EB（见图1-1）。

《红楼梦》是我国的经典文学著作，全书大概有80万字。在计算机数据存储中，1EB的数据量大约等于6626亿本《红楼梦》。另外，美国国会图书馆作为全球最重要的图书馆之一，在2011年，馆藏书约为1.5亿本，存储数据为235TB，即1EB约等于4462个美国国会图书馆的数据存储量。（$1EB=1.05 \times 10^6 TB$）

大数据这个词最早出现在19世纪80年代著名未来学家托夫勒的作品《第三次浪潮》中，他将大数据看作第三次浪潮的精彩华章。2008年9月，美国《自然》（Nature）杂志正式提出"大数据"概念，并从科学和社会经济等多个领域描述了数据信息在未来将扮演越来越重要的角色。而真正让大数据成为互联网信息科技界新词的是2011年麦肯锡咨询公司（Mckinsey and Company）发布的 Big data: The next frontier for innovation, competition, and productivity，该报告从商业和经济等多个维度论述了大数据的发展潜力，列举了大数据相关的核心技术。此外，该报告还指出，在全球数据爆发式增长的背景下，数据资源已经成为各行各业业务职能领域愈发重要的生产要素。2012 年，美国政府推出《大数据研究和发展计划》，将大数据上升至国家战略。2014 年，我国政府工作报告中首次出现了大数据这一概念。2015 年，我国政府工作报告中提出了"互联网＋"行动计划，着重推动我国云计算、大数据相关产业的发展。

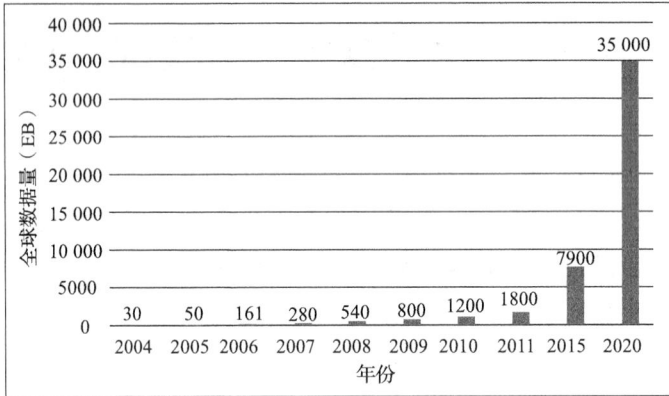

图 1-1　全球数据量变化

1.2　大数据产业发展概况

全球大数据产业发展规模的不断扩大，以及应用的全面展开，为大数据的持续发展带来了强大动力。2021 年《2020—2025 年版大数据产业政府战略管理与区域发展战略研究咨询报告》指出，2021 年全球大数据市场的规模已经达到了 2133 亿美元，相比 2019 年增加14%。在全球大数据市场中，行业解决方案、计算分析服务、存储服务和数据库服务为大数据市场份额排名靠前的细分市场，如图 1-2 所示。

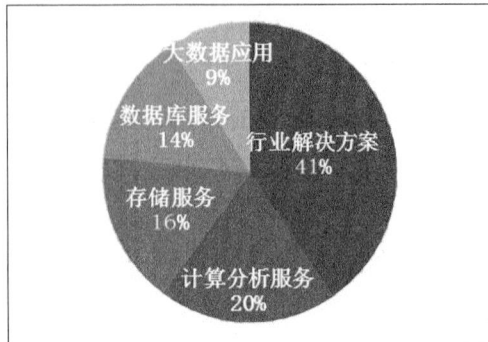

图 1-2　大数据市场份额

在全球化浪潮的影响下，我国的大数据产业也在蓬勃发展，大数据技术正在被广泛地应用到政府公共管理、工业制造、医疗、教育、商品零售等领域，大数据所形成的市场价值也在不断攀升。相关数据显示，2017年中国大数据产业市场价值达到4800亿元，2018年突破5000亿元，2019年继续稳步提升。2023年我国大数据产业市场规模预计将超过10 000亿元，到2027年我国大数据产业市场规模将接近16 780亿元，如图1-3所示。

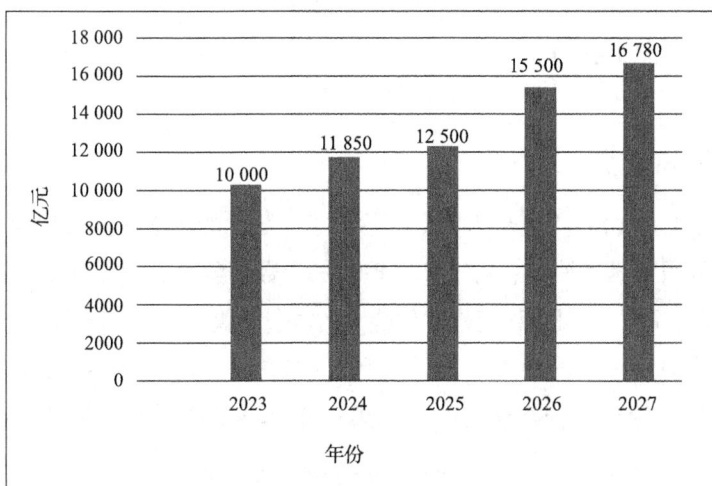

图1-3　2023—2027年我国大数据产业市场规模预测

　　从具体行业应用来看，互联网、政府、金融和电信引领大数据产业的发展，其规模合计占比达到77%，见图1-4。互联网、金融和电信三个行业由于信息化水平高、研发力量雄厚，在业务数字化转型方面处于领先地位。政府大数据是政府信息化建设的关键环节，与政府数据整合的社会治理、市场监管的应用需求依然持续火热。此外，作为大数据应用的新兴领域，工业大数据和健康医疗大数据具有数据量大、产业链延展性强的特点，预计未来市场增长潜力巨大。

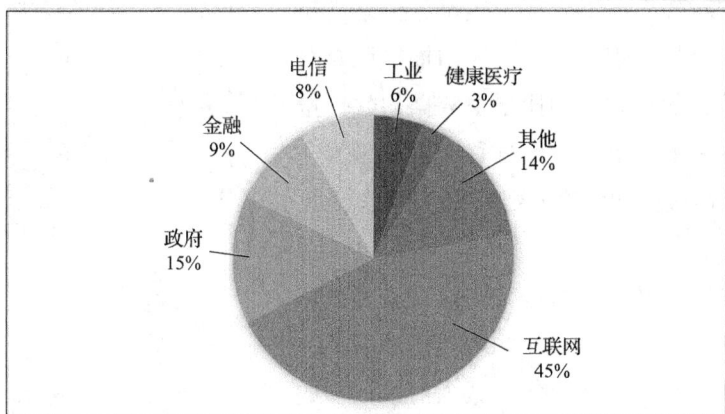

图1-4　大数据产业行业应用结构

　　为促进我国大数据的健康快速发展，2021年11月30日，工业和信息化部发布的《"十四五"

大数据产业发展规划》提出，数据是新时代重要的生产要素，是国家基础性战略资源。

在大数据时代，更多的数据以语音、视频、图片等非结构化数据的形式存在。根据统计，非结构化数据占数据总量的比例超过80%。如何从这类非结构化数据中挖掘出可用的信息，找出信息的潜在价值，将成为大数据发展的主题。

1.3 大数据的内涵

1.3.1 大数据的含义

大数据发展已久，社会各界也从不同角度给出了大数据的定义。《大数据与人工智能》认为，大数据是不能用常用工具来捕捉、管理和处理的一个数据集合，它是需要新的处理模式才能具有更强的决策力、洞察发现力和流程优化能力的海量、高增长率和多样化的信息资产。

麦肯锡咨询公司从技术的角度给出了大数据的定义，即大数据是指规模超过现有数据库工具获取、存储、管理和分析能力的数据集，并且不是数据大小超过特定数量级的数据集才是大数据。

美国国家标准与技术研究院（National Institute of Standards and Technology，NIST）从大数据内涵的角度，将大数据定义为"具备海量性、高速性、多样性、可变性等特征的多维数据集，需要通过可伸缩的体系结构实现高效的存储、处理和分析"。

综上所述，我们可以认为，所谓大数据，是指海量数据自身以及为了实现数据到价值的转换过程所涉及的工具、平台、系统的集合。

1.3.2 大数据的特征

在维克托·迈尔-舍恩伯格和肯尼思·库克耶编写的《大数据时代》一书中，大数据分析是指要对所有数据进行分析处理，而不是采用抽样调查对小数据集进行分析的方式。相比于小数据的数据量小、数据类型单一的特点，大数据具有数据量大、多样性、时效性、准确性和低价值密度的五维特点（见图1-5）。

① 数据量大。大数据的特征首先体现在大数据存储介质的容量"大"。在MP3风靡全国的时代，MB存储级别的MP3可以满足大多数人对歌曲存储

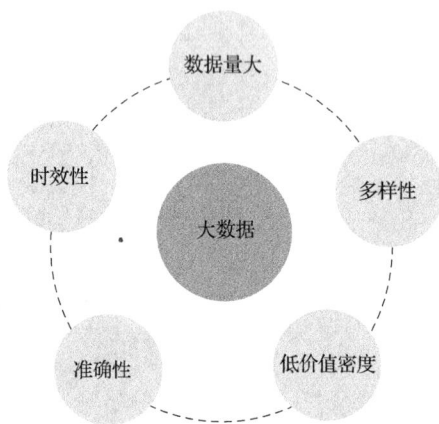

图1-5 大数据的五维特点

的要求。然而随着信息技术的发展，社会产生的数据量开始井喷式增长。数据存储单位已经从过去的MB和GB，发展到现在的PB、EB级别。社交平台（微信、QQ、微博）、物联网、电子商务等，都成为数据的重要来源。

② 多样性。广泛的数据来源，决定了大数据形式的多样性。用户个性化推荐系统作为大数据应用之一，已经广泛地应用在了京东、QQ 音乐、小红书等平台，这些平台通过对用户的行为数据、日志数据等进行分析和挖掘，从而推荐给用户其可能感兴趣的产品和内容。这些数据既有类似于用户日志的结构化数据，还有一些非结构化数据，如视频、图像等。

③ 时效性。生活中每个人都离不开互联网，每个人每天都在互联网上产生大量的数据。花费大量成本去存储作用较小的历史数据从商业角度来看是非常不划算的。对于一个商业公司而言，保存的历史数据可能只是过去几天或者一个月之内的数据，对更早的数据就要及时清除。基于这种情况，大数据对处理速度有非常严格的要求，谁的速度更快，谁就在竞争中更有优势。

④ 准确性。数据的准确性是指在数据的生命周期内，数据的一致性和完整性。保证数据的准确性意味着数据应以准确、真实、完整的方式来进行收集、记录和存储。然而，在大数据时代，数据的真假很难区分，这也是当前需要着重解决的大数据技术难题之一。如当前大型互联网平台采用的解决数据准确性问题的方法通常是技术和管理的结合。在技术上，首先通过使用更优数据预处理方法，去除大部分无用数据；然后在数据分析阶段，通过设定一系列逻辑验证规则，进一步保证数据的准确性。而在管理方面，则通过设定一个规范化的数据管理流程，如数据安全的保护等，来保证数据的真实性和准确性。

⑤ 低价值密度。大数据分析的价值在于从海量相关性较低的多种类型的数据中，挖掘出对模式预测与未来趋势有价值的部分数据，然后借助人工智能技术，如深度学习等，发现新的知识，并将其运用于各个领域，从而达到改善社会治理、提高社会生产效率的目的。

1.3.3　大数据的处理流程

用户访问企业网站的同时，网站拥有了大量的访客及其访问内容的信息，但这并不代表企业能够充分利用这些信息。为了更好地利用这些信息，企业需要对数据进行分析处理，发掘内部有价值的信息，从而对用户群体进行细分，针对不同用户群体制定个性化的营销策略。目前大数据的处理流程主要分为数据预处理、数据统计与分析、数据挖掘三个部分。

1. 数据预处理

数据预处理作为大数据分析的第一步，对数据挖掘的效果至关重要。进行数据预处理的根本原因在于原始数据中存在数据缺失、数据不一致、部分数据异常等现象，这些现象可能导致挖掘结果的偏差。进行数据预处理，一方面能提高数据的质量，另一方面能让数据更好地适应特定的挖掘技术或工具，最终达到算法和知识获取研究的最低要求和规范。数据预处理的流程包括数据清理、数据集成、数据规约和数据变换。

（1）数据清理

数据预处理的第一步是数据清理，主要包括处理缺失值及异常值检测。

① 处理缺失值。在数据预处理中，数据缺失是常见的问题，产生的原因也是多种多样的，

主要包括人为因素和机械故障。因此，对缺失值的处理是数据预处理中的重要一环。目前对缺失值的处理方式，一般包括以下几类。

a. 忽略缺失值：当数据中含有的属性缺失值占总数据的比例较小时，可以采用忽略缺失值或者直接去除含有缺失值数据的方法。

b. 人工填充缺失值：通过重新收集数据，或者根据相关知识来填充数据，此类方法存在费时的缺点。

c. 常量填充：通常使用均值与众数填充，或者采用概率分布，使数据分布看起来更真实。同时，也可以结合实际情况通过公式进行计算填充，比如某一天的门店客流计数缺失，可以参考过往的客流数据、转化数据、缺失时段的销售额，用一个简单公式自动计算回补。

d. 模型填充：以不含有缺失值的数据作为训练集，通过建立预测缺失值模型，对含有缺失值的数据进行填充。常用的模型有 XGBoost、AdaBoost 等。

② 异常值检测。异常值检测是指处理数据集中含有的离群点，离群点是指远离大部分数据集中区域的数据。这部分数据可能由随机因素产生，也可能由数据采集机制产生，如何处理取决于离群点的产生原因以及应用目的。若由随机因素产生，应当忽略或者剔除离群点；若由数据采集机制产生，离群点就是有价值的数据，是对构建模型有用的数据。后者的一个典型应用为用户异常行为检测。例如，在不良信用卡用户识别检测中，对大量的用户信用卡信息和消费行为进行量化建模和聚类后，聚类中远离大量样本的点是非常可疑的。第一，因为这类用户和正常用户的信用卡信息的特征相差较大；第二，因为他们的消费行为和正常用户的消费行为也有很大的不同。同样，购物网站检测到恶意刷单等，都是用户异常行为的表现，从而形成了离群点。常用的异常值检测方法有聚类算法、支持向量机等。

（2）数据集成

数据集成是将来自不同数据源的数据整合，使之成为数据格式一致的数据。其主要用来处理数据集中的实体识别、数据冗余、元组重复以及数据值冲突等问题，有助于降低数据集的不一致性和冗余性，提高数据挖掘的准确性和挖掘速度。

① 实体识别。实体识别是指将来自现实世界的多个信息源的等价实体进行匹配。例如，针对一个数据库中的 Customer_id 和另一个数据库中的 Cust_number 是否为相同属性这一问题，可以通过查看数据属性信息判断并进行统一。

② 数据冗余。如果一个属性能由另一个或另一组属性"推导"出来，则这个属性可能是冗余的。同时，属性命名不一致也会导致结果数据集中的冗余。有些冗余可以通过相关分析检测：对于标称型数据（一般在有限的数据中取值，而且只存在"是"和"否"两种不同的结果），可以使用卡方检验进行检测；对于数值型数据（可以从无限的数据中取值），则可以使用相关系数和协方差评估属性间的相似性。

③ 元组重复。除了检测属性的冗余之外，还要检测重复的元组。例如，给定唯一的数据实体，存在两个或多个相同的元组，可以使用数据分析软件 Excel、Power BI 等去除重复元组。

④ 数据值冲突。例如，不同学校的学生在进行信息交流时，不同学校有各自的课程计划和评分方案，同一门课的成绩所采取的评分方法也有可能不同，如十分制或百分制，这些都可能造成数据值的冲突。数据值的冲突可以通过采用规范数据标准来解决。

（3）数据规约

数据规约是为了使数据信息内容损失最小化，目前主要采用的方法包括：维规约、数量规约和数据压缩。

① 维规约，主要目的是减少所考虑的属性和随机变量的个数，使用的方法有小波变换、主成分分析、属性子集选择等。前两种方法是将原始数据变换或投影到较小的空间，属性子集选择则主要是将数据中不相关、弱相关或冗余的属性检测出来并删除。

② 数量规约，即用较小的数据替换原始数据。数量规约采用的方法可以是参数方法或者非参数方法。参数方法可以通过回归模型与对数线性模型来实现。例如，针对数值型的数据，可以用回归方法对数据建模，使之拟合成直线或平面，达到数据规约的目的。非参数方法可以通过直方图、聚类、抽样来实现。例如，通过使用聚类算法将数据分簇，用每个数据簇中的代表来替换实际数据，这同样可以达到数据规约的效果。

③ 数据压缩，即通过变换得到原始数据的规约或“压缩”表示。如果在压缩后的数据重构中不存在信息损失，则该数据规约被称为无损规约；如果是近似重构原数据，则称为有损规约，基于小波变换的数据压缩是一种非常重要的有损压缩方法。

（4）数据变换

将数据变换成适合挖掘的形式，称为数据变换。常使用的数据变换方法为光滑，主要用于去除数据中的噪声。例如，在进行年龄统计时，如果出现小于 0 或者大于 100 的数据，可以将其变换为众数。对于数据变换，我们还可以采用属性构造、规范化等方法。

2. 数据统计与分析

对于预处理后获取的数据，我们需要进行简单的统计分析。常用的统计分析方法有描述性统计分析、显著性检验和相关分析等。

描述性统计分析主要是计算描述数据水平变化的统计量，主要包括平均数、分位数、极差、偏度系数等。平均数计算简单，反映了一组数的平均水平，易受到极端值的影响。分位数包括四分位数、中位数、百分位数等。例如，中位数通常是指一组数据中，处于中间位置的数据，该值只与数据的所在位置有关，不受极端值影响。描述数据差异的统计量主要包括极差、偏度系数等。极差是指一组数据的最大值与最小值之差，易受极端值影响。偏度系数是描述一组数据分布对称性的统计量，偏度系数越接近 0，则数据的分布越对称。偏度系数为正，则数据分布为右偏；偏度系数为负，则数据分布为左偏。

显著性检验是事先对总体的参数或总体的数据分布形式做出一个假设，之后利用数据信息判断真实情况与假设是否存在显著的差异。

相关分析是对两个或两个以上变量进行分析，以此来衡量变量之间的相关程度。相关分析的前提是变量之间需要存在一定的联系，可通过分析获得相关系数。相关系数是用来衡量变量之间的统一程度的量，它的数值范围是 [-1,1]。其中，-1 表示两个变量完全负相关，0 表示两个变量不相关，1 表示两个变量完全正相关。相关系数越接近 -1（1），负（正）相关的程度越高。相关分析常用的计算方式有皮尔逊相关系数、斯皮尔曼相关系数。

此外，协方差也可以衡量两个变量的相关性。协方差可衡量两个变量的总体误差，如果两个变量的变化趋势相同，此时协方差大于 0，变量之间正相关。如果两个变量的变化趋势相反，协方差小于 0，变量之间负相关。协方差为 0，说明两个变量不相关。

3. 数据挖掘

想要深入挖掘数据的价值，数据挖掘是十分有效的方法。数据挖掘通过使用各种挖掘模型，发现数据中存在的有用知识，常用的数据挖掘模型有聚类、分类、关联分析等。

物以类聚，人以群分。聚类是在没有训练的条件下，对一些无标签的数据进行归纳分类，根据数据内部的相似性对数据进行分组（见图 1-6）。无标签是指样本数据所属类别标号的种类未知。聚类的时候，并不关心某一类是什么，只是将相似的数据聚为一类。常用的聚类算法有 K-means、DBSCAN 等。聚类常见的应用场景有信用卡用户识别检测、社群划分等。

图 1-6　人群聚类

分类是一个有监督的学习过程，在已知部分数据所属类别的情况下，通过对该部分数据进行建模，将类别未知的数据分类，尽可能地把每一个未知类别的数据归到对应的类别之中（见图 1-7）。在进行分类时，必须事先知道各个类别的信息，并且所有待分类的数据条目都默认有对应的类别。常用的分类模型有逻辑回归、SVM 等。分类常用于垃圾邮件检测、肿瘤检测、产品分类等场景。

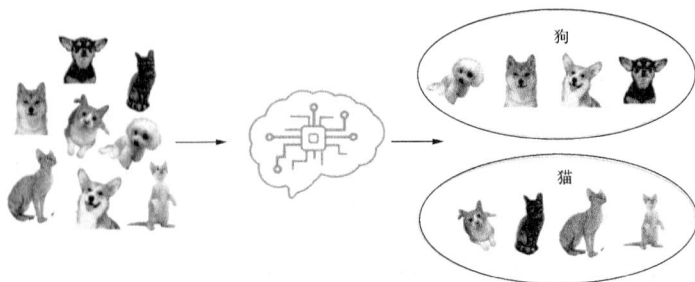

图 1-7　动物分类

关联分析主要用于挖掘有意义的联系，所发现的模式通常采用关联规则或频繁项集的形式表示。常用的关联分析算法有 Apriori 算法、FP-growth 算法等。关联分析可以应用于网页信息挖掘、科学数据分析、商品推荐等。

1.3.4　大数据的应用领域

大数据分析的任务是将挖掘效果较差的原始数据经过处理流程转化成更能提升挖掘能力的数据。大数据和人工智能具有天然的联系，大数据是人工智能发展的基石，人工智能让大数据发展前景更加广阔。大数据的发展过程中使用了许多人工智能的理论和方法，人工智能也因大数据技术的发展步入了新的发展阶段，并使大数据应用到了更多的领域。

1. 大数据在快时尚领域的应用

随着快时尚行业的逐渐衰退，许多品牌已经开始退出中国市场，但是某快时尚品牌的市场份额并没有出现下滑，而且每当新产品上市时，还可能出现新产品被抢购一空的情况。许多人认为，该快时尚品牌是为数不多的可以成功实现零库存的快时尚品牌之一，而在其"零库存"成就下，大数据精准营销技术做出的贡献是必不可少的。通过分析该快时尚品牌营销策略可发现，大多数人都愿意选择该快时尚品牌，主要是由于产品价格便宜、质量好、美观，并且经常与其他品牌互动。实际上，通过进一步分析，不难看出该快时尚品牌具有以下突出特点。首先，价格合适，可以被普通消费者接受。其次，产品的款式主要为一些基本款式，能满足大多数年龄段的大多数人的日常穿着需求，形成了较大的市场规模。再次，该快时尚品牌会根据产品的销售情况适当调整输出。最后，品牌联合活动是阶段性和周期性的。以上特点体现了该快时尚品牌的系统化、高容错率和低错误率的业务模式，这都源于大数据的收集和准确分析的支持。该快时尚品牌在应用大数据方面非常熟练，多年来，其维护着大量数据，如每周销售数据、样式代码市场状况以及每家商店的销量，并据此分析制定相应的产销策略，以降低成本，提高容错率，实现零库存。具体来说，该快时尚品牌是怎么运用人数据技术进行数据挖掘，做到精准营销，实现零库存的呢？

对于该快时尚品牌这种既有线下实体店，又有线上销售平台的跨国企业来说，在企业的扩张过程中，积累了大量的用户数据信息，对这些信息进行挖掘是实现零库存的基础。首先，通过多维度挖掘真实用户消费信息，如用户购买数据、浏览数据、地址数据和行为数据等，总结不同商品的用户需求，构建不同商品的用户画像，再通过多类型用户画像的交集归纳出购买商品的典型人群。其次，分析典型人群特征，反推需求，对潜在用户进行精准化推送。最后，通过测试多次推送的效果，验证用户的需求并迭代优化，根据收集到的信息进行用户画像的更新。构建用户画像，使该快时尚品牌的服务聚焦性和专注性更强，能提升用户体验，以及企业盈利能力。

2. 大数据在交通领域的应用

随着城市化的推进，交通拥堵问题成为长期困扰城市管理的烦恼之一。某城市采用了一种基于大数据的智能交通管理系统，在一定程度上解决了交通拥堵问题。该系统采集了各种交通数据，如道路状况、车流量、交通事故和车辆 GPS 数据等，并对这些数据与天气预报和公共活动日历等其他数据源进行整合分析，预测道路拥堵情况，并智能调度交通信号灯和公交车，使道路上的车流更加顺畅。此外，该系统还能够智能推荐出行路线，提供实时交通信息。

该系统的运行效果显著，短短几个月内，该城市的交通拥堵问题就得到了显著改善。市民的出行效率得到了大幅提高，同时也降低了能源消耗，保护了环境。该系统的成功应用证明了大数据技术在交通领域中的巨大潜力。大数据技术可以帮助政府更好地管理和利用城市交通资源，提高市民出行效率和体验。

3. 大数据在医疗领域的应用

大数据在医疗领域的应用越来越广泛。例如，某医院采用了一种基于大数据的智能医疗系统，以改善患者的治疗和管理效果。该系统利用大数据算法分析了大量的患者数据，包括病历、化验结果、药物治疗效果等，可以根据患者的个性化信息，智能制订治疗方案，并对患者的治疗效果进行实时监测和评估。此外，该系统还能够为医生提供实时的疾病诊断和治疗建议，并为患者提供在线医疗咨询和指导服务。借助该系统，该医院患者的治疗和管理效果得到了大幅改善，同时医疗成本也大幅降低，有效节约了资源。该系统的成功应用证明了大数据技术在医疗领域中的巨大潜力。大数据技术可以帮助医院更好地管理和利用医疗资源，从而改善治疗效果。

4. 大数据在网络安全领域的应用

大数据在网络安全领域的应用十分广泛。例如，某家互联网安全企业采用了一种基于大数据的网络安全系统，以预测和防范网络攻击。该系统利用大数据算法分析了大量的网络数据，包括网络流量、日志数据、网络设备的活动和漏洞等，同时，根据这些数据预测可能的网络攻击，并智能识别和拦截网络攻击。此外，该系统还能够为企业提供实时的安全警报和建议，以帮助企业及时处理和防范网络安全威胁。该大数据系统的运行效果显著，成功防范了多次网络攻击，保障了企业的信息安全和业务运行。这证明了大数据技术在网络安全领域中的巨大潜力。大数据技术可以帮助企业更好地识别和应对网络安全威胁，提高网络安全防御的效率和准确性。

1.4　大数据技术框架

大数据技术是一系列技术的总称，集合了数据采集与传输、数据存储、数据处理与分析、数据挖掘、数据可视化等技术，是一个庞大而复杂的技术体系。根据大数据从获取到应用的流程，大数据技术框架分为数据采集、数据存储、数据处理、数据治理与建模以及数据应用等层，大数据技术框架如图1-8所示。

数据采集是大数据技术框架的第一层，通过使用大数据采集技术获得来自传感器、移动互联网等的各种类型的结构化、半结构化及非结构化的海量数据，为实现对数据的抽取——

转换—加载（Extract-Transform-Load，ETL）操作打好基础。

　　当大量的数据采集完成后，需要对数据进行存储。数据存储可以分为持久化存储和非持久化存储。持久化存储表示把数据存储在磁盘等介质中，存储机器异常断电或者损坏后，只要存储介质未被损坏，数据就不会丢失，常见的持久化工具有 HDFS、HBase 和 MongoDB 等。非持久化存储表示把数据存储在内存中，具有读写速度快等优点，但是存储机器关机或断电后，数据就会丢失，常见的工具有 Memcached 等。Redis 通过作为持久化存储和非持久化存储的中介，为非持久化存储的数据提供缓存机制，可以大幅提高系统的响应速度，降低非持久化存储的压力。

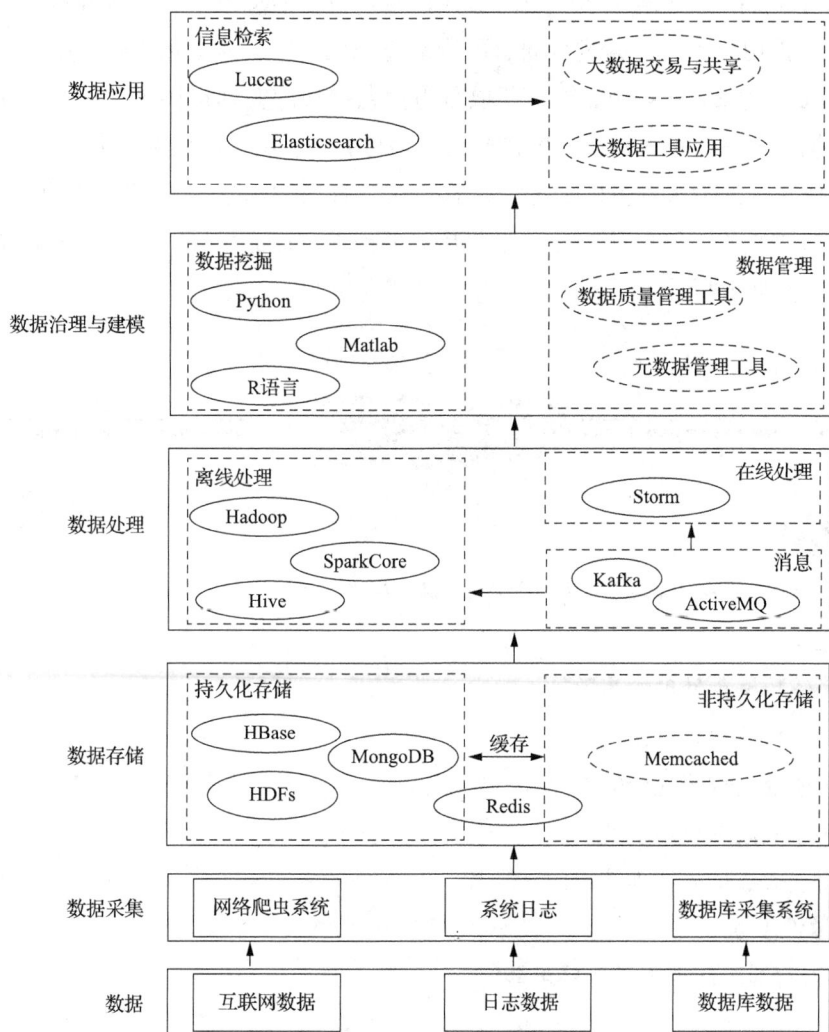

图 1-8　大数据技术框架

　　数据存储完成之后，还需要考虑如何利用它们产生更大的价值。因此，我们需要进行数据处理。目前数据处理主要分为两类：在线处理和离线处理。在线处理是对实时响应要求非常高的处理，如对存储数据的数据库的一次查询操作。而离线处理就是对实时响应没有要求的处理，如批量压缩文档。利用消息机制可以提升处理的及时性，Hadoop 的 MapReduce 是一种典型的离线批量计算框架。

数据采集、数据存储和数据处理是大数据技术框架的基础。一般情况下，完成上述三个步骤，就已经将数据转化为可以进行初步挖掘的基础数据，为上层的数据应用提供了数据支撑。但是在大数据时代，由于数据具有类型多样、价值密度低的特点，还要求对数据进行治理和融合建模。通常利用 R 语言、Python 等对数据进行 ETL 预处理，然后再根据算法模型、业务模型进行融合建模，才能更好地为业务应用提供优质底层数据。

数据应用层反映大数据技术应用的目标，通常包括信息检索、关联分析等功能。信息检索主要是根据用户需求，通过全面、准确地查找数据库，从海量的数据中返回用户需要的信息。Lucene 和 Elasticsearch 等开源项目为信息检索的实现提供了支持。关联分析通常用来挖掘数据之间的内在联系，常用在产品推荐与引导、用户精准营销中。

大数据技术框架为大数据的业务应用提供了一种通用的架构，实际应用时还需要根据行业领域、公司技术积累以及业务场景，从业务需求、产品设计、技术选型到实现方案流程上具体问题具体分析。

习 题

一、名词解释

大数据　数据集成　数据规约　数据压缩　相关分析

二、简答题

1. 请简述数据预处理的步骤。

2. 请简述数据清理过程。

3. 请简述处理数据冗余的方法。

4. 请简述大数据技术框架。

5. 请简述大数据的五维特点。

三、开放性思考

大数据为营销工作提供了哪些可能？

第2章
大数据营销概述

网易云音乐是网易公司推出的移动互联网领域的音乐App。在刚跨入2018年的时候，网易云音乐的"Hi，你的2017年度听歌报告"刷爆了朋友圈，一份份听歌报告在朋友圈唤起了不少用户对过去一年的回忆。在简短温馨的听歌报告中，不仅记录了网易云音乐用户一年中听歌的类型、数量、时间以及风格，也记录了歌曲中出现频率最高的歌词。报告中还特别标注了对于用户而言可能最有意义的一天，在那一天用户不断循环播放某一首歌；也记录了用户睡得很晚，与音乐为伴的时刻，以及听的年代久远的歌和专属自己的年度歌手等。这样一份来自网易云音乐利用大数据统计精心制作的报告，用大数据构建起每个用户的音乐世界，激发他们的音乐情怀。数据开始成了网易云音乐的潜在价值源泉，正是通过挖掘这些数据制定新颖的个性化营销策略，网易云音乐的用户量开始不断增长。

（1）网易云音乐的发展道路

在激烈的竞争中，网易云音乐独辟蹊径找到了一条属于自己的道路。其能在竞争激烈并不被看好的红海市场迎头追赶、后来居上，靠的是用心——对用户行为的深入洞察和对用户需求的准确把握。网易云音乐的研发团队用了更多的心思来研究人们的听歌习惯，依托大数据技术优势，整合分享、交流、评论等功能，让网易云音乐真正成为乐迷心中的圣地。在这成功的背后，大数据的应用与智能营销的结合起到了关键作用。

（2）网易云音乐的目标用户分析

网易云音乐对不同的用户进行隐形的区分，在刚开始使用网易云音乐时，每个用户都是一样的，大家的数据都是空白的。随着用户不断使用，每个用户的性格、听歌习惯，以及喜欢的音乐类型、风格等都会被记录下来，这时候网易云音乐便会对数据进行初步分析，将用户细化成几类，并对分类后的用户进行个性化分析。针对用户习惯，网易云音乐将用户分成了三类。

第一类：学生。用户特征为年轻，听歌时间多，喜欢新鲜感，比较注意娱乐新闻，爱评论且爱分享，有个性。音乐需求：该类用户学生希望通过他人对音乐的评论获得共鸣，乐于向他人分享自己的歌单。

第二类：白领。用户特征为工作压力大，听歌时间少，听歌时间多分布在上班途中，如开车、坐地铁等零碎时间里，同时也会关注一些娱乐新闻。音乐需求：该类用户可以在短时间找到自己喜欢的音乐，能获得流行音乐的推荐，能看到一些艺人的动态以及视频等。

第三类：时尚人士。用户特征为热爱音乐和潮流、有个性，愿意为个性化的设计买单。音乐需求：个性化歌单，该类用户希望能获得目前最流行歌曲的推荐。

（3）网易云音乐的智能营销策略

① 个性化推荐。个性化推荐是网易云音乐的关键设计，通过结合机器智能推荐和人工推荐两种方式向用户推荐音乐，使每一个用户的 App 首页内容都不相同。在网易云音乐中，用户可以通过听歌列表、歌曲歌单以及电台等找到自己喜欢的音乐。网易云音乐记录并保存用户喜欢的音乐信息以及收藏的歌单数据，利用大数据挖掘技术——关联分析、聚类、分类等，对这些听歌数据进行分析，从而定向给用户推荐与用户爱好相符的歌曲，并且做到每天都对推荐的音乐进行更新。

② 差异化服务。网易云音乐利用音乐推动社交互动，通过个人收藏歌单、电台以及其他社交方式，打造在线的音乐平台，并以此实现了音乐搜索、评论、转发以及点赞等功能。用户可以根据自身听歌习惯和爱好关注其他用户，这极大地满足了用户对于音乐的各种需求。同时，用户通过建立自己的歌单、收听喜欢的电台节目等，与他人分享并讨论自己收听的音乐，使音乐的社交属性增强。

③ 大数据分析歌曲评论。网易云音乐采取的另一个营销策略是开发评论功能。企鹅智库的报告指出过去只有 5% 的人会在听音乐时看评论，看评论是一种非常小众的需求。而据网易云音乐产品负责人透露，网易云音乐中已经有 30% 的人关注歌曲评论。由此可见，网易云音乐的评论功能深得人心。可以说网易云音乐改变了很多用户的听歌习惯，而这都源于其利用大数据实现对用户行为偏好与需求的准确把握。

从营销的角度来看，网易云音乐的大数据营销有两个亮点：一是通过大数据总结回顾用户的听歌报告，触动用户的情感；二是通过大数据分析用户年度听歌主题，如听得最多的歌、深夜里最喜欢听的歌，以及利用其他小众标签凸显用户的个性。

2.1 大数据营销基础

在传统营销中，最难的是如何获取准确的用户信息，实现精准营销。我们见证了营销从"以产品为中心"到"以用户为中心"的转变。一方面，随着近年来移动互联网和新社交媒体的发展，消费者个性化需求凸显，消费者日益成为商业行为的主导者；另一方面，大数据分布式存储、大数据挖掘及分析技术的发展为海量数据的收集、整合、处理、分析等操作提供了技术支持。大数据和人工智能技术作为时代的产物，让营销变得多样化和复杂化。同时，它们也为企业实现精准营销、优化管理、提升市场竞争力创造了无限可能。

在这样的背景下，大数据营销近年来备受关注。

2.1.1　大数据营销的含义

目前，大数据营销和智能营销已经有了初步的定义。

根据阳翼的《大数据营销》一书，大数据营销是通过收集、分析、执行从大数据中所得到的洞察结果来鼓励用户参与企业营销以此得到真实的用户反馈信息，并通过这些信息来进一步优化营销效果，最后评估各部门责任的一个过程。

倪宁在《大数据营销》中指出，大数据营销是通过大数据技术从低价值密度的海量用户信息中挖掘有用信息并进一步分析信息背后隐藏的用户习惯、购买方式等，通过信息化营销来获得更大的商业利润的过程。

根据百度百科的定义，智能营销是通过人的创造性、创新力以及创意智慧，融合计算机、移动互联网、物联网等科学技术，以新思维、新理念、新方法和新工具实现当代品牌营销的创新营销概念。

阳翼还指出，人工智能营销（Artificial Intelligence Marketing）是运用人工智能技术开展的市场营销活动。同时，阳翼指出计算机视觉、语音识别、自然语言处理、机器学习等技术的广泛应用正在掀起一场新的营销革命。

结合上述定义，本书认为大数据营销是利用数据挖掘和人工智能技术等手段收集、分析、执行从大数据中得到的洞察结果来进行用户画像、市场状况、营销产品内容、触达场景等分析，以此提高用户的参与积极性，实现产品营销，并通过用户反馈达到营销效果优化和内部责任评估的过程。

2.1.2　大数据营销的特点

根据大数据营销的定义可知，大数据营销是一种精准营销形式，这种营销形式和传统的数据营销形式大不相同。传统的数据营销基于市场调研中的统计数据、用户价值取向以及生活方式等信息来分析推测用户的产品购买需求、产品购买可能性以及产品购买能力等，从而帮助企业进行产品目标市场确立、用户细分、个性化推荐等，最后制定适合的营销模式。在这个信息爆炸的大数据时代，与日俱增的信息和大数据商用价值正在改变着现有的营销模式和企业的其他活动，大数据营销应运而生。总体来说，大数据营销具有以下几个特点。

1.　时效性

在网络时代，网上用户的消费习惯和购买行为经常在短时间内发生变化。因此，企业需要及时捕获用户的需求变化，在用户需求最强烈时实现企业产品的精准推荐。知名的大数据营销企业 AdTime 首先提出了时间营销策略，即通过相应的技术手段充分挖掘并分析用户需求的变化，并及时响应每位用户当前的产品需求，让用户在有购买产品意向的第一时间就看到本企业推荐相应产品的广告。

2．个性化

伴随着科学技术的发展和社会经济水平的提高，个性化营销是市场进一步细分的必然要求。企业在进行产品营销时必须考虑用户的个性化需求，这使得个性化营销成为当今市场营销理论和实践发展的新趋势。如今，用户不再满足于普通的大众化产品，而是更加倾向于情感化、个性化的优质产品。大数据技术可用于实现不同用户使用同一软件时界面显示的推荐内容不同，以满足不同用户的不同需求，从而实现产品的个性化营销。

3．高效率

大数据营销能让经营者的营销决策做到有的放矢，并根据实时性的效果反馈，及时对营销策略进行调整。比如大数据营销企业提供的精准营销是根据广告主现有的营销推广策略提供营销技术服务，自动将客户信息与大数据匹配发送到云端，锁定潜在意向客户。企业可以在正式购买前进行效果测试，根据获取的客户信息，记录延期客户转化率以及评估能否实现经营目标。

4．关联性

大数据营销的一个重要特点在于发现用户的关联性需求，进而销售多种相关的产品和服务。这一特点的经典案例就是"啤酒与尿不湿"的故事。根据大数据分析结果，通过将啤酒和尿不湿放在货架的相近位置，更好地满足用户在周末及时补充宝宝所需的日用品和在周末喝着啤酒观看体育节目的需求。

5．精准性

用户数据的收集与挖掘使得企业的目标用户更加精准，用户数据信息的整合可以保证信息获取的精准性。企业利用大数据技术可以在海量的信息中轻松找到自己想要的有价值的信息，为企业的营销提供有力的依据，也可以给企业带来更高的投资回报率。

6．互动性

大数据营销具有互动性。企业借助大数据技术鼓励消费者参与企业产品的生产与决策，如让消费者选择款式、包装、广告方案等。在整个生产和销售过程中，消费者参与越多，他们购买该产品的概率就越大。这种互动性强的营销方式，特别容易受到注重参与感以及渴求信息的消费者的青睐。

2.1.3　大数据营销的运营方式

大数据营销的运营包含多种方式，如用户洞察、产品定制化、推广精准化、推荐个性化、用户体验优化、用户细分、用户管理数据化等。

1．用户洞察

企业通过大数据挖掘可以获得对用户需求的关键洞察和理解，并识别创新机会。企业可通过分析用户购买产品的行为特征，包括用户购买的产品类型、购买数量、消费记录、付款方式、退货行为、用户与企业的联络记录以及用户的消费偏好等信息，洞察他们的购买习惯，并以此来制订营销方案。例如，根据用户的产品搜索记录推荐相似或者互补的产品，这种基于大数据挖掘的推送大大节约了用户搜索产品的时间，同时带来了用户后续更多的消费。

用户洞察自然语言算法分析示例和用户洞察词云图分析示例分别如图2-1和图2-2所示。

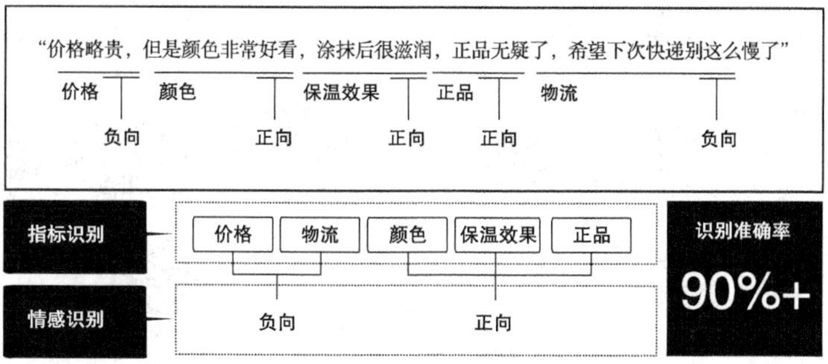

图2-1　用户洞察自然语言算法分析示例

图2-2　用户洞察词云图分析示例

2．产品定制化

对企业来说，定制化产品和服务能带来一系列的优势。第一，大大提高产品差异化程度，进一步满足用户对个性化产品的需求，为用户提供优质独特的购买体验，不断提高产品附加值，进而提高单品利润。第二，在产品的设计阶段就成功吸引用户参与，能减少中间环节，及早了解市场需求变化，大幅提高用户满意度，构建深度参与的用户关系。第三，这种"以需定产"的服务模式，能减少库存积压，降低企业的物流成本。例如，字节跳动旗下的"今日头条"App便是基于对用户大数据的挖掘以及推荐引擎，通过分析用户的阅读习惯和偏好来为用户量身定制与其兴趣关注点相匹配的内容，从而使每个用户在App上看到的新闻内容有所差异。图2-3所示为大数据应用平台产品定制流程。

3．推广精准化

相对于传统的营销方式，推广精准和可控是大数据营销的优势。在大数据技术的推动下，推广往往具有可控性，企业可以随时跟踪推广效果，在收到反馈信息后及时调整推广方式和推广策略。大数据营销通过足够多的用户数据，做到"比用户更了解自己"来帮助企业筛选最有价值的用户并进行精准推广。例如，淘宝运营团队通过分析用户数据发现，用户在观看晚会时容易被艺人同款吸引而消费，于是淘宝在各大晚会的直播中都提供了"艺人同款"等通道入口和购买链接，在另一个层面上实现了对用户的精准推广。

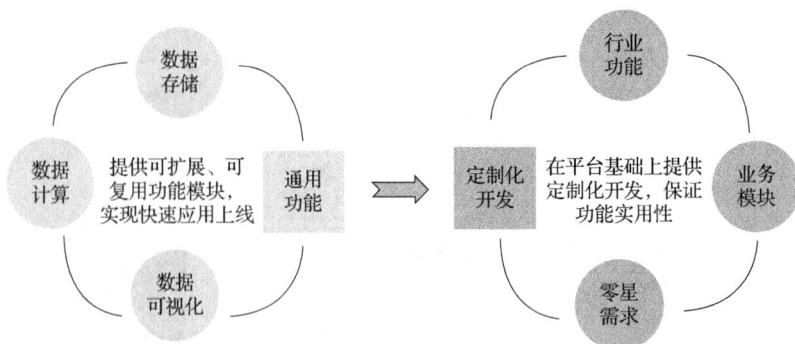

图 2-3　大数据应用平台产品定制流程

4. 推荐个性化

大数据营销具有个性化的特点。针对同一种产品，不同用户的搜索结果会不同，且同一用户搜索结果的排序不是固定不变的。商家可通过个性化推荐，细化用户人群，增加新的产品维度，最终促成交易。例如，互联网电影智能推荐系统运用数据挖掘的方法实现对用户行为的分析，把合适的电影内容推荐给喜欢它的用户。智能推荐系统是数据挖掘的一个重要应用，在网络中已经有很多应用范例。网络视频的崛起为这一技术提供了新的应用领域，视频提供商都不同程度地实现了个性化智能推荐功能。

5. 用户体验优化

企业通过不断追踪了解用户使用产品的反馈信息，不断优化自己的产品，让用户获得更好的产品体验（见图 2-4）。例如，食品的新鲜程度、汽车的使用感受等都属于用户体验。针对潜在的用户，企业可以利用互联网工具直接与其进行一对一沟通，也可以将大数据分析得到的信息通过发送电子邮件的方式传递给用户，从而根据用户的反馈，不断优化用户体验。

6. 用户细分

用户细分是指企业在明确的战略业务模式和特别的营销市场中，根据用户的偏好、行为、属性，以及需求等因素对用户进行划分，从而为用户提供针对性的服务和产品。

从用户需求的角度来看，不同用户的想法与需求不同。为了满足用户多样化的需求，企业需要对用户群体进行细分。每个用户对于企业来说都有着独特的价值，企业需要发现并挖掘什么样的用户对企业最有价值、什么样的用户忠诚度高、什么样的用户消费潜力大、什么样的用户容易流失。

7. 用户管理数据化

用户管理数据化是企业为提高核心竞争力，在传统管理模式的基础上借助大数据技术和智能化手段，实现数据

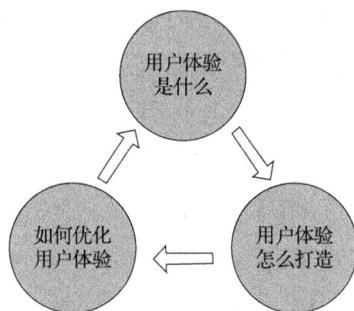

图 2-4　用户体验优化

驱动的"以用户为中心"的转变过程。企业可通过现代信息技术收集、分析用户信息，得到用户画像进而完成对忠诚用户的识别、选择、转化和维护，实现用户价值最大化和企业利益最大化。

拉回放弃购物者和挽回流失老用户是大数据营销的应用之一。例如，饿了么 App 会根据用户的订单习惯，向一段时间没有利用 App 下单的、可能流失的用户发送短信，提醒并鼓励其再次使用 App。有的游戏类 App 会对很久没有上线的玩家提供回归礼包，玩家连续签到一周便可以得到丰富的礼品，以此来鼓励即将流失的玩家重新活跃起来。

2.2　大数据营销的发展

大数据营销经历了从数字营销、社会化媒体营销、移动营销到大数据营销的阶段。

2.2.1　数字营销

1. 数字营销的定义

根据百度百科的定义，数字营销是利用数字传播渠道对产品或服务进行推广，及时实现与消费者强相关、定制化、低成本的交流与沟通的营销方式。

全球百科指出，数字营销是使用互联网上的数字技术通过网页、手机应用程序展示广告和任何其他数字媒体对产品或服务进行的营销。数字营销渠道是一种基于互联网的系统，可以通过数字网络创建，加速将产品价值从生产者传递到终端消费者。

李永平指出，数字营销借助数据与算法，依靠实时数据跟踪，使营销由粗放向精准发展，使渠道由单一向多元发展，使企业由经验决策转变为智能决策，帮助企业实现精准化和智能化营销，构建精准互动和交易以及全渠道触达消费者的数字化营销平台。

综上所述，数字营销是利用数字化多媒体渠道实现对数据库对象的精准营销，其营销效果可量化。数字营销综合了目标营销、分散营销、双向互动营销等营销方式，其发展不仅仅是一次技术手段的革命，还包含了深层次的观念变化。数字营销赋予了传统营销新的内涵，是各企业在数字经济时代主要的营销方式和发展的基础。

2. 数字营销的发展

数字营销的发展与技术发展密不可分。在 20 世纪 90 年代，"数字营销"一词首次出现。随着服务器 / 客户端体系结构的出现以及个人计算机的普及，客户关系管理（Customer Relationship Management，CRM）应用程序成为营销技术的重要组成部分。互联网的诞生让企业通过 eCRM 等软件建立起庞大的在线客户数据库。这个阶段，营销信息以单向传播为主，用户被动接受网站上的营销信息。

21 世纪初，进入社交媒体时代，用户在日常生活中变得高度依赖数字产品，设备访问数字媒体的能力增强，数字营销应用随之增长。这个阶段，互联网成为企业营销的重要渠道，广告的投放也逐渐从线下转移到线上，用户参与到营销活动中来。

随着互联网的快速发展，很多企业开始建立自己的电子商务网站，借助各种数字营销平台和数字化技术，通过融合消除壁垒，多渠道、多方位实现与用户的个性化互动，实现企业产品和服务的价值。图2-5体现了传统营销与数字营销的区别。

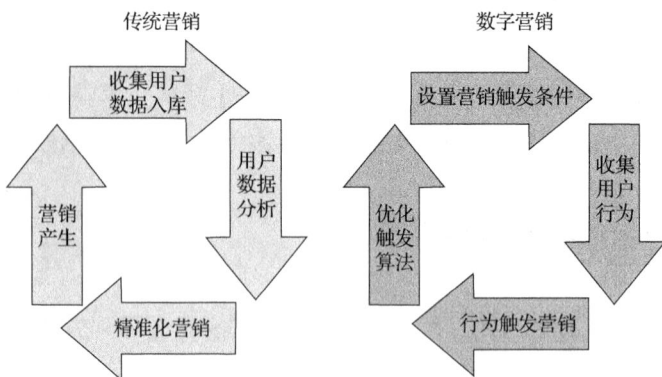

图2-5　传统营销与数字营销

3. 数字营销的变革

数字营销虽为营销的一部分，但二者不是简单的从属关系。从广义角度看，思维层面的变革是数字营销给营销带来的重要变革。

（1）从大众传播到个性化营销

在数字渠道出现以前，营销主要依赖报纸、电视等渠道，传播的过程中难以做到为每个独立的用户提供不同的服务。数字技术的发展使得企业能对每一位用户进行识别，并针对不同的用户提供不同的产品与服务。

（2）从单向沟通到双向互动

数字渠道使得品牌方不再是单向地向用户传播信息，用户可以主动与品牌方通过微信、微博等平台进行沟通并获得对方的回复，市场的话语权正在向用户倾斜。

（3）数据思维

数字渠道使得精细化的数据分析成为可能，数字渠道积累的大量用户数据也有利于实现用户洞察。例如，阿里巴巴会在用户心情不愉悦时，建议用户去街角的咖啡厅听许巍的《蓝莲花》，这种建议的背后是对用户行为的持久追踪。这种建议也可使用户产生对咖啡、CD等的购买需求，通过大数据分析，为阿里巴巴创造了新的价值。

（4）数字商务

传统的线下购物正逐渐被线上购物所取代或已与线上购物相结合，用户的购买行为呈现出更多有别于传统营销的特征。例如，电商平台荐书功能根据用户的浏览和购买记录来推测用户可能喜欢的书籍，在这种营销模式下，用户的购买行为很可能会被重新塑造。

（5）技术力量

大数据、云计算、移动、可穿戴式设备、虚拟现实等技术的崛起为营销创造了更多的工具和可能性。技术是营销的催化剂，可化不可能为可能，创造新的价值。正如电视开启了大众传播时代，造就了广告业的辉煌，以移动网络等为代表的数字技术将营销带到了新的高度。

2.2.2　社会化媒体营销

1. 社会化媒体营销的定义

互联网的出现，让人与人之间通过网络产生了连接。微博、微信等社会化媒体的出现，将这种连接推向新的高度，这种社会化趋势对营销产生了巨大影响。

社会化媒体营销是指利用微信、微博等社会化媒体开展产品和服务销售、公共关系和客户服务管理和维护的一种营销方式，又称为社交媒体营销（Social Media Marketing，SMM）。社会化媒体区别于传统媒体形式，是一种新型的媒体，通过互联网技术实现信息的传播，给予用户极大的参与空间。

2. 社会化媒体营销的发展

20 世纪 90 年代出现网上购物的时候，在网络上购买商品的还只是少数群体，此时网上购物决策过程自然也有少量的社交因素存在。21 世纪初，博客进入中国，开始推动社会化媒体的发展。博客能显示访问量，还允许评论和显示评论数，这些构成社会化媒体营销的主要元素已初具雏形。人们纷纷开始建立自己的博客，以"人"作为主体在互联网上开始有了自己的虚拟身份。与博客同时发展的还有淘宝。淘宝成立于 2003 年，并逐渐得到用户的欢迎，成为社会化媒体营销的重要表达元素。

诞生于 2009 年的微博和诞生于 2011 年的微信真正将社会化媒体营销发展推向高潮。在微博平台发文有一定的字数限制，使得原创内容爆发式增长。同时微博的关注、转发、评论等功能构成人与人之间关系的纽带。与博客相比，微博让其网络用户开始有了自己的网络形象。诞生于 2011 年的微信从即时通信角度切入了移动社交领域，微信用户之间通过文字、图片、声音、视频等多种方式进行交流，满足了熟人之间社会交际的需求。推出后短短两年内微信用户数就超过 5 亿，随后微信推出公众平台，允许企业通过开设公众号来开展营销活动。现在，微博和微信成了许多企业开展社会化媒体营销的重要渠道。

社会化媒体营销的发展远不止于此。表 2-1 所示为国内典型新媒体平台。随着社会化媒体营销在现代营销学的地位越来越重要，企业与营销人员也应该与时俱进，重视正确的营销策略，在社会化媒体渠道实现业务的推广及转化。

表 2-1　国内典型新媒体平台

平台名称	平台类型	平台特点	内容传播特征	主要营销形式
微博	社交媒体	内容扩散性强，关注娱乐内容的用户多	用户对平台内容的参与、互动率较高，比较容易形成二次传播，实现话题打造	话题讨论
微信	即时通信	社交属性强，用户以接收日常社交信息与通过公众号深度了解其他信息为主	对于平台的文章和长图，用户易于通过转发、朋友圈分享等形式向朋友进行传播	文章长图

平台名称	平台类型	平台特点	内容传播特征	主要营销形式
抖音	短视频	泛娱乐内容属性强，信息表达层次丰富、传播力度大，用户以日常休闲为主要需求	平台内容泛娱乐，容易在用户间形成传播和记忆点	短视频推荐与测评
快手	短视频	内容以生活化与泛娱乐化为主，追求日常休闲的用户多	平台关键意见领袖与粉丝间信任感强，易引导用户喜好与行为	短视频推荐与测评
B站	聚合视频	视频弹幕沟通氛围好，泛娱乐化，年轻用户多	视频涵盖信息丰富，借助粉丝效应，向用户深层传递内容	视频推荐与测评
小红书	内容电商	商品分享属性强，寻求商品推荐的用户多	平台在具有花式"种草"内容分享属性的基础上，布局消费属性，使得"种草"到"拔草"间的转化更为高效	商品"种草""拔草"与消费引导
淘宝	综合电商	消费属性突出，用户具有较强的购物需求	消费布局配合不断强化的内容布局，帮助用户提高购物决策的效率	商品"种草""拔草"与消费引导

2.2.3 移动营销

随着互联网的发展以及移动设备的普及，移动营销逐步成为最主要的线上营销方式之一。越来越多的企业开始利用手机、平板电脑等移动工具进行品牌传播，以及产品宣传、推广和销售。智能移动终端已深入消费者的生活，消费群体对移动营销方式的接受能力逐渐增强，以移动搜索等为主要形式的移动营销所产生的需求呈井喷态势。

1. 移动营销的定义

互联网、移动设备与营销相结合便产生了一种新的营销模式——移动营销，也叫移动互联网营销，具体是指利用手机、平板电脑等移动终端和互联网技术、无线通信技术等，完成企业和消费者之间的产品或服务交换的过程。其内容主要包括企业品牌形象推广、产品信息宣传、产品销售、客户关系管理等。移动营销利用移动工具通过无线广告把即时的个性化信息精准地传递给每个消费者，以此来实现"一对一"的互动营销目的。由于具有便捷、高效、成本低等优势，这种新的营销方式很快发展起来，并被各类企业所接受。

2. 移动营销的4I模式

移动营销的模式可用"4I"来概括，即 Individualize、Individual Identification、Instant Message 和 Interactive Communication，分别代表个性化、分众识别、即时信息和互动沟通。

（1）个性化（Individualize）

如今，手机等移动设备已经变得时尚化、私人化以及多功能化，与传统的互联网营销相比，移动营销在表现形式、运营思路上有很多不同之处。用户对个性化服务的需求比以往都强烈。利用移动设备进行的移动营销具有更加强烈的个性化色彩，所传递的信息也具有鲜明的个性化特点。

（2）分众识别（Individual Identification）

移动营销是利用移动设备进行的营销。因为每一个移动设备与其使用者都有一一对应的关系，企业可以更方便、快捷地与用户建立更有针对性的联系，进而确认目标消费人群、地点等。

（3）即时信息（Instant Message）

移动营销能够传递即时信息，这使得企业能够获得用户即时的反馈信息以及跟踪用户行为。在企业挖掘出用户的消费习惯和消费行为时，便可以在用户最有可能产生购买行为的时间发布推荐产品的信息。

（4）互动沟通（Interactive Communication）

移动营销具有"一对一"的特殊性质，这让用户和企业形成互求、互需、互动的关系。针对不同需求识别出不同的分众，让"一对一"的互动增加了关系营销的层次和深度，使企业营销更有针对性。

3．移动营销的发展

从本质上讲，移动广告的发展促进了移动营销的发展。最初，移动广告主要以电话为媒介进行营销活动，这个阶段广告商被动地提供促销信息且消费者对广告认知度很低。随着数字传输的实现和短信的普及，短信广告成为移动广告的主要形式，营销活动借助短信在移动设备之间低成本、快速地开展。而彩信、移动电视广告的出现则进一步推动了移动营销的发展。

互联网出现之后，数字技术、社会化媒体、智能移动设备开始普及，数字营销、社会化媒体营销的流行促进移动营销成为最主要的网络营销方式之一，移动终端成为营销策略组合中不可或缺的一环。近年来，移动客户端的应用软件已经全方面地渗透到人们的衣食住行之中，大批的移动广告平台也因此涌现。全球移动营销市场中，中国海外移动广告平台如 Mobvista（汇量科技）、Yeahmobi（易点天下）、Papaya（木瓜移动）等企业抢占了一定的市场份额。在国内，随着活跃手机用户在一、二、三线城市的覆盖率接近九成，以淘宝和京东为代表的电商平台纷纷发力农村市场，移动营销在农村市场发展迅猛。随着智能移动设备的普及，移动广告的受众会越来越多，如何根据用户需求精准推送广告成为移动营销的关键所在，按照用户的需求来提供更为周到的个性化产品或服务，成为逐步完善移动营销格局的重要一环。

2.2.4　大数据营销

传统营销并非没有数据，只是所包含的信息远远比不上如今的大数据信息，数据价值不可估量是大数据营销与传统营销的本质差异。在传统营销中，通过对发生现象的表达与反馈，让收集的数据的价值通过信息表征和信息传递得以体现。而大数据营销是通过一串看似没有关联的数据去透析现象的本质，以此来还原对象，掌握对象运作的规律，了解对象潜移默化形成的信息。

具体而言，从传统营销到大数据营销的转型与变革主要体现在以下几个方面。

1．从抽样调查到全样本分析

传统营销中，通过抽样调查来获得数据，并通过专业统计方法和技术对数据进行分析处理，以此提高抽样调查的精确性。但抽样调查有其自身的局限性，比如时效性不强、存在抽样误差等。如今只是获得大量数据已经远不能满足大数据营销的需求，大数据营销需要进行全样本分析。大数据营销的重点在于有效利用数据，应用关联分析等技术在海量的数据中挖掘出有用的信息，通过进一步整合处理来获得全新且有商业价值的信息。

2．从单向分析到全方位解读

大数据营销是基于全方位解读的营销，通过掌握消费者行为习惯等信息来促进企业与消费者的良性互动，同时分析、发现消费者购买产品的潜在规律，从而调整营销策略。在传统企业数据库中，消费者属性通常比较单一，主要包括消费者年龄、性别、爱好以及职业等基本属性，传统营销仅仅是通过单向分析来预测消费者进一步购买产品的可能性，而大数据营销则是通过关注消费者的整体行为不断提升获得数据的质量，从而进一步改善营销效果。

3．从广泛撒网到精准营销

在传统营销中，企业因无法掌握消费者更全面的消息，依赖报纸、电视等渠道进行大众传播，这是一个广泛撒网的过程。随着互联网以及移动设备的不断普及，营销渐渐向数字化、智能化的趋势发展。大数据分析技术、人工智能使得对海量数据进行收集、整合、可视化并进一步深度分析成为现实。企业在大数据的基础上洞察、分析并预测消费者的偏好，给予产品精确的定位，有针对性地进行营销活动，从而实现定制化的商品推送和个性化服务，提升营销的精准度。

2.3　大数据营销的应用

2.3.1　李宁——转型定位中的大数据营销

体育用品公司李宁在中国家喻户晓，2010年后，李宁将广告语从以前的"一切皆有可能"改变为"Make the change（让改变发生）"，并更换了品牌的Logo，提出要在未来10年内成为全球五大运动品牌之一的目标。

虽然转型之路跌宕起伏，但是李宁在不断调整中摸索出通过大数据指引公司品牌发展的方法。李宁把目标市场锁定在"90后"女性中，开始了解目标消费者的特征和偏好。彼时，李宁放弃了问卷调查的方法，通过请大数据公司在社交媒体平台全面收集"90后"女性的数据，分析她们的特征。最后，李宁给其目标消费者打上了"小清新、时尚、健康、阳光"的标签。大数据分析结果还显示她们最喜欢的艺人是某女艺人，李宁邀请其为品牌代言，并围绕其开展线下活动。通过大数据营销，李宁的相关数据指标均有了提升，如从40%的活动关注度、5%的购买率和1%的推荐率上升到75%的活动关注度、15%的购买率和8%的推荐率。大数据技术，为品牌年轻化转型助力！

2.3.2　大数据在趣多多愚人节营销中发挥作用

大数据可以使市场营销发挥更多的价值和能量。趣多多愚人节营销活动借助大数据成功吸引了年轻人的注意，创造了很多热点话题，并大幅提升了品牌知名度。2016 年愚人节营销活动中，趣多多通过晚会节目《今晚 80 后脱口秀》受到了粉丝的关注和欢迎。随后该公司在与流量巨大的百度搜索合作下，设计了有趣的游戏玩法，即当用户使用百度图片和百度知道时，他们总是可以看到很多有趣的身影，而在一些热门新闻下，用户也可以看到很多有趣的人物不经意间"乱入"。甚至发布了一些标题很有吸引力的新闻以吸引用户点击，当用户点击后却发现是"别太当真，只要趣多多"的宣传广告。这些营销行动都是趣多多利用大数据技术进行市场数据采集和分析并以目标用户的需求和习惯为参考所做出的。趣多多通过收集消费者的社会数据进行分析得出目标用户，这些目标用户集中在 18 岁至 30 岁的人群中，进一步分析他们的偏好和个性，投其所好地设计具有年轻化特点的传播方式；同时分析这一群体使用的主流社交平台以准确地了解其聚集地和活跃时间，从而使营销活动更加集中和高效，使品牌得到充分有效的展示。

2.4　大数据营销信息安全和隐私保护

2.4.1　信息安全

大数据正在成为信息时代的核心战略资源，与此同时，各项技术应用背后的信息安全风险也显现出来。近年来，数据泄露、数据滥用等信息安全事件屡见不鲜，保护信息安全已在国际上引起高度重视。互联网技术的飞速发展，使得与生活、工作密切相关的信息被记录和分析，为实现精准营销提供服务。但是，精准营销依赖于庞大的数据量和数据多样化，大数据的信息安全隐患越来越凸显，具体表现在以下两个方面。

1. 信息控制权减弱

在传统媒体时代，获取并公开公民个人信息的难度比较大，公民通常保有较高的信息控制权。然而在大数据时代，信息数据优势凸显，对个人信息享有独立利益的主体日益多元，数据共享在带来便捷的同时也导致私人领域和公共空间的界限变得越来越模糊，这将会导致信息主体对信息的控制权越来越弱，也会因此衍生出一些利益驱使下的数据伦理问题。一些情况下，互联网用户的个人信息没有受到良好的保护而被非法窃取和使用，特别是一些重要数据被恶意使用。不仅是个人和企业，信息安全已经上升至国家层面。

2. 不良信息泛滥

大数据时代的特点首先体现在信息量大而且种类多，各种类型的信息都能在网络上迅速找到。其次体现在垃圾信息多。信息大量产生的"副作用"是垃圾信息过多，人们不得不面对铺天盖地的骚扰信息和不良广告，学习、生活、工作被严重干扰。这些不仅对个人产生负面影响，甚至可能对企业、社会和国家的安全产生隐患，必须加以警惕和防范。

2.4.2 个人隐私

2016年，安徽省工商管理局在对市场上销售的手机进行抽检时发现，多个型号的手机都存在非法收集消费者位置信息的行为，这些手机中的预置软件会在机主不知情的情况下，通过 Wi-Fi、基站定位等技术，收集手机的位置信息，使机主的个人隐私遭到侵犯。类似的事情还有很多，引发了学界和业界对个人隐私安全的共同关注。隐私权是自然人所享有的一种对不便或者不愿他人干涉或获知的私人信息的支配和保护的人格权。在信息化时代，数据信息成为推动社会发展的中坚力量，然而在网络安全层面，个人和企业都面临着私密信息被泄露的隐患。

1. 个人隐私泄露

互联网具有虚拟性的特点，随着网络用户对手机等电子产品的依赖程度越来越高，个人隐私面临被泄露的风险。近年来，恶意程序、各类钓鱼和欺诈软件增加。相较于企业而言，个人用户已成为弱势群体，个人隐私存在被商业非法利用的问题。大量的个人数据存在被窃取、无授权访问甚至售卖给第三方平台的可能。2017年年初，国际上连续爆出多家知名企业的用户信息被泄露事件，泄露的信息包括企业内部往来的邮件内容、敏感文件以及私人账户信息等，这都为个人隐私的保护敲响了警钟。

2. 个人隐私保护

（1）个人隐私的技术保护

技术是把双刃剑，能为个人隐私保护提供支持，但若使用不当也可能侵犯个人隐私。现有的大数据、云计算等技术使得构建一个从个人数据收集、存储到使用过程的多层保护体系成为可能。

① 个人隐私的数据加密保护。数据加密技术的发展时间较长，进入大数据时代后，这项技术仍不失为保护敏感信息的有效方法。例如，数据加密中的非对称加密技术主要使用场景为身份认证等；对称加密技术可以保证数据的机密性。然而，数据加密并不能防止隐私数据从内部流向外部，仍需结合其他保护技术来解决隐私保护问题。

② 个人隐私的数据库保护。在大数据时代，数据库是信息主体。网络平台在获取用户信息后建立起数据库，数据库面临被入侵、窃取等风险，个人隐私信息面临被内部人员出售等风险。数据库加密可以保护数据库免遭入侵和窃取，而访问控制则可以保护数据免受内部人员的非法操作，从而保护个人隐私信息。

（2）个人隐私的法律保护

为保护公民的个人隐私安全，我国相继出台了多部信息安全法律条例和安全规范。2013年开始实施的《信息安全技术—公共及商用服务信息系统个人信息保护指南》，对个人信息的应用进行规范。2014年3月颁布的《中国互联网定向广告用户信息保护行业框架标准》，是我国第一部规范互联网定向广告用户信息行为的行业标准。2019 年 12 月，国家四部门联合制定《App 违法违规收集使用个人信息行为认定方法》，规定了一系列违法违规收集使用个人信息行为的具体范畴，为监督部门认定网络软件中违法违规收集使用个人信息行为提供参考。

（3）个人隐私保护观念的加强

在数据科学时代，大数据已经不再是单纯的数据，而是成为非常重要的生产要素，为我们的生产生活带来了巨大便利。但与此同时，大数据给公众隐私造成的破坏也是显而易见的，高度信息化使得个人隐私被泄露的风险不断增加。因此，培养和加强公民的个人隐私保护观念至关重要。我国出台了一系列法律法规，为加强隐私数据的保护奠定了法理依据，同时从认识上提高公民的隐私保护意识，加强法律宣传，让公众了解大数据的价值和数据管理不善可能带来的危害。公民自身在日常生活中也要提高警惕，避免将自己的隐私数据泄露出去而不自知。

习　题

一、名词解释

大数据营销　推荐个性化　数字营销　社会化媒体营销　移动营销　分众识别

二、简答题

1. 请简述大数据营销的特点。
2. 请简述大数据营销的运营方式。
3. 请简述推广精准化的含义，并列举营销中应用精准推广的例子。
4. 请简述数字营销的发展过程。
5. 请举例说明数字营销的变革体现在哪些方面。
6. 请简述社会化媒体营销的发展过程。
7. 请简述移动营销的 4I 模式。
8. 从传统营销到大数据营销的变革主要体现在哪些方面？
9. 根据本章的大数据营销应用案例，请举例说明其他企业应用大数据营销的案例。
10. 大数据营销中信息安全问题体现在哪些方面？

三、开放性思考

1. 大数据营销未来发展的方向是什么，可能会遇到什么样的技术问题和社会伦理问题？
2. 中小企业大数据营销方式的转型可能会遇到什么问题？

第3章
大数据时代的消费者行为分析

2020年国庆期间最大的票房黑马非《我和我的家乡》莫属。2020年10月9日，国庆档票房排行榜公布，《我和我的家乡》创下了票房18.7亿元、观影人数4732万人的好成绩。消费者在体验、赞叹家乡风貌发生深刻变化的同时，也纷纷通过购买家乡特产、旅游等方式来支持家乡的发展。

作为这部电影的官方合作伙伴，拼多多为了对应影片故事，特别推出了"家乡好货"购买专区，并设立了京津冀、云贵川、江浙沪、西北和东三省的促销活动专场，通过大规模补贴优惠与集中展示消费者家乡的特色商品，更进一步地引导消费者全面地感受家乡面貌的巨变。

受到《我和我的家乡》影片的影响，许多消费者都对影片中展示的陕北、浙江、贵州、辽宁等地有了浓厚的兴趣。伴随着影片票房的突飞猛进，相关区域的特色农产品、农副产品的销售量也节节攀升，其中"家乡好货"专区的产品订购量已超过1亿元。

拼多多后台数据显示，从全国各地的销售情况来看，北京的糕点、河北的山楂等在国庆活动中是京津冀地区销售最好的商品。其中，北京的糕点订单量同比增长了近70%。

云贵川专场的产品种类最多，包括四川的丑橘和石榴、云南的鲜花饼和马铃薯、贵州的辣椒等产品，不胜枚举。除此之外，随着公路运输和后勤设施建设的日益完善，《天上掉下个UFO》中所描述的"黔货难运"的问题在近几年已经逐渐得到了解决。

在江浙沪销售专场活动中，螃蟹、糯米藕、梅干菜、水磨年糕等产品十分受欢迎。在此之前，长三角优质大闸蟹产区在江苏、浙江、安徽、上海三省一市的农业主管部门与长三角区域合作办公室的一同指导下，与拼多多联手，组建了"长三角大闸蟹云拼优品联盟"，为广大消费者提供了众多产区的优质大闸蟹。

陕西苹果在《回乡之路》中频繁出镜，其实在实际生活中，陕西苹果、冬枣、猕猴桃等产品也稳居拼多多西北产品销售专场前三名。而黑龙江的大米和红肠、辽宁的小米和果梨、吉林的人参则几乎称霸了东三省专场。

随着平台商品补贴力度的不断加大，优惠举措的不断丰富，"家乡好货"专区的产品订单量快速上涨。在拼多多成立五周年之际，平台希望与消费者共同庆祝，为家乡好货助力。

3.1　大数据时代市场

在信息化的今天,人们的生产和生活方式主要依赖于互联网。随着 5G、人工智能、物联网、大数据、云计算等新技术的持续融合与发展,我们正在从信息化社会迈向数字化、智能化社会,信息的价值仍在进一步增大。利用互联网提供商品或服务已经成为一种新型的营销方式,网络市场成为 21 世纪最具发展前景的新兴市场之一。大数据时代的市场是以现代信息技术为依托,以互联网为载体,为信息即时生成、传播与交互提供平台,是由人机交互组成的一种互联网交易组织。因此,本章将大数据时代的市场界定为网络市场,其运用数字信息技术驱动经济社会变革,促使人类逐步迈向平台经济与智能算法社会。本节将分析大数据时代市场的演变过程,以及大数据时代市场的类型与功能。

3.1.1　大数据时代市场的演进

1. 大数据时代市场现状

2022 年 2 月,中国互联网络信息中心(CNNIC)公开发布了第 49 次《中国互联网络发展状况统计报告》。该报告显示,截至 2021 年 12 月,我国的网民规模呈稳步增长态势,达 10.32 亿,互联网普及率达 73.0%,农村及老年群体加速融入网络社会。

从国内市场来看,网络购物已经成为我国居民消费的重要渠道。国家统计局相关数据显示,全国网上零售额从 2016 年的 5.16 万亿元增长到 2020 年的 11.76 万亿元,年均增长率高达 22.9%。网络消费是数字经济中的一个重要组成部分,它在促进消费、稳定外贸、扩大就业、推动数字化转型等领域发挥着积极的作用,对促进经济稳定增长、促进高质量发展具有重要作用。

2. 大数据时代市场的演变

大数据时代市场的高速发展,经历了一系列的演变。从交易的方式和范围看,大数据时代市场经历了 3 个发展阶段。

第一个阶段,生产者内部的网络市场。这一阶段的市场是工业行业内部使用电子数据交换系统所构成的网络市场,减少了商业业务办理流程和交易费用。20 世纪 60 年代后期,西欧及北美部分大型企业采用电子方式交换信息,企业双方通过计算机进行特殊商务文件的直接通信与交流,实现了电子数据交换(Electronic Data Interchange, EDI)。随后,有些大型工业集团开发出适用于工业行业内部交易的采购、运输和财务方面的标准,将订单、生产、销售等环节有序地结合在一起,形成了生产者内部网络市场的体系。

第二个阶段,连接全球生产者和消费者的网络市场。互联网技术的不断发展,以及个人计算机(Personal Computer,PC)的广泛使用,使得企业可通过国际互联网为世界范围内的用户提供商品或服务。这一阶段市场的基本特征是企业在互联网上建立站点,将企业的产品信息发布在网上供所有用户浏览,以促进商品的线下销售。从市场交易的方式来看,这一阶段也可称为"在线浏览，离线交易"阶段。

第三个阶段，信息化、数字化、电子化的网络市场。这一阶段，尽管网络市场规模没有明显改变，但是网上交易模式已经从"在线浏览，离线交易"转变为"在线浏览与交易"。进入这一阶段的先决条件是实现商品和服务在流通、交易、支付过程中的数字化与信息化，其中最关键的是支付过程的电子化，即电子货币、电子银行、电子支付系统的标准化、可靠性和安全性。

现如今，全球电子商务的交易额依然保持较高的增长速度，尤其是在中国市场上，电子商务发展迅猛，对传统商务模式造成了前所未有的冲击。

3.1.2 大数据时代市场的类型和功能

1. 大数据时代市场的类型

根据交易主体的不同，网络市场可以划分为企业对消费者（Business to Consumer, B2C）、消费者对消费者（Consumer to Consumer， C2C）、企业对企业（Business to Business，B2B）、企业对政府（Business to Government，B2G）。其中，以阿里巴巴、慧聪网、中国化工网等为代表的电商，其网络市场属于B2B。B2B电子商务平台也称为企业电子采购平台。对于普通的网络用户来说，他们更熟悉 B2C 这样的网络市场，如天猫商城与京东商城。而广为人知的淘宝网则是我国最大的 C2C 交易平台。

根据购买者的身份，网络市场可以划分为网络消费市场与网络组织市场。为满足消费需求，在互联网上进行商品或服务交易的所有个体或家庭形成"网络消费市场"，其主要形式是 B2C 和 C2C。通常情况下，通过互联网实现自身部分或全部采购活动的所有组织形成"网络组织市场"，目前主要形式有 B2B 和 B2G。同时，根据组织购买商品或服务目的的不同，网络组织市场又可以划分为网络企业市场（包括网络生产者市场和网络转卖者市场）和网络非营利组织市场。

2. 大数据时代市场的功能

根据社会形态与商品经济的发达程度不同，不同市场在性质、规模和作用等方面存在着差异，但其基本功能是一致的，如交换功能、调节功能、反馈功能、引导生产功能、资源配置功能等。大数据时代市场除了上述基本功能外，还具有以下功能。

（1）快速反应功能

在互联网中，信息的传播是即时、迅速地，只有了解网络信息的生成与流通渠道，才能及时地获得相关的市场信息。及时的市场信息有利于实现信息的对称性，从而提高市场的效率。

（2）统计分析功能

规范的网络市场，在信息统计、查询等方面都有很大的应用价值，对企业的市场管理、产品管理等方面有很大的参考价值。随着我国商务统计分类和指标体系的逐步健全，各企业可以更好地发挥网络市场的统计分析功能。经过汇总整合后的市场信息对企业商品市场的经营与管理具有极大的分析价值，能够为企业决策提供参考。

（3）实时交易结算功能

网络市场经济具有"直接"经济的特征，它可以使市场 24 小时不间断运转，减少许多中间环节。它利用互联网在线支付等技术实现实时交易、实时结算，节约了成本，提高了效率。

（4）市场营销功能

网络平台主要通过发布商品信息、介绍商品特色、品牌推广等方式来提供各种营销服务。以前，市场营销功能是由市场通过附加的工作来进行的，而网络市场本身就具有良好的市场营销功能，可以为大宗商品买卖提供信息源，实现线上到线下（Online to Offline，O2O）的营销模式。

（5）开拓国际市场功能

利用开放的网络平台，展示商品的性能、样式、品类等信息，能够吸引国外买家购买商品，为企业开拓国际市场提供了渠道，促进了商品品牌国际化。

（6）增加市场供应总量功能

网络市场中包含数量巨大的企业和个人网络店铺，这使得市场商品总量相应增加，从而增大了市场供应总量。同时，信息平台的展销，延长了网络店铺的营业时间，能够更好地满足顾客的即时需求。

3.2　大数据时代的消费者行为

在大数据时代市场中，网络用户是主要的网络消费者，同时也是推动大数据时代市场发展的主要动力。网络用户的现状决定了网络消费的发展趋势和规模。个体消费者是网络消费的主要群体，不论是在传统的消费活动中，还是在新时代背景下的网络消费过程中，他们都扮演着至关重要的角色。随着社会和经济的持续发展，网络消费逐渐变得更加理性化，消费者也更追求个性化，更加注重消费过程中的乐趣和消费价值的最大化。深入了解网络消费者的总体特征，分析影响其购买行为的主要因素，深入探究网络消费者的购买决策过程，是进行高效、精准的大数据营销的先决条件。本节主要介绍网络用户的发展现状与趋势、网络消费者的特征、影响网络消费者购买行为的因素和网络消费者的购买决策过程。

3.2.1　网络用户的发展现状与趋势

1. 网络用户的规模

互联网的出现缩短了全球信息传输的时间，大大方便了人们的日常生活和工作。根据中国互联网络信息中心（CNNIC）第 49 次《中国互联网络发展状况统计报告》，截至 2021 年 12 月，我国网民规模近 10.32 亿人，较 2020 年 12 月增长 4296 万人，互联网普及率达 73.0%。在 2020 年之前，我国的网民规模与互联网普及率一直呈高速增长之势，2020—2021 年，这两项指标的增速放缓，这种变化趋势是由该阶段我国互联网已经较为普及的现状所决定的。2015 年 12 月至 2021 年 12 月，我国网民规模与互联网普及率如图 3-1 所示。

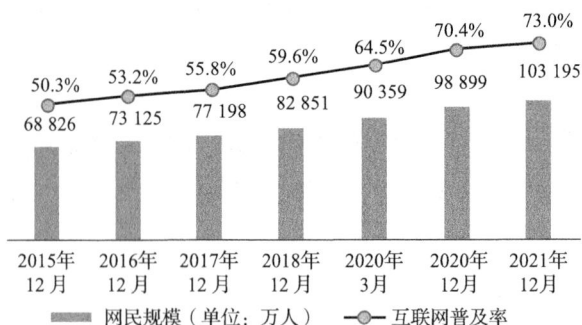

图 3-1　我国网民规模与互联网普及率

在移动互联网快速发展的背景下，我国已经形成了数量、规模巨大的移动互联网用户。截至 2021 年 12 月，我国手机网民规模已近 10.29 亿人，较 2020 年 12 月新增了 4 298 万人，网民中使用手机上网的比例为 99.7%。截至 2021 年 12 月，我国手机网民规模及其占整体网民比例如图 3-2 所示。

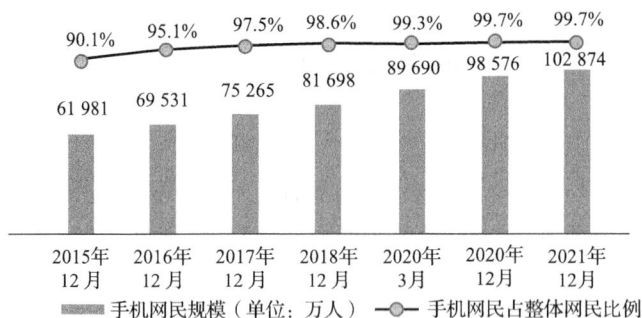

图 3-2　我国手机网民规模及其占整体网民比例

由统计数据来看，2016 年我国手机网民数量急速增长，之后，潜在的手机网民已经被大量转化，手机网民在整体网民中的占比已接近百分之百，未来由非手机网民向手机网民转化的网络用户将极为有限。截至 2021 年 12 月，我国非网民规模为 3.82 亿人，其中大部分人拥有手机，因此仍有潜力可挖掘。

2. 网络用户结构特征分析

（1）性别结构

截至 2021 年 12 月，我国网民的男女比例为 51.5:48.5，男性网民比女性网民多 3 个百分点。与中国互联网络信息中心 2020 年发布的第 45 次《中国互联网络发展状况统计报告》内截至 2020 年 3 月的相关统计数据相比，女性网民的比例增加了 0.4 个百分点。总体来说，我国网民的性别结构基本保持稳定，如图 3-3 所示。

图 3-3　我国网民的性别结构

随着移动互联网的不断普及，网络用户中女性所占的比例不断增大，这表明有更多的女性开始接触互联网，她们在通信、电商、购物、视频等领域发挥了重要作用。

（2）年龄结构

截至 2021 年 12 月，20 ～ 29 岁、30 ～ 39 岁、40 ～ 49 岁年龄段网民占比分别为17.3%、19.9% 和 18.4%，高于其他年龄段群体；我国 50 岁及以上网民群体占比由 2020 年12 月的 26.3% 提升到了 26.8%，该数据表明互联网进一步向中老年群体渗透。我国网民年龄结构如图 3-4 所示。

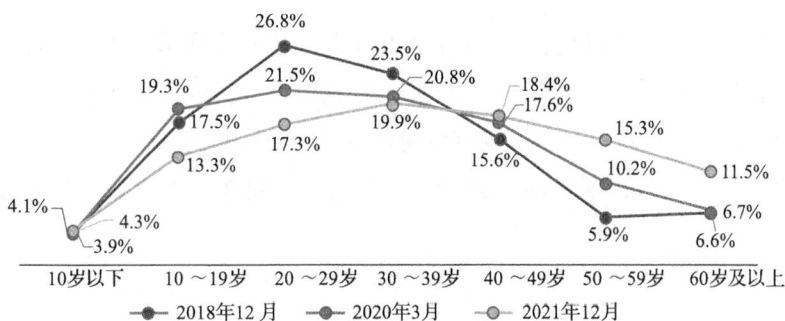

图 3-4　我国网民年龄结构

图 3-4 表明，我国网民主要集中在 20 ～ 49 岁的青年与中年群体，其中青年群体占比更大。同时，老年群体中的网民人数也在攀升。网络的飞速发展带来独特的互联网新文化，促进了文化多元共生，而与网络共同成长起来的青年群体，会表现出更强的敏锐力和适应力，能够游刃有余地面对各种各样的网络社区。

（3）城乡结构

截至 2021 年 12 月，我国农村网民规模为 2.84 亿人，占整体网民的 27.6%；城镇网民规模为 7.48 亿人，较 2020 年 12 月增长 6804 万人，占整体网民的 72.4%，如图 3-5 所示。

在互联网普及率方面，截至 2021 年 12 月，我国城镇地区互联网普及率为 81.3%，较2020 年 12 月提升了 1.5 个百分点；农村地区互联网普及率为 57.6%，较 2020 年 12 月提升了 1.7 个百分点。与 2020 年 12 月相比，城乡地区互联网普及率差异缩小了 0.2 个百分点。2015 年 12 月至 2021 年 12 月，城乡地区互联网普及率如图 3-6 所示。

图 3-5　网民城乡结构

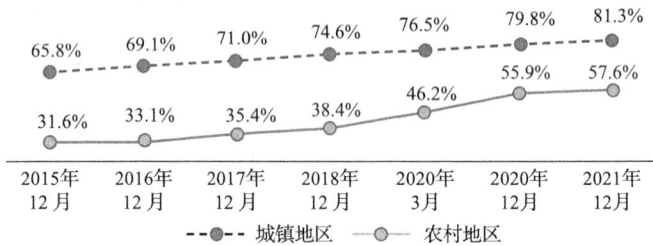

图 3-6　城乡地区互联网普及率

由图 3-6 可知，农村地区网民的增长率和互联网的普及率增速均大大超过城镇地区，在城镇地区电子商务日益饱和的背景下，农村地区将成为大数据营销的新热点。互联网新业态、新模式持续增强农村地区造血功能，数字乡村建设取得良好的进展。互联网平台不断发力，开始布局农村市场，并取得了丰硕的成果。与此同时，越来越多的农民开始通过互联网销售农特产，成为优秀的互联网创业者。

由网民城乡结构可知，农村地区的网民规模较城镇地区仍有较大差距。即使互联网已深入普通的农民家庭，受自然条件的限制以及不同家庭生活水平的影响，农村的信息现代化进程仍然十分缓慢，互联网普及率不高。应当加快新型农村网络化建设，大范围普及信息技术和互联网电子商务，顺应时代发展趋势，将特色农产品与"互联网＋"有机整合，通过网络营销实现农产品的大范围宣传与推广。例如，现有的网络直播"带货"的新形式，促进了农村特色农产品销售，增加了农村地区的经济收入，使农村地区数字经济稳步健康发展，实现了城市与农村的和谐进步。

3. 我国个人互联网应用发展状况

2021 年我国各类个人互联网应用用户规模呈普遍增长态势。即时通信、移动支付、网络直播、网络视频、网络游戏等应用已成为用户日常生活中不可分割的一部分。

在交流沟通类应用中，即时通信已经成为数字化生活的基础平台，即时通信用户规模及使用率见图 3-7。在小程序方面，微信小程序日活跃用户突破 4.5 亿，活跃小程序数量同比提升 41%；零售、旅游和餐饮行业小程序交易额同比增长超过 100%。在用户方面，截至 2021 年 8 月底，钉钉服务的企业、学校等各类组织数超过 1900 万；截至 2021 年年底，企业微信服务的企业与组织数也达到 1000 万。

网络支付业务稳步发展,有力推动消费升级,网络支付用户规模及使用率见图 3-8。截至 2021 年 12 月,网络购物用户规模达 8.42 亿人,较 2020 年 12 月增长 5968 万人,占整体网民的 81.6%。移动商务类应用在移动支付的推动下高速发展,手机网上支付、手机网络购物、手机网上银行和在线旅行预订应用的用户规模依旧保持持续增长,移动商务类应用在互联网中越来越重要。

在网络娱乐类应用中,网络直播发展迅速,网络直播用户规模及使用率如图 3-9 所示。其中,电商直播用户规模为 4.64 亿人,较 2020 年 12 月增长 7579 万人,占整体网民的 44.9%。观看电商直播的用户超六成为中青年的女性消费群体,主要分布在二、三线城市,消费能力较强。从直播电商用户群体特征上看,服装、日用百货、美食、美妆更受用户的青睐。

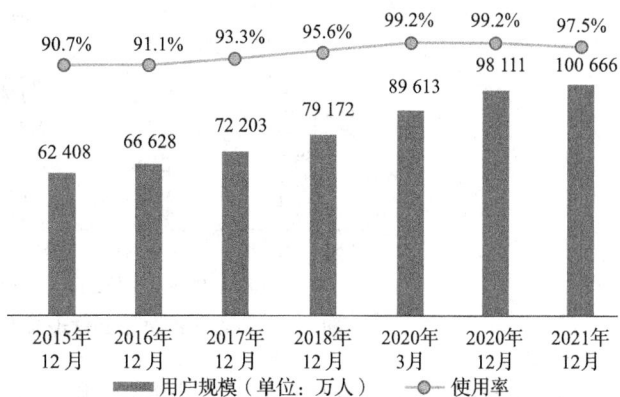

图 3-7 即时通信用户规模及使用率

图 3-8 网络支付用户规模及使用率

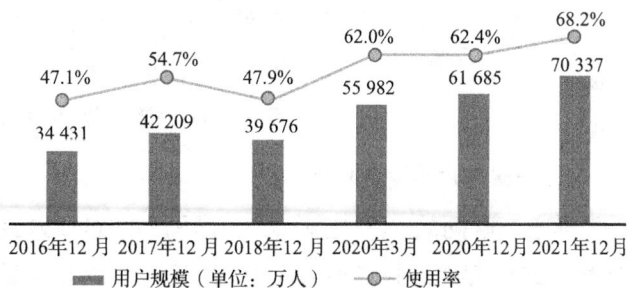

图 3-9 网络直播用户规模及使用率

网络视频(含短视频)用户规模及使用率如图 3-10 所示。其中,短视频用户规模为 9.34 亿人,较 2020 年 12 月增长了 6080 万人,占整体网民的 90.5%。网络视频有播放时间与时长不受限制、广告插播次数少等特点,迎合了用户的需求。在收看新电影、热播电视剧方面,网络视频是多数年轻用户的首要选择。随着数字产业深入发展,线上社交娱乐繁荣发展,短视频也构成了十分亮眼的一道风景线。多数网络用户已经把超过 70% 的休闲时间花在了刷短视频上。其中,中老年群体网民规模增速最快,在短视频行业中,他们正成为一个新的"流量池"。作为一种新型的信息交流方式,短视频和直播在互联网、旅游等领域不断深度融合,持续扩大传播范围,逐步成为其他应用的基本功能,推动了自身产业的发展。

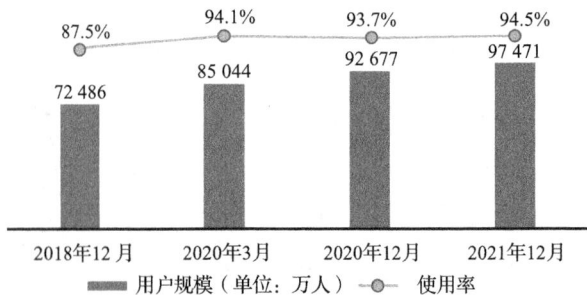

图 3-10　网络视频（含短视频）用户规模及使用率

在网络游戏方面，其用户规模及使用率见图 3-11。从用户性别结构来看，网络游戏用户性别比例趋于平衡，尽管目前女性用户的比例低于男性，但在 2018—2021 年，女性用户的规模持续稳步扩大。在用户的年龄构成上，"90 后"依然是主要的用户群体，30 岁以下的用户比例达到了 50% 以上。与此同时，30 岁及以上的用户比例也在逐步上升，与年轻用户相比，这一群体在游戏方面具有更高的消费水平。

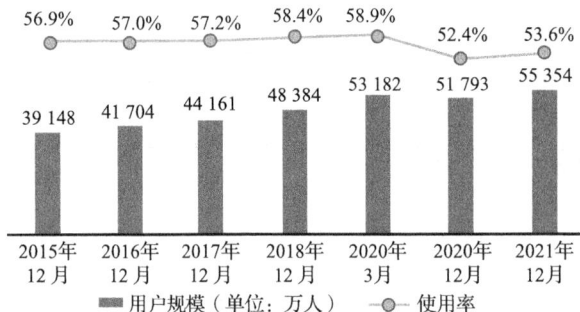

图 3-11　网络游戏用户规模及使用率

4. 网络用户的发展趋势

随着互联网的深入发展，我国网民的数量以及互联网的普及率均呈现逐年上升的发展趋势。2015 年 12 月，网络用户仅仅只有 6.88 亿，截至 2021 年 12 月，仅仅几年时间，我国互联网的使用人数已经从 6.88 亿增加到了 10.32 亿，突破了 10 亿大关。全面数字化发展促使网络高度贴合用户的生活，用户通过互联网了解世界、接受知识，也通过互联网与其他人沟通和表达自己。

随着网络用户的不断增加，网络用户呈现出多样化态势。白领、城市中老年人、大学生、进城务工人群和县城民众等群体时常活跃在大数据时代的网络市场中。其中，随着国家老龄化程度不断加深、城镇化的持续普及，使用互联网的农村用户与老年用户数量将会进一步增长，农村及老年群体将加速融入网络社会。"Z 世代"人群作为互联网时代原住民，其网络使用程度更深，未来将成为移动互联网发展的新核心用户群体。

全面数字化发展促使网络高度贴合用户生活，人们已养成较为稳定的网络使用习惯。

人们对互联网的使用，已形成以社交、视频、购物应用为主，各行业应用协同，满足不同需求的数字化生活形态。用户基于生活需要，对各行业应用的使用有明显区隔，社交、视频、购物应用的活跃渗透率均在 90% 以上，且使用次数远高于其他行业应用，未来渗透率还将持续上升。

3.2.2　网络消费者的特征

大数据时代的快速发展使消费者的生活方式、消费习惯和消费观念等发生了巨大的改变。互联网的发展给消费者的购物带来了更加广阔的空间。与传统消费行为相比，大数据时代的网络消费者行为具有以下特征。

1. 消费需求个性化

消费需求个性化正日益成为现代人消费的一个重要特点，以往的"同质化消费"现象正在逐步消退。消费者对于个性化消费的追求始终是客观存在的，而互联网的快速普及和现代生产技术的飞速发展，使商家能够更好地满足消费者的个性化消费需求。当前，大多数网络消费者有着与别人迥异的想法与兴趣，有着独特的思维与洞察力，对特定的产品或服务的需求也愈加个性化。他们喜欢购买新颖的商品，而这种商品通常在当地市场上很难买到，这体现出他们独有的个性和品位。因此，在大数据时代，个性化消费会成为消费的主流。例如，2019 年的天猫"双十二"电商购物节，充满创意的"90 后"一边买羽绒被，一边买冰激凌；家长给小朋友们购买具有中国风格的儿童服装，甚至让自己的宠物穿上了"汉服"。个性化的消费浪潮在年轻人的引导下，出现了使许多中老年人看不懂的消费奇迹。

2. 消费需求差异化增强

不同的网络消费者由于所处的时代背景不同而有不同的需求。不同的网络消费者，即使处于相同的需求水平，其需要的内容也是不同的，需求的差异是始终存在的。但是，当前网络消费者之间的需求差异比任何一个时代都更明显。这是因为网络营销没有地域上的界限，网络消费者来自全球，他们所处的地区、消费观念、生活习惯等都各不相同，因此在需求上存在着显著的差别。例如，有的地区的网络消费者普遍喜欢多种款式的产品，注重产品风格、款式、设计、质量和材质，要求环保；而有的地区的网络消费者比较重视产品颜色，偏好深色物品。所以，大数据时代企业要想取得成功，就要在产品的设计、制造、包装、运输、销售等全过程中，认真地考虑这些差异，并根据网络消费者的不同特征，制定相应的对策与方法。

3. 消费主动性增强

在社会分工日趋精细、专业化的今天，消费者的消费风险意识也随之增强。在网络环境下，由于消费者可以便捷地获得更多的资讯，拥有更多的选择，因此他们不再是被动地接受别人的意见，而是掌握主动权。在消费活动前期，网络消费者往往会主动地借助互联网技术查询、分析与对比各种商品信息。这些资讯将会引导网络消费者的购买行为，或成为他们网购的知识储备与经验。网络消费者对信息的分析与比较或许不够全面，但能让他们在心理上获得一种平衡，以降低风险和减少购买后的遗憾，增加对产品的信心和满足感。例如，在购买一部手机之前，网络消费者会主动查询购买手机的注意事项，提前了解手机的处理器、运存与闪存、相机配置、分辨率等方面的知识，并主动搜寻各大品牌手机的市场销售情况，了解不同系列、不同型号的手机参数和价格。

4. 追求方便、有趣的消费过程

互联网为消费者提供了一个方便的交易平台，满足了消费者对便捷的需求。灵活的在线付款和快速的送货上门，能让消费者体会到传统购物中所不能享受的快乐。对大多数年轻消费者来说，追求舒适、便捷、时尚的生活方式，追求时尚、新颖的商品，始终是生活消遣的一大乐事。当前，网络购物可以视为一种娱乐消遣方式，许多电商平台也已成为消费游戏化的大师。网络消费者可以在天猫奢侈品馆参加虚拟展览和表演，并在个性化的品牌小游戏或小测试的吸引下购买相关商品。人工智能和增强现实技术的融入，使网络消费者享受到了更多的购物乐趣。

5. 选择商品时较为理性

大数据时代市场强大的信息处理能力给消费者带来了空前的选择空间。网络消费者在做出购买决策前，能够主动地从网上获得相关信息，并进行对比，从而做出最优的购买决策。对于网络消费者而言，他们可以利用互联网提前做好攻略，选择诚信的电商平台进行网购，可以对比不同网络商铺的信誉等级、商品好评率、服务态度、物流情况等，选择资质齐全、信用良好、售后服务有保障的商家。此外，网络消费者还可以通过浏览导购类价格对比网站，了解所需商品的报价、功能、销量、消费者评价和交易时间等信息，了解商品的综合性价比，从而选择合适的商家进行交易。

6. 注重价值导向，消费具有交叉性

随着消费水平的不断提高，消费者对商品或服务的附加价值的追求也越来越高。与此同时，他们也注重物美价廉，不盲目追求名牌，存在各类需求普遍交叉的情况。例如，消费者会在同一时间购买常用的日常物品和贵重首饰，既能满足生理上的需要，又能满足其受尊重的心理需要。这种现象的产生，是因为网络商家所售物品几乎涵盖了一切，消费者可以在很短的时间内浏览各种商品。

3.2.3　影响网络消费者购买行为的因素

与传统渠道相同，大数据时代网络消费者的购买行为也受个人、心理等内部因素和经济、文化等外部因素的影响。除此之外，其购买行为还受到特有因素的影响。

1. 购物安全性与信任感

对于网络消费者而言，网络购物的安全性和信任感是影响购物的重要因素，因为网络购物模式不同于传统的"一手交钱，一手交货"的购物模式。消费者对网络购物存在的担忧主要表现为缺乏购物安全感和对商品的信任感，消费者担心商品的售后服务差，退换服务过程复杂、麻烦等。另外，很多网络消费者认为当前的网上支付体系不够安全，而且在注册时必须提供大量的个人资料，担心个人信息被网上交易平台泄露。同时，买卖双方的各种隐秘行为，使得网络购物的信息不对称，这在极大程度上影响了交易的公平性，让很多消费者在网上购物时保持谨慎，从而限制了网络消费的发展。

2．购物的便捷性

购物的便捷性是影响网络消费者购物的重要因素之一。节省时间成本、精力成本和体力成本，购买过程操作方便是大多数消费者选择网购的主要原因。网络上的虚拟商店可以不受时间的限制，24 小时开放，在任意时间为消费者提供服务。消费者可以在任意时间选择商品，并进行支付。在实体交易环境中，购物场所人来人往、购物路程较远等消耗了消费者宝贵的精力和体力，而网络购物可以改变这种局面。网络购物的便捷性为消费者节省了许多精力与体力。对个人消费者来说，互联网可以为消费者提供大量的信息检索途径，任消费者挑选满意的商品或服务。消费者挑选时可以货比多家，选择商品的余地更大。网络购物为消费者在工作前后的购物带来了巨大的便利，消费者可以实现足不出户就能与卖家完成商品交易，因此网络购物深受消费者的喜爱。

3．商品的价格

从消费者的角度出发，商品或服务的价格不是决定消费者是否购买的唯一因素，但却是消费者在购物时必须考虑的一个重要因素。虽然商家都在努力制造商品差异，以降低消费者对价格的敏感度，来防止恶意竞争，但价格仍然会影响到消费者的购买决策。首先，对于普通的商品而言，需求和价格往往是成反比的。同一件商品，价格越低，销量越大。网络购物之所以具有生命力，网络消费者数量之所以增长迅速，主要原因是网络上的商品价格较实体店的商品价格普遍偏低。只要商品的价格下跌超出了消费者的心理预期，他们就会迅速地做出购买决定。由于互联网为消费者提供了更大的市场比较空间，因而限制了商家通过高价格来获得高额的垄断利润。网络购物平台的共享与开放，使消费者能够在短时间内了解到各个商家的最新商品价格。因此，在同类型的商品中，价格上具有优势的商家会更容易赢得网络消费者的青睐。

4．商品的更新速度

随着购买力的增强、消费水平的提高，消费者对商品的品种、质量、款式、花色等方面提出了多层次、多结构的新要求。而网络中的各类商品更新换代的速度更快，网络上的虚拟商店可以更快地提供新商品，满足网络消费者对商品款式、花色等方面的个性化需求。当下，网络消费者的主力——年轻人，他们往往个性独立、大胆，对新鲜事物与新知识充满好奇且接受度高，求新的购买动机多出现在这类群体中。

5．物流配送服务效率

在网络购物中，商品的物流和配送是关键。在网络购物的过程中，商品的运输速度、时间、费用以及商品的完好程度等都会对消费者的购买决策造成一定的影响。

3.2.4　网络消费者的购买决策过程

购买决策过程是指消费者在购买过程中的一系列步骤。与线下购买行为类似，网络消费者在实际购买前便已经开始了购买行为，并将其延长至购买之后的一段时间。网络消费者具体的购买决策过程主要包括：诱发需求、信息搜寻、对比评估、确认购买、购后评价。

1. 诱发需求

网络购买决策过程的起点是诱发需求。在消费者做出消费决策的时候，首先要考虑现有商品是否能够满足自身的需求。当不能满足自身的需求时，消费者才会产生对新商品的购买意愿，这是消费者做出购买决策一个必不可少的先决条件。在传统的购物过程中，诱发需求的因素是多方面的，包括身体内在产生的生理刺激以及外部环境形成的心理刺激。对于大数据营销来说，诱发需求可以从视觉、听觉等方面入手，比如商品文字的表达、图像和声音的设计，这些都可以成为消费者购买的直接动因。因此，从事大数据营销的企业或中间商需要多关注与自身商品相关的真实需求和潜在需求，了解消费者在不同时间段产生何种需求，知晓这些需求可以由哪些因素诱发，进而有针对性地运用营销手段来吸引更多的消费者进入企业的网站、店铺，激发消费者的购买欲望。

2. 信息搜寻

当需求被成功唤起后，每一个消费者都希望自己的需求能得到满足。因此，消费者需要通过多途径来收集商品的有关信息，进一步了解自己所要购买的商品，为下一步的网络购物奠定基础。内部渠道和外部渠道是信息收集的主要渠道。内部渠道是指个人所掌握的各种市场资讯，包括实际的购物体验、市场观察、个人购物行为的回忆等，这种渠道通常适用于那些平时喜爱购物，并且曾在网络上购买了同样的商品或者拥有类似商品的购买经验的消费者。外部渠道则是指消费者能从外界收集商品信息的通道，其中包括个人渠道、商业渠道和公共渠道等。消费者在网络中购买商品的主观能动性更强，在购买商品前利用互联网收集商品的信息，并对搜索到的商品信息进行追踪，从而在浏览过程中发现新的购买机会。

3. 对比评估

消费者满足需求有一个现实的前提，即实际的支付能力。如果消费者没有与商品价格匹配的支付能力，那消费者便不会真正地去消费。消费者要想使自己的购买欲望与实际支付能力相匹配，就必须通过比较、分析多种渠道的信息，从商品的性能、价格、质量、样式、售后服务等方面了解商品的特性，挑选出令自身满意的商品。由于网络消费者购买前无法与实物进行直接的接触，因此其更多地依靠商家的描述，包括文字描述、图片展示和视频等。网络商家倘若不充分、不完整地描述自身的商品，将无法吸引大量的消费者浏览。同时，如果对商品的描述与实物不符，那么网络商家可能会永远失去消费者。消费者在对商品进行比较评估后，最终确定是否购买以及购买的种类、数量、款式等。

4. 确认购买

消费者在进行了商品评估和对比之后，就开始决定是否购买。在网络购物过程中，确认购买是消费者购买决策过程的一个重要环节。相较于传统的购物模式，网络消费者在购物时更倾向于理性消费。在此阶段，网络消费者经过前一阶段的深思熟虑，对商品的特性、品质、价格、样式等信息有了深刻的认识，有充足的时间对所选择的商品进行思考、判断，能够理性地做出购买决策。同时，由于网络消费者在做购买决策时通常是在网络上独自进行的，受周围人和其他外部因素的影响较小，所以整个购买决策过程相较于传统的购买决策过程更具独立性，在决策阶段消耗的时间也更短，决策速度会更快。

5. 购后评价

网络消费者在收到商品后，通过对商品的体验，产生了对商品价值的基本判断，并对自身在购买决策过程中的消费选择进行重新审视与检查。在这一过程中，消费者主要判断商品的实际情况和商家的描述、展示的照片是否一致，该商品是否达到了自己的预期标准，判断自己的网络购买决策是否恰当，商品是否满足了自身的需求等。之后，消费者会在网络上对商品描述的真实性、商品的质量，以及商家的服务态度等各方面进行综合评价，对商家提出鼓励或改正的意见。购后评价往往决定了消费者今后对该商品的购买意愿。因此，让消费者购后满意十分重要。对企业来说，明智的做法就是定期地回访消费者，衡量消费者的满意度，而不是等待消费者的不满与投诉。企业要想在竞争中取得更大的优势，就必须及时听取消费者的反馈和建议，不断地提升商品的质量，完善售后服务流程。

3.3　大数据时代下消费者行为分析应用

3.3.1　从直播"带货"中探析消费者行为

每天晚上七点三十分，某主播的直播间就会有超过五百万人观看，每逢购物节，观看的消费者会更多，大家到底在看什么呢？下面从消费者行为与心理学的角度分析为什么消费者会在该主播的直播间购买商品。

1. 刺激消费者的欲望

直播购物的本质是主播在详细介绍商品的同时利用超值的优惠诱发消费者的需求，吸引消费者，使其产生消费冲动。在直播平台上销售的商品限量上架，主播会反复强调"这个产品我只能拿到 1 万份""只有 5000 个人可以抢到它"，这意味着如果手速低于其他人，就会失去这次购买机会，这样的言语会营造出"资源稀缺"的气氛；"错过今天的直播就会恢复到原价，不确定什么时间再次上架"，这制造出了"不可掌握"的感觉。

价格是消费者购买决策的重要影响因素，如果直播间的商品和店铺售卖的商品没有价格差，对消费者来说是没有吸引力的。从经济学角度讲，交易是以等价交换为原则进行的，但是从心理学的角度来看，商家与消费者之所以达成交易是因为存在"占便宜"心理。例如，商家将成本为8元的快餐以18元出售给消费者，商家觉得自己挣10元就是占了便宜；而消费者花费18元便吃到了一顿便饭，节省了买菜、做饭、洗碗的时间，消费者同样认为自己占到了便宜。而在上述主播的直播间中，"占便宜"的效果就更明显了，比如"买一送一""领取优惠券，拍下立减"等促销方式都能使消费者产生"占便宜"的感觉。因此，电商平台的主播们都注重拿到低价商品，因为只有低价格才会使消费者"占便宜"的欲望得到满足。

同时，直播购物的方式也满足了人们的"懒惰"心理。购买过程中消费者不再需要进行信息搜寻、对比评估，节省了比价时间，而且商品货源有一定保证，消费者所需要做的仅仅是完成"马上下单"这一操作，付款后所需的商品不日便会送到手边，购物过程十分方便，充分满足了消费者"懒惰"的需求。

2. 拿捏消费者的从众心理

消费者观看直播时，手机屏幕上会不断出现"某人正在购买某某东西"的弹幕，而主播也会一直播报有多少人已下单购买某一商品，来凸显火热的销售气氛，在这一气氛中，消费者的从众心理便会随之而起，纷纷拿起手机下单，享受有趣的购物过程与便捷的消费体验。而主播们的团队也会在直播间里点赞、评论等，目的就是激发从众效应，引导更多的人加入购物热潮中。

3. 运用断言、重复和传染手段

著名社会心理学家古斯塔夫·勒庞曾说过："领袖发挥作用的手段就是断言、重复和传染。"所谓断言，就是抛弃一切的论证，将某种观念灌输进集体的脑海中。断言越简单，就越有说服力。主播们在直播间一直强调他们售卖的商品价格很低，但是通常消费者没有办法快速对比、评估其售价是否真的很低——这就是断言。经过不停地重复叙述，最终断言将会深深地刻在消费者脑海中，从而促进行为动机的形成。因此，在直播间中可以不断地听到主播们在反复强调"买它"，断言在不停地重复下便会具有很强的传染力。

4. 运用同理心打动消费者

主播如何才能成为优质主播？很重要的一点是要具备同理心。有的主播只是在做单调的商品介绍，而有的主播就像是一个朋友在分享自己的购物经验一样。其实这是一种很自然的换位思考，也就是同理心的应用。有的主播凭借着自己的同理心与专业的商品介绍打动了消费者，最终成为头部主播。

3.3.2　青岛啤酒：逆风飞舞，舞入年轻化舞台

青岛啤酒是一家拥有百年历史的老品牌。但是，与其他知名老品牌相比，近年来，青岛啤酒年轻、优质、高端、潮流的形象标签逐渐被消费者接受，青岛啤酒也因其年轻化的特质深受年轻消费者的青睐。根据青岛啤酒发布的2022年半年度报告，其经营业绩稳健增长，再创新高，实现营业收入192.7亿元，同比增长5.37%。青岛啤酒作为老品牌，从"百年青岛啤酒"

的"经典"，到深受年轻人喜爱的"时尚"，它是怎样定位年轻的消费群体和抢占年轻消费者市场的呢？青岛啤酒在走向年轻化之路时，又是怎样与消费者进行交流的呢？

1. 年轻化的创新

从前，人们提起青岛啤酒会认为它是"老品牌"，但实际上，这并不是青岛啤酒最想要的。青岛啤酒的"老品牌"形象能让人感受到其地道、经典的味道，但有些年轻人则会认为"老品牌"距离他们很遥远，是父辈们消费的东西，因此青岛啤酒尝试给历史感太强的"老品牌"注入更有激情与活力的元素。2014 年，啤酒产业迎来了一个空前的大拐点，传统啤酒的销售量下滑，中高端啤酒特别是进口啤酒的销售量上升，整个啤酒行业都处于消费转型的关键时期。因此，青岛啤酒迅速建立了一个创新的市场营销部门，以在此趋势下拿出应对之策。

面临啤酒行业的消费瓶颈问题，青岛啤酒关注到市场上的年轻人追求品质和新鲜感，有自身鲜明的个性特征与产品追求，并且他们正逐渐成为消费主力。因此，青岛啤酒决定研发全麦白啤，以年轻的消费者作为突破点，寻找吸引他们的兴趣点。终于，历经 9 个月的研究，全麦白啤正式向市场推出。在创新营销上，团队采用内容营销与情感营销方法与消费者沟通，实现了青岛啤酒品牌符号视觉化、传播形式数字化、推广范围圈层化、内容IP 共享化、品鉴体验场景化，通过"白啤知识大讲堂""精酿专栏""24 节气美食实验室""跨界大咖论道""移动式斟享体验空间"等内容与广大消费者进行长期的交流和知识分享。这是一个循序渐进的过程，从线上知识传播到线下体验、社区分享、圈层营销，最终形成全方位的社交覆盖，让消费者通过社群了解产品、品鉴与畅谈，从而实现消费者与品牌的沟通，以及实现产品的二次营销。青岛啤酒的年轻化不仅仅意味着消费者的年轻化，更重要的是紧跟潮流，与时俱进，时刻与消费者沟通互动。

没过多久，全麦白啤特有的原酿果香味不仅仅吸引了"Z 世代"的男性消费者，更是出奇地赢得了年轻的女性消费者的喜爱，全麦白啤在男性市场之外拓展出了新的消费群体。青岛啤酒创新营销事业部的决策者惊喜地发现，喜爱这个品类的是一些有眼界、有主见的年轻人。青岛啤酒聚焦"雅致而靓丽"的年轻市场，研究、分析年轻消费者的生活方式与消费行为，发现他们"讲究而不将就"的生活态度，给予他们想要的生活仪式感。当企业的产品满足消费者对充满仪式感的精致生活的需求时，这就说明产品和品牌是有生命力的，是活在当下的消费者心中的。在啤酒行业整体下行的状况下，青岛啤酒的营业收入仍在增长，能够拿出如此业绩，足以证明青岛啤酒年轻化的战略非常成功。

2. 产品个性化、多元化

为了给品牌注入朝气与活力，也为了更快推动转型，青岛啤酒推出了一系列有流量和关注度的营销活动：与必胜客、KFC 携手，推出企业定制、个性化定制等，产品朝着个性化、品质化和多样化的方向发展；强化营销渠道创新，拓展销售渠道，开辟电商渠道；同时，青岛啤酒在市场推广方面也屡出奇招，全新的打法层出不穷。如今，青岛啤酒将注意力放在"新主流"的产品中，与"经典 1903"、纯生等主流经典产品相比，"新主流"要求产品的设计、酒体、口味、概念等方面都别出心裁，触动特定的受众群体，在一个个小众且个性化的人群中形成引爆点，进而形成未来的消费趋势。

3. 与潮牌合作，引领"国潮"风尚

2018 年，青岛啤酒发起的"深夜食堂"IP 跨界营销活动包揽了广告界著名的"金投赏"每个分项的一等奖。在评委的眼中，青岛啤酒已然是"国潮"的代名词，而在年轻消费者的眼中，青岛啤酒代表着高端、时尚、潮流。

2019 年，男模身着青岛啤酒联名款的白色羊羔绒潮服与男款胸包出现在纽约时装周中国日秀场上，男模的衣服右胸前印有"青岛啤酒"的 Logo，左边的袖子上绣着一个"好"字，右边的袖子上绣着数字"1903"。这是青岛啤酒第一次与世界潮流品牌进行跨界合作，携手走上世界时装的舞台。

纽约时装周后，青岛啤酒天猫官方旗舰店售卖的走秀款服装被一抢而空，青岛啤酒也成为继李宁和老干妈之后第三个在纽约时装周一举"跨界"成名的品牌，更是受到了米兰时装周、巴黎时装周的青睐，它们纷纷向其抛出橄榄枝。

习　题

一、名词解释

网络消费市场　网络组织市场

二、简答题

1. 大数据时代市场的发展阶段有哪些？

2. 根据交易主体的不同，网络市场可以划分为哪些类型？

3. 根据购买者身份的不同，网络市场可以划分为哪些类型？

4. 请简述大数据时代市场的基本功能。

5. 请简述大数据时代网络消费者的行为特征。

6. 大数据时代网络消费者的购买行为除受个人、心理等内部因素和经济、文化等外部因素的影响，还受哪些因素的影响？

7. 请简述网络消费者的购买决策过程。

三、开放性思考

1. 大数据时代网络消费的需求特点有哪些？未来的发展趋势如何？

2. 网络改变了人类的消费方式，实体消费和网络消费应该如何协同发展？

第4章
大数据广告营销

引入案例——国货崛起潮流下的美妆品牌 INTO YOU

互联网的发展打破了销售渠道的边界，线上渠道占比逐年递增，各品牌加速营销数字化转型。在数字经济的驱动下消费全面升级，许多新锐品牌在洞察新消费领域红利后全面崛起，搭上了内容营销的快车。国货彩妆品牌近几年迅猛扩张，但火了一批"网红"品牌之后，过度营销、廉价低质等恶评也让美妆行业蒙上了一层阴影。近几年发展迅猛的新锐国货美妆品牌 INTO YOU 在数字经济驱动下，在互联网上牢牢抓住自己的核心消费者，完美地实现了数字化转型。

"Z世代"是许多新锐品牌的潜在消费者。在网购和社交媒体环境中成长起来的"Z世代"消费者逐渐成长为新时代的消费主力，他们具有主动性强、互动性强、追求性价比、包容性强等特征，不仅会收集和利用信息，也会线上购物并提供反馈。社交媒体是"Z世代"获取美妆护肤信息的主要渠道，内容清晰的好物安利 Plog、信息量大表现力强的美妆类短视频都已成为"Z世代"喜闻乐见的内容。通过分析目标群体的消费数据，了解其消费习惯，INTO YOU 掌握了"Z世代"的美妆偏好："Z世代"更倾向于通过熟人和信任的 KOL "种草"美妆护肤产品。基于此，INTO YOU 选择小红书作为品牌短期转化平台。《2020小红书年中美妆洞察报告》显示，全球至少3亿人使用过小红书，每月超过1亿用户在小红书上保持活跃状态，而每日小红书上的笔记曝光超过了30亿次。INTO YOU 选择小红书这一用户与品牌契合度高的美妆垂直类平台，就是瞄准了"Z世代"依托信任产生购买决策的消费习惯。通过与不同类型的美妆博主合作，INTO YOU 产出大量试色视频和内容"种草"笔记。在"双十一"抢先购期间，INTO YOU 还通过跨类营销打通阿里妈妈站外资源，用品牌特秀、LED 大屏投放等方式强势霸屏，最后达成全网"种草"400万、商品交易总额2 200万元。INTO YOU 通过社交媒体"种草"+线下体验+站外推广的模式，不断增加品牌曝光度和好感度。在2021年"双十一"期间，INTO YOU 吸引了16万新会员，完成5 000万元总成交额。同年"双十二"期间，INTO YOU 还针对"Z世代"进一步获得了8 000万曝光量。

在消费群体对消费体验要求越来越高的当下，"定制化服务"是每个品牌都渴望达到的目标，想要对症下药，精准把握用户反馈、定向圈层曝光是提升产品竞争力的关键武器。在围绕消费者链路进行精细化人群分层及洞察的过程中，除小红书外，INTO

YOU 也在抖音、快手、微博等平台进行营销尝试，结合阿里妈妈的营销 IP "宝藏新品牌" 强化品牌影响力，大幅提升了消费者运营颗粒度，让人货匹配更加精准，深思熟虑地打好了数智化经营这张牌。

社会数字化、信息化的发展给予了新锐国货彩妆品牌发展的空间，只有通过大数据建立起全域经营场景洞察体系，品牌才能广泛涵盖直播、短视频等主流内容场，为品牌全域场景智能营销提供标准化通道。

4.1 大数据广告概述

4.1.1 大数据广告的含义

大数据广告，是指基于海量用户数据和产品特性构建用户画像，通过包括企业网站、论坛、即时通信工具、电子邮箱、自媒体平台等在内的各类互联网媒介进行传播，并以图片、视频、文字、音频等形式呈现的智能推送广告。

大数据广告建立在通信、大数据、人工智能等现代计算机技术和互联网技术之上，具体实现形式包括但不限于建立企业官方网站，进行广告精准投放和营销活动；在热门站点上做横幅广告及链接，通过各大搜索引擎关键词竞价排名提高广告曝光度；在知名社交网站或软件上投放广告，或开设独立的相关话题讨论区；通过邮件或短信给目标群体发送相关营销信息等。其目的是提高消费者对相关商品或服务的关注度，吸引潜在消费者产生购买行为，从而使广告主从中获益。

4.1.2 大数据广告的特点

数字技术创新迭代和数字经济的迅猛发展，为新时代的广告行业带来了巨大的发展机遇。大数据广告在蓬勃发展的过程中，展现出以下几个特点。

1. 心理优势

与传统媒体广告相比，网络媒体和大数据广告的最大竞争优势是能够更好地把握消费者心理。相关研究表明，心理因素是消费者点击广告的主要动因。大数据广告是一种从消费者的角度出发，充分考虑消费者个性偏好的广告形式，消费者拥有更大的自由。广告主会根据目标消费群体的个性特点与喜好，选择投放特定的广告信息。当消费者对广告内容产生好奇，打开广告内容并进行双向交流时，广告信息会逐渐取得消费者的信任，打动消费者，实现对消费者的引导。

2. 突破时空的限制

互联网是一个全球性的信息传输网络，由遍布全球的大大小小的各种网络按照统一的通信协议组成，在互联网中，广告信息可以随时随地被用户点击和阅读。大数据广告通过互联网媒介把广告信息传播到世界各地，使得信息传播不再受限于时间和空间。只要达到上网的基本条件，符合潜在网络用户的标准，任何人在任何时间、任何地点都可以接收广告。从广告市场看，互联网能到达的角落都可以作为广告主的目标市场，即使是一家无名小企业，通过大数据广告进行信息传播，也有可能一夜成为被全世界知晓的企业。

3. 信息容量大

在网络上，广告主提供的信息容量原则上是没有上限的。广告主或广告代理商可以提供充分的广告信息和说明，并且不需要承担在传统媒体上投放广告因增加时长而产生的高昂费用。互联网广告主可以把自己的企业、企业的所有产品和服务，包括产品的特性、功能、价格、型号和外观形态等有必要向目标消费群体说明的所有信息制作成网页放在企业的官方网站或第三方推广网站中。换言之，在广告费用相当的情况下，互联网广告主能够投放更加完整和丰富的广告信息，这是通过传统媒体无法做到的。

4. 视听效果的综合性

多媒体和超文本格式文件作为大数据广告的一般载体，使大数据广告可以通过图片、文字、声音和视频等多元形式进行传播，实现视听效果的完美统一。与传统广告相比，大数据广告为消费者提供了多感官信息，实现了为消费者提供产品或服务的全面视觉、听觉甚至触觉体验。

5. 广告投放的精准性

大数据广告投放的精准性包含两个方面。一方面体现为投放广告的目标消费市场的准确性。网络实际上是由一个一个群体组成的，这些群体的成员往往有共同的爱好和兴趣，经过市场细分形成了目标消费者群。广告主可以在目标消费者常出现的网站上投放特定的产品广告。有了明确的目标市场，就可以做到精准营销，信息受众会对与自身兴趣点相关的广告信息更加关注。例如，广告主在南京召开新产品发布会，其可以要求网站只对在南京登录的网民播放广告，网站可以通过过滤 IP 地址来达到这个目的。此外，广告商还可以要求广告主按点击量付费，只有点击广告栏的网民才会被统计并计费，这就保证了每一笔广告费的有效性。另一方面体现为广告受众的准确性。由于是基于用户画像精准投放广告，能激发用户浏览感兴趣的广告信息，因此，大数据广告信息能够更精准地触达用户。

6. 受众数量的可统计性

在传统媒体上刊登广告，很难准确地知道有多少人接收到广告信息。以电视广告为例，虽然某段时间的收视率可以统计，但是投放在电视上的广告有多少人看过却只能通过抽样调查进行估计，而很难进行精确统计。广播、路牌等广告的受众人数同样难以估计。而在互联网上，可以通过权威有效的用户流量统计机制，精确统计出每个广告主的广告被多少个用户浏览过，以及这些用户浏览的时长分布和用户地域分布，从而有助于广告主对广告的成效进行有效评估，帮助其未来制定更加精准有效的广告投放策略。

7. 交互性

交互性是互联网媒体十分强的竞争力。互联网媒体不同于传统媒体强调信息的单向传播，其更强调信息的互动传播。用户可以决定自己接收信息的范围，而广告主也可以随时获得有价值的用户反馈。互联网赋予了用户与广告主直接互动的能力，从而为未来可能的营销关系服务。大数据广告可以实现一对一的投放和一对一的信息双向交流，对相关广告内容感兴趣的用户不再是被动地接受广告，而是可以主动及时地做出反应。

8. 实时性

传统媒体的广告一旦推出就很难改变，即使可以改变，也需要大量的经济成本。而大数据广告可以根据需要及时调整广告内容，包括纠正错误、及时向消费者传递最新的产品信息，这一过程相比传统媒体的广告调整而言成本较小。利用先进的信息技术，广告主可以通过互联网实时获取广告的相关监测数据和投放报告，这让对广告策略的及时调整变得更加便捷。同时，大数据广告也能及时向消费者传递如企业的业务范围增加等经营决策的变化等内容。

4.1.3　大数据广告的类型

目前大数据广告在投放渠道、广告形式和广告内容上与互联网广告较为相似，因此，可以根据中国互联网广告产业图谱（见图 4-1）了解目前大数据广告行业的主要参与者。根据艾瑞咨询相关统计数据，整个互联网广告产业链包括广告主，代理商，营销类咨询公司，技术驱动营销服务机构，创意、内容专业供应商，媒体方服务平台，数据监测公司和网络投放媒体，以及终端厂商。其中，广告主主要来自电商行业、汽车行业、3C 数码以及快消行业等，如京东、淘宝、拼多多等；代理商主要包括 BBDO、蓝色光标、charm 等；营销类咨询公司主要有埃森哲、正略咨询、艾瑞咨询等；网络投放媒体主要有社交类、电商类、短视频类、搜索类、在线视频类和垂直类六大类平台。

图 4-1　中国互联网广告产业图谱（资料来源：艾瑞咨询）

随着大数据与人工智能技术的不断进步和商业模式的不断创新，互联网广告更多依靠数字赋能，在广告的形式和内容上都考虑了目标用户的偏好，进行广告创新和改进，从而衍生出大数据广告。目前主流的大数据广告形式主要有以下几种。

1. 电子商务广告

电子商务广告包括展示类广告、垂直搜索类广告等，如在京东、淘宝、唯品会，以及拼多多等电商平台中通过购买商品展示排名或关键词设置、产品描述等手段进行营销的广告。广告主可通过挖掘用户喜好和浏览习惯，制定相应的广告，其主要展现形式有网页横幅广告、文本/图片链接广告等。图 4-2 展示了京东网站首页的广告分布。

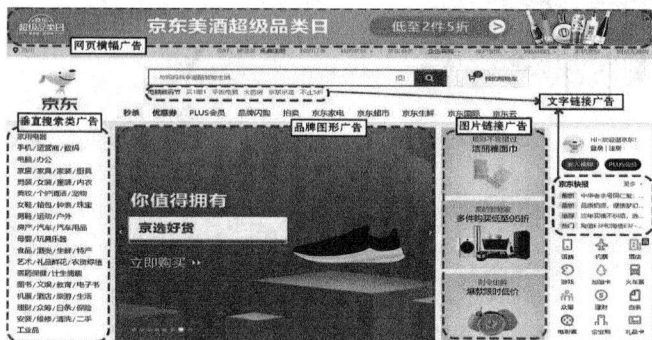

图 4-2　京东网站首页的广告分布

2. 信息流广告

信息流广告是指投放于微信、抖音、微博等社交媒体用户的资讯媒体、好友动态或视听媒体内容流中的广告。信息流广告包括但不限于图片、表格和视频等形式，其特点是由算法推荐、提供交互体验，可以通过标签进行定位。广告主可以根据自己的需要选择推送曝光、登录页面或小程序收藏页面，甚至应用的下载页面，其中创意、竞价和定向三个关键因素决定了信息流广告最后的效果。微信信息流广告如图 4-3 所示。

3. 搜索广告

搜索广告包含关键词广告和联盟广告。当搜索引擎用户在搜索引擎上使用关键词进行搜索时，在搜索结果页面出现的与关键词相关（或人为指定与关键词建立关联）的广告是关键词广告，它是搜索引擎营销的一种方式。因为搜索引擎用户关注的焦点和广告的触发点都与关键词有关，所以关键词广告有助于提高搜索引擎用户对广告的关注度，将其注意的焦点有针对性地转移到广告上，使得广告更有效。联盟广告，是指许多具备广告位的小型网站联合起来形成一个广告发布

图 4-3　微信信息流广告

平台（即广告联盟），从而发布的广告。广告联盟根据用户的关键词搜索记录向其展示相应的广告内容，而广告主投放的联盟广告可以在所有联盟网站或定向选择的联盟网站上显示。图 4-4 所示的是极光联盟平台的广告流量投放资源。广告主按照大数据广告的实际效

果（如浏览量、转化率、转化额等）向广告商支付一定的广告费用，从而达到提高企业品牌知名度，扩大企业产品影响力的目的。图 4-5 展示的是在百度搜索引擎上对关键词"蓝牙耳机推荐"的搜索结果，前两条均为广告。

图 4-4　极光联盟平台的广告流量投放资源

图 4-5　百度搜索引擎广告

4．品牌图形广告

品牌图形广告是最常见的网络硬广告（在固定可选的广告位置，发布的带有明显的产品或品牌信息的广告，其呈现形式包括但不限于图片、文字链接、Flash 和视频，广告主需要付费给第三方平台／媒介）形式之一，占据了较大的广告市场份额。综合类门户网站和垂直类专业网站是该类型广告的主要投放媒介，最终效果是提高品牌曝光率。品牌图形广告主要包括浮动标识／流媒体广告、按钮广告、导航栏广告、鼠标感应弹框广告、弹出窗口广告、焦点图片广告等。图 4-6 展示的是中国制造网首页的品牌图形广告。

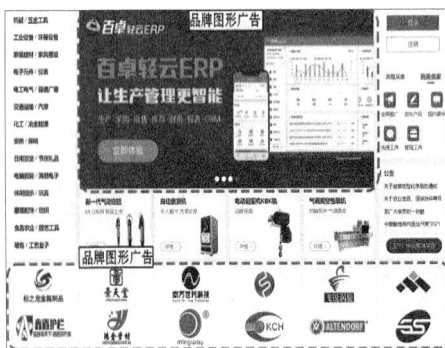

图 4-6　中国制造网首页的品牌图形广告

5．富媒体广告

富媒体广告一般是指将声音、图像、文字等多种媒体形式结合起来，利用浏览器插件或其他脚本语言等编写的具有复杂视觉效果和交互特征的网络广告。B 站是现在许多年轻人关注的一个平台，其巨大的流量也创造了许多推广营销的条件，图 4-7 是 B 站首页的富媒体广告。

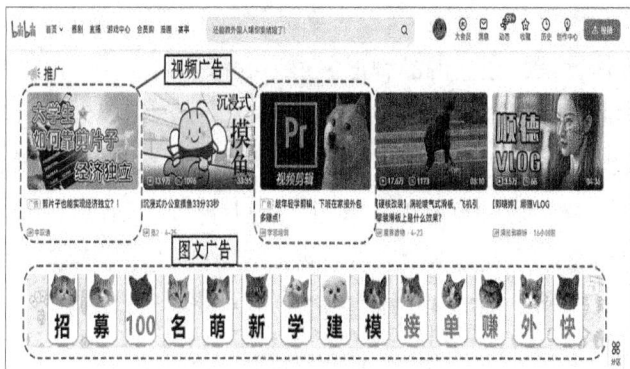

图 4-7　B 站首页的富媒体广告

6. 其他广告形式

其他的广告形式还包括电子邮件广告、导航广告、互动游戏广告等。

电子邮件广告是经电子邮件发送的广告，其针对性强、传播面广。但是不恰当地分发电子邮件广告可能导致绝大多数电子邮箱将广告邮件列为垃圾邮件，这不仅会干扰客户，还可能对企业形象造成损害。

导航广告，或导航栏广告，是将浏览器的导航区域转变为能够动态显示广告内容的在线广告形式。它用一个新的个性化空间取代了单调的导航区域。

互动游戏广告是指以游戏为媒介投放的广告，主要出现在网页游戏的开头、中间和结尾，广告商可以根据广告主的产品需求量身定制适合产品特点的互动游戏广告。

图 4-8 中，从左到右依次为 iPhone 的电子邮件广告、导航广告和百果园的互动游戏广告。

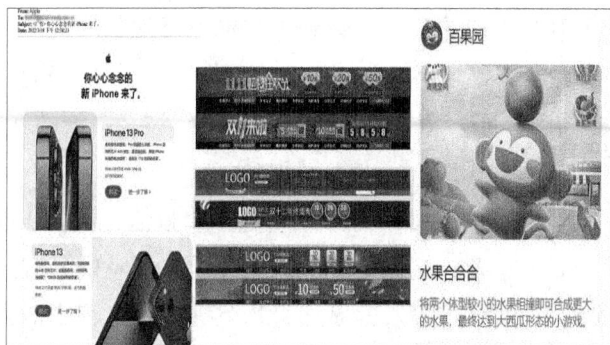

图 4-8　iPhone 的电子邮件广告、导航广告和百果园的互动游戏广告

4.2　大数据广告应用

4.2.1　蜜雪冰城洗脑 + 沉浸式营销

2021 年 6 月 3 日，蜜雪冰城在 B 站等平台上发布了一个主题曲宣传 MV，仅仅半个月时间，这首主题曲就引爆了各大社交媒体。一首有一点点土味的主题曲，其接地气的歌词

和轻松有节奏的旋律让蜜雪冰城迅速走红。在新品牌层出不穷，老品牌激烈竞争的奶茶行业，蜜雪冰城的社会化媒体营销，让它的品牌形象再一次深入人心。

1. 接地气的品牌形象，与年轻人"玩梗"

奶茶果饮的消费群体主要是年轻群体，从年轻人的喜好入手才能吸引年轻人的注意力。蜜雪冰城推出的这首品牌主题曲既欢快又魔性，加上视频里刻意营造的"土里土气"的风格，与品牌个性不谋而合，让人们感觉还有点被萌到，瞬间点燃了年轻人"玩梗"的热情。主题曲中"你爱我，我爱你，蜜雪冰城甜蜜蜜"这一重复简单的歌词，配上轻快的旋律，让听过的人欲罢不能。

这首主题曲轻快的旋律与视频里的吉祥物"雪王"可爱欢乐的表现非常契合，加上整个曲子不断重复旋律和歌词，人们大脑被这种重复所刺激，产生的印象也非常深刻。重复是《乌合之众：大众心理研究》三大传播的重要手段（断言、重复、传染）之一，而把这种"重复"用得炉火纯青的营销案例并不少见，如脑白金广告"今年过节不收礼，收礼只收脑白金"，再如伯爵旅拍的广告"想去哪儿拍就去哪儿拍，伯爵旅拍"等。

2. 借短视频东风，UGC 引爆全网

这个主题曲 MV 以短视频形式推出，在 B 站、抖音、快手、微博等各大社交媒体平台上进行投放。其中，B 站为国内十分富有创意的综合视频平台，抖音、快手为国内潮流的生活短视频分享平台，微博为热点话题传播互动平台，微信为社交传播平台。蜜雪冰城从品牌到加盟商和门店，多元化排兵布阵，创建的大量账号悄然形成了一张传播大网。

该主题曲发布之后，引发了 B 站 UP 主的自发二次创作，这给它加入了更多的新鲜血液，加上品牌方亲自下场"卖萌"，这种逆向输出和"接地气"操作，点燃了年轻用户的好奇与参与热情，也增加了潜在用户的关注。嗅到了"事出反常"的气息，年轻人的搞怪热情空前高涨，开始在各平台上不断"玩梗"，通过大型"社死"现场的再创作，为主题曲的传唱度和品牌的知名度提升添了一把"柴"，推动产生一波又一波的新热度。

3. 线上矩阵造势引流，线下门店"玩梗"转化

蜜雪冰城线上布局清晰，在各大社交媒体平台，如微信、微博、抖音、快手、B 站等平台都设有官方账号，专人运营，定期更新，既强化了其独特的品牌个性，也打造了一面无形的品牌价值展示墙。这些官方账号，也成了此次话题营销过程中话题的发起者、参与者、传播者和流量载体，刷了一波存在感，让老用户回忆涌上心头，让潜在用户纷纷驻足围观。

蜜雪冰城线下门店，则为年轻人"玩梗"创造了舞台，线下拍照、录视频与线上投票有机结合。蜜雪冰城在门店放置活动海报提醒用户上传和冰激凌系列产品的合影即可参与活动。活动参与门槛低，同时奖品丰盛，吸引了不少用户参与。而用户上传的照片既能直观展示冰激凌的颜值，又能通过用户享受的表情展示冰激凌的美味程度，每一张照片都成为蜜雪冰城的宣传片，蜜雪冰城用极低的成本便实现了高效的宣传推广。

蜜雪冰城通过沉浸式互动，"沟通"消费者。蜜雪冰城在互动游戏中使用了大量产品元素，比如配料类的"消除小料游戏""柠檬芦荟大作战"及产品类的"捉炭焙奶茶，帮你清空购物车"，蜜雪冰城互动游戏页面如图 4-9 所示。一方面，通过突出产品质感好、用料丰富的图，增强用户的购买欲望；另一方面，通过重复性出现的产品原料，起到宣传作用，展示蜜雪冰城的选料用心程度，提升用户对品牌的好感度、信任度。

图 4-9　蜜雪冰城互动游戏页面

蜜雪冰城通过富媒体广告和互动游戏广告两种广告方式，成功"刷爆"各大视频网站和社交平台，这不仅提高了线下门店的人气，也进一步提升了品牌知名度。

4.2.2　"互联网 + 饮料公司"——元气森林

我国是全球最大的软饮料市场之一。软饮料市场份额之前主要集中在可口可乐、农夫山泉、统一等巨头手中，但是元气森林却能在短短几年时间里，在这些巨头的包围下占据一席之地，估值达到 150 亿美元。创始人唐彬森曾经创立过社交游戏公司"智明星通"，开发了"列王的纷争"等游戏，这奠定了元气森林采用和传统饮品巨头不一样的工作模式的基础，因此，元气森林被称为"互联网 + 饮料公司"。在 2020 年"双十一"活动期间，元气森林超越长年"霸榜"的国际品牌，同时赢得了天猫平台和京东平台在水饮品类的销量冠军，而其推出的新品夏黑葡萄味苏打气泡水更是两度热销至缺货。官方数据显示，"双十一"当天，元气森林销量较 2019 年同期增长 344%，销售总瓶数超过 2 000 万，当日仅开售 37 分钟销量便突破 1 000 万，42 分钟销量突破其在 2019 年"双十一"全天的销售总额。

元气森林的成功不仅是因为它所推出的几款新产品，还在于它精准的大数据营销。在基本的产品形态确立后，元气森林面临的挑战是如何把这种品牌形象嵌入消费者的内心。由于社交媒体是新生代消费者获取资讯的主渠道，元气森林首先通过社交媒体渠道与消费者沟通。通过微博崭露头角，并在之后的时间里，迅速布局"两微一抖一书"，即微信、微博、抖音和小红书，并通过这些平台做产品宣传，迅速提升品牌知名度。图 4-10 展示的是抖音上关于元气森林产品的搜索页面以及元气森林在天猫饮料 V 榜的截图。通过抖音短视频广告引流 + 天猫品牌推广，元气森林的品牌知名度和销量大大提升。热爱甜味和恐惧糖分这种极端矛盾的心态, 在以年轻人为主的群体性形态中非常典型, 而元气森林正好做到了两者间的平衡。

图 4-10 抖音上关于元气森林产品的搜索页面以及元气森林在天猫饮料 V 榜的截图

元气森林在小红书的布局也是非常成功的, 其在小红书上的推文如图 4-11 所示。例如, 元气森林在小红书有一个 1.9 万点赞的内容——知名博主"老爸测评"(截至 2022 年 7 月 3 日, 粉丝数 738.2 万)做了一个关于"含糖和变胖"的内容测评, 这两个关键词直接切中核心用户的核心痛点。元气森林在小红书的笔记多达 8 万篇, 官方账号鼓励消费者分享不同场景下产品的玩法, 举办"元气森林乳茶妹 cos 大赛"等活动引发用户生产内容(UGC)。另外, 元气森林还不断地与一些"网红"合作, 通过直播大规模促销。

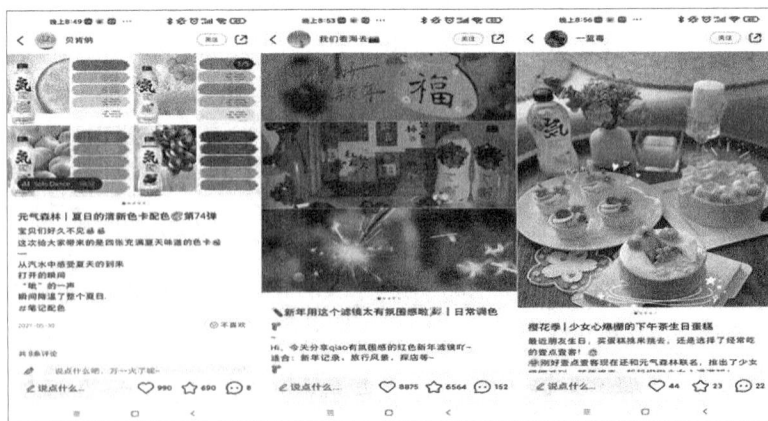

图 4-11 元气森林小红书推文

元气森林抓住了目标消费者群体的痛点, 结合电子商务广告、富媒体广告等形式通过不同的线上渠道向目标消费者传递产品理念, 取得了显著的成果。不论是通过抖音、小红书等进行社会化媒体营销, 还是直播"带货", 都是大数据营销在大数据时代从单一的电商平台到多渠道升级的表现。唯有把握住大数据广告营销的趋势, 才能更好地推广产品。

习　题

一、名词解释

大数据广告　电子商务广告　信息流广告　联盟广告　富媒体广告

二、简答题

1．请简述大数据广告的特点。

2．请简述大数据广告的类型。

3．请简述常见的电子商务广告类型。

4．常见的信息流广告有哪些？

5．品牌图形广告主要包含哪些广告？

三、开放性思考

1．现在许多商家在进行营销时都会将多种广告方式结合起来，举例说明你印象比较深刻的案例。

2．本章的案例给了你哪些启发？如果你是营销人员，你会如何设置大数据广告营销方案？

第5章
精准营销

引入案例——Netflix 运用精准营销方案制作《纸牌屋》，销售额累计涨幅超 3 倍

Netflix 成立于 1997 年，是美国一家在线影片租赁服务公司。其早期的主营业务是为客户提供免费快递租赁及归还 DVD 的服务，但这个盈利模式在互联网时代日渐式微，后来 Netflix 通过不断探索发现了"数据的价值"：2012 年，Netflix 给研究团队颁发了 100 万美元的大奖，因为该团队构建的大数据赋能的精准推荐系统将 Netflix 影片的推荐效率成功提高了 10%。在此基础上，Netflix 于 2013 年打造出全球瞩目的《纸牌屋》，获得了市场的热烈反响，销售额累计涨幅超 3 倍。在尝到甜头后，Netflix 走上了一条基于大数据的精准营销之路，截至 2022 年，其净利润达到 16 亿美元，全球用户总数高达 2.2 亿。《纸牌屋》的巨大成功，与 Netflix 的制作流程有着非常重要的关系。具体流程如下。

1. 构建数据仓库

用户每天在 Netflix 平台上都会产生有关影片搜索、选择以及评论的数据，Netflix 的数据工程师将这些数据资源进行分类、归集与加工，建立了一个包含 300 万次主题搜索、400 万条评论以及 3000 多万个影片选择行为数据的数据仓库，为 Netflix 影片创作与精准营销奠定了数据基础。

2. 数据分析

基于构建的数据仓库，Netflix 的数据分析师通过数据预处理、统计分析、自然语言处理以及机器学习等方法对用户的各类数据进行深度探索、挖掘与分析，最终发现受用户喜爱的众多剧有一个显著特征：大部分由大卫·芬奇导演或者由凯文·史派西主演的电视剧收视率良好。因此 Netflix 的数据分析师做了一个推断：一部剧如果由大卫·芬奇导演，并邀请凯文·史派西作为主演，便有可能"爆火"。

3. 开展数据赋能的精准营销

Netflix 运用数据分析结果，决定制作一部包含大卫·芬奇与凯文·史派西这 2 个要素的电视剧。首先，基于用户的收视偏好，他们锁定了一部于 1990 年播出的《纸牌屋》，并花费了 1 亿美元购买了其版权；其次，他们邀请大卫·芬奇担任导演，凯文·史派西

担任主演，重新制作了《纸牌屋》；然后依托数据驱动的推荐系统，向用户进行精准推荐；最后，《纸牌屋》大卖，成为有史以来 Netflix 网站上点播量最高的电视剧。

4. 精准营销结果分析

在《纸牌屋》播出后，Netflix 在 3 个月内新增 300 多万名用户，股价增长 26%，每股高达 217 美元，收益颇丰。Netflix 在领略了"大数据"的魅力后，开始注重从用户的在线观看数据中挖掘用户偏好，基于用户的需求进行影片创作与推荐，自制了许多依托大数据分析的电视剧，如《超胆侠》《超感八人组》《女子监狱》等，获得了良好的市场反响。

在大数据时代，大数据技术凭借其巨大的商业价值，在互联网营销的舞台上扮演着十分重要的角色。许多企业意识到"大数据是一件致富的法宝"，开始从海量混杂的数据中提取有效信息，挖掘用户喜好，从而开展面向用户的个性化精准营销。

5.1　精准营销概述

5.1.1　精准营销的发展背景及特征

随着移动互联网的快速发展，人们在各大网络平台上留下了海量数据信息，如何从这些海量复杂、实时更新的数据中快速提取有效信息以获取营销优势，成为让各大企业焦头烂额的难题。得益于大数据技术的迅猛发展，各大企业运用数据挖掘、云计算、自然语言处理、个性化推荐等方法实现了不同在线平台间业务、用户、广告投放的全面联结，在大数据时代开启了数据驱动的精准营销模式。

精准营销这一概念最初由菲利普·科特勒于 2005 年提出。随后在 2006 年，菲利普·科特勒出版了 *Principles of Marketing*，该书首次将精准营销理论与移动互联网结合起来，并指出日新月异的科技促使一些企业将传统的大众传媒营销沟通模式转化为面向目标用户的个性化沟通模式，提高了营销沟通的质量与效率，有利于企业在恰当的时间，为合适的目标用户精准地提供合乎其心意的产品或服务。在此基础上，国内一些学者对精准营销展开研究。有学者认为精准营销帮助企业突破了传统营销定性分析的限制，从量化视域出发，分析用户的消费数据，洞察用户的消费偏好和行为特征，协同现代化技术实施个性化的营销策略，从而实现对不同目标用户群体的高质量营销沟通。还有学者指出，精准营销是在精准定位的基础上，运用现代信息技术构建面向用户的个性化沟通服务体系，从而实现企业可衡量的低成本扩张目标。

综上所述，本书认为大数据驱动的精准营销是企业在精准定位的基础上，运用现代化的数字信息技术，构建面向用户的数据仓库，并依托大数据分析技术挖掘目标用户的消费偏好与行为特征，实施个性化的精准推荐，以此构建目标用户的个性化沟通体系，提升沟通质量，最终实现企业低成本、可持续发展的营销过程。具体而言，精准营销具有以下特征。

1. 高效锁定目标用户

依托大数据技术对海量数据进行挖掘分析，快速精准地为企业选定目标用户，从而提高营销效率是精准营销的基本特征。例如，为品牌新出的口红寻找目标用户时，在不确定用户性别的情况下，可以对该品牌入驻的在线平台用户消费数据进行统计分析。将购买女性用品超过60%的用户定义为女性用户，将购买男性用品超过60%的用户定义为男性用户，然后对划分出的女性用户进行挖掘分析，可将购买该品牌口红的频次不低于2次/月的用户视为目标用户，并在其经常浏览在线平台内容的时间段向其推荐该品牌的新口红。

2. 合理降低营销成本

精准营销强调高额的投资回报，以最大化营销效率为目标，力图实现营销费用的精准投放，节省企业的营销成本。例如，某品牌奶茶在北京、上海、广州等地销售火爆，但在四川的销量却不尽如人意，为了提升四川地区的销量，该品牌运用大数据引擎开启四川地区"××奶茶，第二杯半价，买五送一"的促销活动，而其他区域则以扫码抽奖的形式确定消费者是否能享受同等优惠，最后该品牌奶茶在四川地区的销量得到明显提升。与面向所有区域的传统广告促销相比，通过数据分析为不同的区域制定差异化的营销策略，实现精准营销，能有效降低企业的运营成本，提高企业的收益。

3. 精确衡量营销结果

精准营销要求营销过程是可调控的，营销结果是可衡量的，即用数据来展现营销结果好/坏的具体成因，突破了"凭感觉"的定性分析限制。现代科技的助力使企业可以对营销过程的各个环节进行监控，企业可以通过与用户的长期个性化沟通，收集影响企业营销效率的各种因素，并进行建模分析，以此优化营销流程、调整营销策略、最大化营销效率。

4. 有效提高沟通效率

传统的营销中，企业一般通过广告宣传的方式与目标用户进行单向沟通，目标用户无法向企业表达自身对产品或服务的满意度和个性化需求，企业也易错过目标用户的即时反馈，保持原有营销策略，导致用户流失。而在精准营销中，企业依托现代化技术构建面向用户的个性化沟通体系，实现企业与用户、用户与用户之间的密切双向沟通，实时了解影响目标用户消费情况的因素，并优化营销策略，不断满足用户的个性化需求，提升用户黏度，借助口碑效应实现用户的链式增长，实现企业长期稳定发展的目标。

5. 动态变化的精准度

精准营销的"精准"程度并不是一成不变的，而是动态变化的。从本质上看，精准营销以用户的个性化需求为导向，而用户的个性化需求会随着时间的推移发生改变。因此，企业的营销策略也应随之调整，不断优化，使得企业的营销比过去更加精准，故而精准程度是动态变化的。

5.1.2 精准营销的理论支撑

精准营销以大数据技术为基础，其理论支撑主要归结为以下 4 个方面。

1. 4C 理论

1990 年，罗伯特·劳特朋教授提出了 4C 理论。它基于顾客的个性化需求，将"顾客""成本""便利""沟通"设为营销组合的 4 个基本要素。具体而言，首先，企业要依据顾客的个性化需求实施相应的营销策略，以最大化顾客对产品 / 服务的满意度；其次，在企业有所盈利的基础上尽量降低顾客的购买成本；再次，全面打通营销信息传播渠道，提高顾客信息获取和产品 / 服务购买的便利性；最后，要求企业与顾客进行精准有效的双向沟通。精准营销能够满足以上 4 个基本要求，将 4C 理论落地。

（1）精准营销切实贯彻了顾客导向的基本原则

面对同一目标市场中的激烈竞争，企业要想获取竞争优势，就需要比竞争对手更快速、更精准地洞察顾客的心理偏好，掌握并满足目标顾客的需求。一方面，精准营销通过数据挖掘技术对目标顾客的历史消费数据进行分析，获悉顾客的历史偏好；另一方面，精准营销依托现代化信息技术建立面向顾客的个性化沟通体系，直接与目标顾客进行沟通，实时了解顾客的需求动态，以准确掌握顾客的需求和欲望，为其提供合乎心意的个性化产品。

（2）精准营销降低了顾客的购买成本

随着淘宝、拼多多、京东等电商平台的发展，精准营销可以让顾客足不出户便买到合适的产品，让企业不需要租赁线下的实体店铺，降低营销成本。这使得产品的价格下调，从而有效降低顾客的购买成本。此外，借助现代快速发展的物流手段，企业可以构建完善的订货、配送、退货服务系统，在运费险的保障下，能够降低顾客的购买风险。

（3）精准营销提升了顾客购买的便利性

企业能够通过精准营销的个性化推荐系统向顾客提供其可能感兴趣的产品 / 服务信息，借助线上销售渠道让顾客在家便能购买所中意的产品，减少了顾客从海量信息中搜索产品 / 服务的时间成本，减少了购物的烦琐性。

（4）精准营销实现了企业与顾客的双向沟通

在精准营销中，企业对顾客浏览、访问、购买、评论等数据进行分析，洞察顾客的产品偏好、心理价位以及有效的沟通渠道（电子邮件 / 短信 / 微信 / 微博等），进行沟通策略的设计，并通过合适的沟通渠道与顾客进行直接交流、密切互动，从而提供合适的产品和售后服务，提升顾客的忠诚度。

2. 顾客让渡价值

1994 年，菲利普·科特勒提出了"顾客让渡价值"，用于衡量顾客对所购买产品 / 服务的期望价值与购买成本之间的差额。一般而言，顾客期望用最低的购买成本获得让其心满意足的产品 / 服务，因此倾向于选择具有物美价廉的产品或服务（最大的顾客让渡价值）的企业。基于此，精准营销可以从以下两个方面提升顾客让渡价值。

一方面，精准营销可以提升顾客的期望价值。精准营销以顾客的个性化需求为导向，企业将顾客的个性化偏好嵌入产品设计中，让产品能更好地满足顾客的需求，增加产品的使用价值。此外，精准营销可以为顾客提供周到完善的个性化定制、包装、递送、维修等服务，提升了顾客购物的便利性和满意度。另一方面，精准营销可以降低顾客的购买成本。精准营销能够降低产品/服务的营销成本和出售价格，降低了顾客购买产品/服务的货币成本。此外，各大线上销售平台的个性化推荐系统能够即时向顾客传递大量有效的产品/服务信息，节省了顾客在搜索信息时花费的时间成本与精力成本。

3．一对一直接沟通理论

"两点之间，直线距离最短"，从几何角度形象地强调了直接沟通在营销活动中的重要性。精准营销要求企业和用户在沟通时采取最短的"直线距离"，即直接双向交流。

具体而言，开展精准营销的企业会让产品设计师、营销人员等直接与目标用户进行交流沟通，直接获悉用户的个性化需求和反馈建议，从而为其提供精准的服务引导。精准营销通过采取一对一直接沟通的方式，有效提升用户满意度，避免用户流失；同时依托老用户对企业产品/服务的良好口碑吸引新用户。此外，企业在与用户的不断沟通中获取大量的用户信息，通过整理分析这些信息，为用户价值评估与营销策略优化提供参考依据，牢牢锁定高价值目标用户，完善销售服务。

4．顾客链式反应原理

"多米诺骨牌是一种古老、有趣的游戏，将骨牌根据自身意愿排成相应的形状，只需推倒第一张牌，后面的牌便会一个接一个地倒下。"这个过程形象地描述了链式反应。精准营销中的链式反应是面向顾客的，强调在保留顾客的基础上实现顾客的增值。一方面，精准营销通过充分满足顾客的个性化需求、降低顾客的购买成本、提升其购物的便利性并适时开展双向的互动沟通，大大提升了顾客的满意度和忠诚度，能够较好地维系原有顾客，并在循环往复的精准营销过程中，提升老顾客的价值。另一方面，实施有效的沟通策略，可使维系的老顾客直接为企业吸纳新顾客。例如，向老顾客赠送优惠券，让他们向身边的朋友、家人推荐企业的产品/服务。此外，基于老顾客对企业的良好口碑，扩大企业的影响力，从而间接吸引新顾客。随后，新顾客转变为老顾客，然后又开始为企业吸纳新顾客，如此循环往复。合理运用精准营销中的链式反应可使顾客规模愈发庞大，让企业的低成本扩张成为可能。

5.1.3　精准营销的实现策略

1．市场的精准细分和独特定位

市场的精准细分和独特定位是企业实施精准营销，赢取差异化竞争优势的必要基础。首先，企业需明确自身优势，划分产品市场范围，并运用市场调研与数据分析获取用户对企业产品或服务的异质需求特征，并将其作为市场细分的依据。其次，企业通过评估各细分市场，选择最终进入的细分市场，从而确立企业的目标市场。最后，面对非垄断市场中同一行业的海量竞争者，企业为使自身的产品 / 服务脱颖而出，需要高效率地对目标市场进行精准、独特的定位，从而更好地满足用户的个性化需求。

2. 构建面向目标用户的数据仓库

企业基于精准、独特的市场定位，可开展相应的营销活动，在此过程中势必会产生大量目标用户数据信息，如用户对企业产品的查询次数、浏览时长、收藏量、转发量、评价好坏、购买次数以及购买力等。企业借助大数据技术对海量的用户数据进行预处理、分类、存储和实时更新，构建面向目标用户的数据仓库，分析目标用户的即时消费需求与购买偏好，确保相应的精准营销活动得以顺利开展。

3. 确立目标用户的个性化沟通体系

企业在精准地锁定目标用户后，需要建立面向目标用户的个性化沟通体系，让企业的业务人员与用户能保持即时、高效的互动沟通，使用户对企业产品 / 服务的反馈、建议得以有效传达。企业通过个性化沟通体系及时做出策略调整，提升产品或服务的适用性与吸引力，激发用户的购买欲望，增进用户对企业的好感和忠诚，实现用户保留与用户增值的稳定扩张目标。

4. 充分运用数字化分析和沟通工具

在大数据时代，各种先进的数字化技术与高速发展的互联网媒介均可成为企业开展精准营销的得力工具。一方面，企业借助数据库原理、数据挖掘以及数字孪生技术等，构建面向目标用户的数据仓库和个性化沟通体系，为企业进行精准营销奠定坚实的数据基础。另一方面，各类社交媒体，如微信、微博、抖音、小红书等的迅猛发展为企业和用户的信息互通、即时互动提供了现实基础。此外，淘宝、京东、拼多多等电商平台的智能搜索引擎等可以帮助用户快速锁定所需信息，同时能依据用户的搜索、浏览等记录，对用户进行个性化推荐，提升用户购物的便利性，增强用户的消费欲望，达成企业精准营销的目的。

5.2　精准营销的过程

5.2.1　用户信息收集与处理

用户信息的收集与处理是企业开展精准营销的关键和根基。在这个基础阶段，企业一般面临三大问题：第一，需要收集哪些数据；第二，如何获取所需数据；第三，获取的数据如何处理与转化。

1. 用户信息锁定

俗话说，"顾客是上帝"，企业的营销始终是围绕用户开展的。企业只有掌握了用户在消费过程中的多维度数据，才能够全面和准确地透析用户的"真面目"，并作为制定营销决策的支持和依据，对目标用户进行合理的营销。一般而言，精准营销需要收集的用户信息主要包括以下几类。

（1）身份属性数据

身份属性数据一般包括用户的年龄、性别、家庭结构、学历、职业、收入水平、联系方式等基本属性数据。掌握了用户的身份属性数据，有助于企业对用户进行定位和分层管理，从而进行市场细分和产品定价。

（2）消费行为数据

消费行为数据用于刻画用户的购物特征，一般包括用户购买的产品或服务种类、购买频率、收藏与转发次数、评价信息、退货次数以及用户与企业的沟通记录等。掌握用户的消费行为数据，有助于企业借助数据挖掘技术挖掘用户的需求偏好，预测其消费趋势，从而进行个性化的推荐，促成有效购买和消费；同时，消费行为数据还有助于企业对线上经营和线下经营进行有机整合，扬长避短，为用户提供全方位、个性化的综合体验。

（3）地理位置数据

地理位置数据一般是指用户在空间上的移动位置数据。企业通过对用户实时的地理位置数据进行洞察和分析，可以了解用户日常的活动范围，然后对用户进行基于位置的精准营销。例如，当用户所处的位置靠近某个商店时，系统便会给用户的手机自动推送一系列相关的商品信息。

（4）社交网络数据

随着互联网技术与社交媒体的迅猛发展，越来越多的人更倾向于在社交网络上分享自己的生活，表达个人的需求，并运用各类社交软件进行互动、交友以及对热门新闻或新鲜事物抒发己见。各大社交平台承载了用户的悲欢喜乐，蕴含着丰富且复杂的数据信息，是待开采的数据矿山。因此，企业应该学会最大限度地合理利用社交平台进行企业产品或服务信息的精准传播，充分利用人们常用的社交软件，如QQ、微博、微信、抖音、小红书等搜集用户信息并进行整合、分析，实现对潜在用户进行预期消费分析以及指导性预测。

（5）Web数据

在互联网日益普及的当下，除了日常的网络社交，人们还会花大量的时间用于各种信息的搜索并浏览网页、查看相关图片以及播放相关视频等。这些网络痕迹数据能够被追踪并加以分析，这些数据统称为Web数据。Web数据既包括传统的PC端数据，也包括移动端数据，如智能手机、平板电脑等的数据。随着现代科技的不断发展，企业可以借助移动互联网、物联网以及云计算等技术，搜集用户访问的页面、网页点击次数、访问内容、访问时长等相关的行为数据，帮助企业进行营销市场咨询、营销策略设计、产品组合设计和资源投放策略设计等。

2. 用户信息获取

在互联网信息时代的背景下，用户在企业网站上发生的各种行为都可能被记录下来，如网页的搜索和浏览、对商品的打分和点评、商品的购买和退货记录等，甚至发生在支付、社交等平台上的数据也可能会被记录下来。这些海量的数据隐藏于网络的各个角落，如何搜集营销所需要的数据已成为企业关心的问题。数据的获取方式从渠道角度来说主要可分为两种。

（1）利用直接渠道获得内部数据

① 在交流互动中获取用户信息。企业需要主动与用户交流，以便准确、详尽地掌握用户信息。企业与用户的直接交流主要体现在三个阶段：用户关系建立前、用户关系建立中，以及用户关系建立后。在用户关系建立前，企业通过与用户交流，确定用户的基本状况及其主要的需求信息；在用户关系建立的过程中，企业需要进一步明确用户具体的需求信息及这些需求信息是否发生了变化；而在用户关系建立后，企业要通过交流，了解用户对品牌及产品的评价和态度，以便实施下一步行动。

② 在营销活动中搜集用户信息。目前很多企业都推出了会员卡制度，以此记录用户的基本信息及其消费习惯数据。企业也可以通过一线销售人员、企业的经营统计、财务报表和销售统计等来对用户的消费行为进行持续的监测和记录，从而建立起用户的消费行为数据库。此外，企业还可通过对展销会、洽谈会、促销活动等营销活动的信息进行整理获得用户信息。

③ 通过售后服务获得用户信息。企业通过对用户的回访、用户反馈、用户的维修记录以及用户的投诉等方式来获得用户信息。

④ 通过企业网站及手机 App 搜集用户信息。当用户通过企业网站了解或订购商品的时候，需要填写相关信息，此时，企业就可以获得这些用户的基本信息，并通过追踪用户的购买频率、购买内容了解用户的购买行为和偏好，掌握更多的用户信息。

⑤ 搭建自身的数字营销平台。为了尽可能准确地掌握市场的发展动向和用户的行为习惯，企业应建立属于自己的综合性数字营销平台，可整合多个新媒体资源，包括企业官方网站、淘宝、天猫旗舰店、企业官方微博、微信公众号以及手机 App 等。企业可以通过这些渠道全方位、多维度地搜集用户信息。

（2）利用间接渠道获得外部数据

① 企业间资源共享。虽然企业可以通过直接渠道获取大量的用户数据，但这些数据不可能覆盖到每个用户生活的方方面面。因此，企业为了获取更加完善的营销数据，可以与其他企业共享各自积累的数据资源，达到数据优势互补。以购物平台和社交平台为例，购物平台有了社交平台的支撑，能更有效地掌握用户除了消费习惯之外的其他兴趣爱好和社交习惯。购物平台可以根据这些数据为用户提供一系列的定制服务，进行精准营销。同样地，与购物平台合作后，社交平台可以很方便地掌握用户的消费习惯，从而为用户推荐符合其偏好的产品信息和广告。

② 第三方数据服务供应商。除了企业间资源共享，企业还可以通过第三方数据服务供应商获取相关的营销数据。第三方数据服务供应商运用专业技术，整合多个数据渠道获取各行业的大量营销数据，并将这些信息有偿提供给企业使用。因此，数据基础薄弱的企业可从第三方数据服务供应商处购买并使用数据。

3. 用户信息处理

在大数据时代，用户数据丰富多样、来源广泛，数据量庞大，精准营销对数据存储、分析以及可视化的要求较高，对数据处理方法的高效性和可用性极为看重。因此，为了从繁杂的数据中提取出有代表性、有价值的数据，实现精准营销，企业通过数据抽样和数据预处理对用户信息进行优化是极为重要的数据处理方法。

（1）数据抽样

数据抽样指利用抽样技术从全部数据中选取部分数据进行分析，以挖掘大规模用户数据集中有用的信息。在搜集数据过程中，通常不采用普查的方式获取总体中所有样本的数据信息，而是用抽样的方法抽取若干具有代表性的样本，选择最优的挖掘算法进行训练和分析。企业在精准营销的过程中，为获取用户对企业产品或服务的需求状况，可利用大数据、人工智能等技术和相关算法对海量、多维度的用户数据进行抽样，得到具有代表性的用户样本，帮助企业快速挖掘有效的用户特征。

（2）数据预处理

数据预处理是指在数据分析之前对数据进行一些必要的处理，以此获得可供分析的数据。目前，许多企业已经掌握了获取各类数据的渠道，但实际收获的数据往往是一堆没有任何规律和结构条理的混杂数据。因此需要对其进行清洗、整合、洞察并提炼，剔除无用数据，挖掘有效的信息为营销决策的制定提供支撑，提升企业的竞争力，帮助用户解决问题，这是企业的切实需要也是大数据的正确用途。

运用数据预处理方式得到干净、规整的用户数据后，可利用描述性统计分析得到数据概况，如用户数据的频数分析、中心趋势、离散程度、分布状态以及简明的统计图表等。在此基础上，依据企业的最终目的，采用恰当的数据分析方法，如用户画像、关联分析、聚类分析、回归或分类预测等对数据进行深层次的洞察。例如，企业想要依据用户的消费特征对用户进行细分，则可结合用户画像与聚类算法得到具有不同消费行为特征的用户子群。

5.2.2　用户细分与市场定位

企业为了保证精准营销策略能够有效实施，在对用户信息进行数据预处理后，还需对大规模的用户群体进行细分。传统的用户细分方法考虑了三个划分维度：一是根据用户的内部特征，如年龄、性别等进行划分；二是根据用户的外部特征，如组织属性、地域分布等进行划分；三是根据用户的消费行为，如消费频率、消费额度等进行划分。这些方法简单，易于操作，但只能给企业提供模糊的用户轮廓，不能为企业的精准营销提供可靠的决策基础。然而，用户画像有助于企业基于业务需求，全面筛选、可视化用户的多维关键特征，实现大规模用户群体的精确细分。因此，本小节将介绍用户画像以及如何构建全方位的用户画像。

1. 用户画像概述

在现实的产品交易或服务过程中，企业会面临数以千万计的用户，如果不对用户加以区分，而是一视同仁，那么便只能采取"地毯式轰炸"的营销模式，如图 5-1 所示。这种方式不仅耗费人力成本与时间成本，也不能有效提高企业营销的精准度。

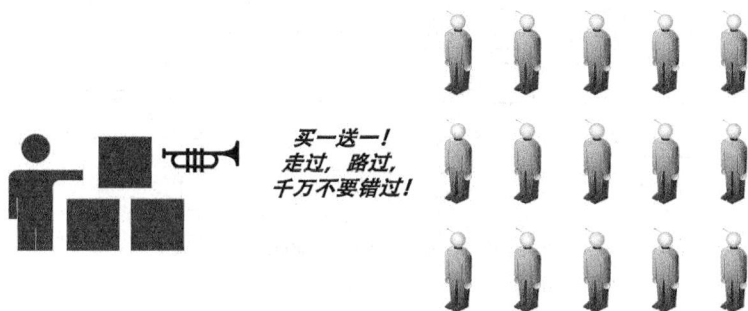

图 5-1 "地毯式轰炸"的营销模式

如果能为用户贴上标签，便能迅速、精准地划分用户群体，锁定用户的差异化需求，为他们提供精准的营销服务。用户画像（见图 5-2）是面向用户的数学建模，即通过挖掘、分析海量的用户信息，为用户贴上标签，以满足特定的业务需求。

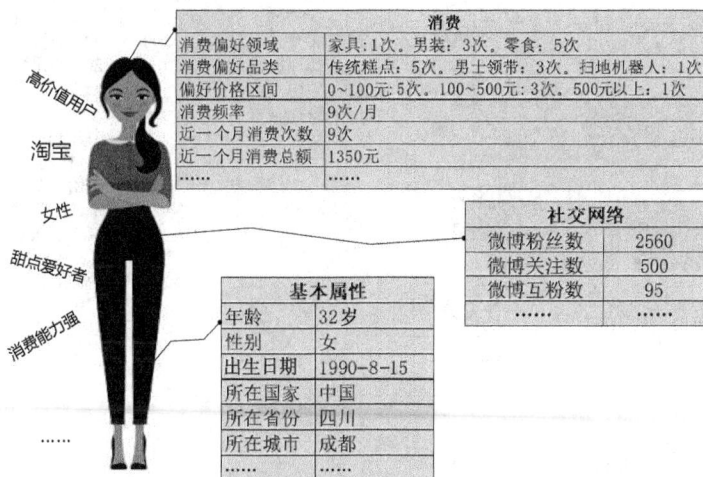

图 5-2 用户画像

2. 用户画像的构建流程

用户画像的核心工作是为用户贴上"合适的标签"，如图 5-3 所示。

针对企业的实际业务需求，一个用户可能具有多维度的标签，因此企业需要为用户群体构建一个全面、层次化的标签体系。企业首先需要根据业务需求，明确分类主题，然后在每个主题下提取粒度更细的标签。标签体系如图 5-4 所示。

在精准营销中，合理的标签体系是企业产品或服务个性化推荐、建模分析得以顺利开展的基础。具体而言，用户画像的标签建模包含以下步骤。

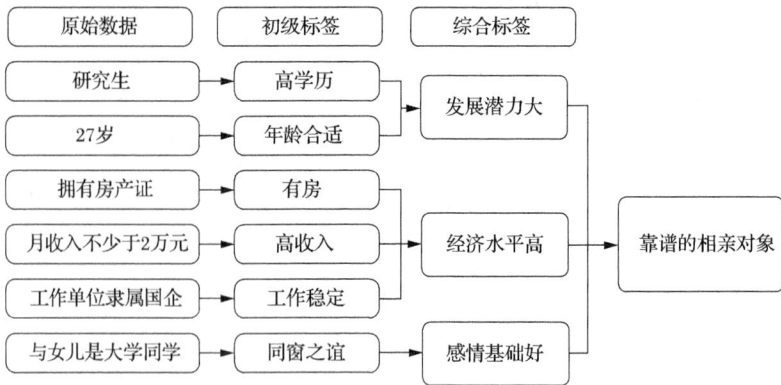

图 5-3　贴标签

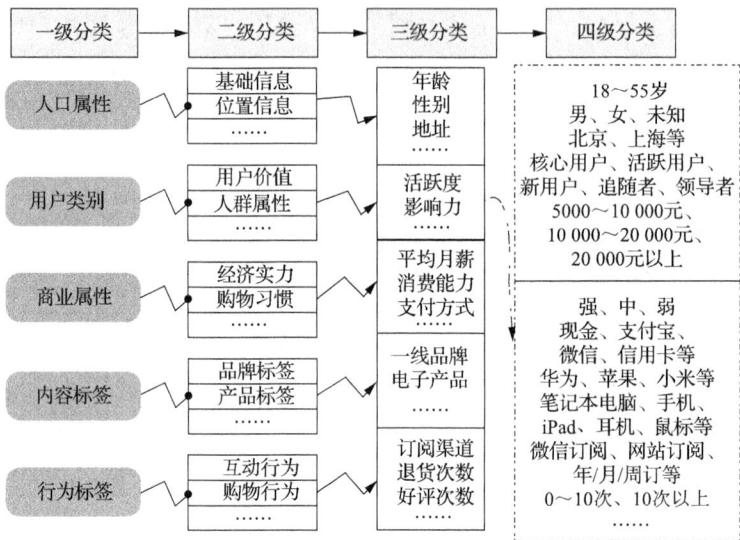

图 5-4　标签体系

（1）标签体系的内容建模

基于原始的用户数据，可运用统计分析、机器学习、自然语言处理、特征融合等方法提取用户的具体标签，在此过程中，一般会产生三类标签，标签分类如图 5-5 所示。

第一，事实标签。这类标签是从数据库中直接获取或通过简单的统计得到的。例如，从用户的注册数据、消费数据以及访问记录中统计分析得到用户的性别、年龄、地理位置、购物频次、访问时长、投诉次数等。

第二，模型标签。这类标签可以利用确定的规则、机器学习、自然语言处理技术等产生。例如，基于用户的历史订单数据，将近一个月内消费频次高于 15 次的用户定义为"活跃用户"，在此基础上对活跃用户经常购买的产品或服务种类进行分析，运用关联分析找到同质或者互补的产品，进而开展个性化推荐。

第三，高级标签。这类标签以事实标签和模型标签为基础，通过特征融合、建模分析等方法进行构建，以满足实际的业务需求。例如，通过统计一年以来某用户的活跃度情况，判断其是否存在流失风险。

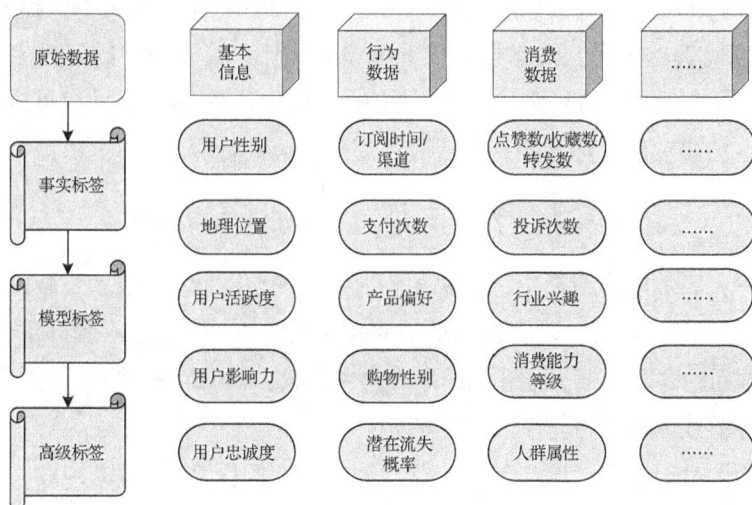

图 5-5　标签分类

在明确标签的类型后，以用户大强转发的一篇新闻（见图 5-6）为例，提取大强的兴趣标签，以便向大强即时推荐合乎其心意的新闻。

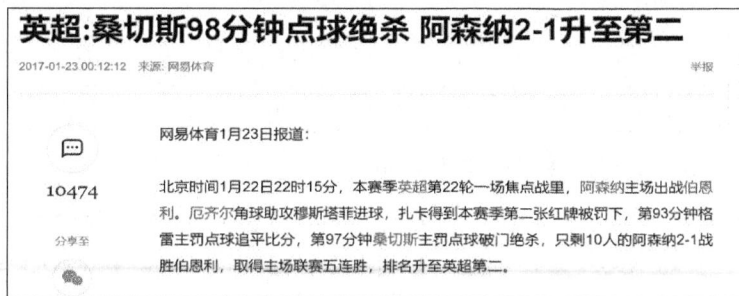

图 5-6　新闻示例

首先，明确新闻的类型——体育新闻。将"体育"作为分类主题，锁定大强的兴趣范围，明显这一范围太广，无法精确定位大强的偏好，因此需要细化标签粒度，寻找能具体表征大强的兴趣的标签。例如，"阿森纳"等关键词，但该关键词的粒度太细，一旦这类关键词未出现在之后的体育新闻中，系统便无法进行推荐。基于此，可借助文本聚类，生成粒度介于关键词和分类主题之间的合适标签，如"足球"，该标签既能准确表示用户的兴趣，又具有一定的泛化能力。至此可以得到大强关于这篇新闻的一个体育 - 足球 - 阿森纳的三层标签体系。

（2）用户标签的权重分配

在完成内容建模以后，需要确定用户在不同标签上的偏好，这可以通过标签权重进行反映。权重越高，说明用户在该标签上的偏好越强。实际上，用户对一个标签的偏好程度，会用不同行为来表达，不同的行为有不同的难度，因此就会有不同的权重。例如，对于电商用户的行为难度来说，支付 > 收藏加购 > 分享 > 浏览 > 点击。行为难度越大代表越喜欢，行为次数越多也代表越喜欢，因此相应权重越高。此外，鉴于用户的偏好会随着时间推移发生改变，如用户今天的浏览行为比一个月前的浏览行为更重要，因此权重应该动态变化。综合以上因素，用户对某个标签的兴趣得分可用如下公式计算。

$$score_{i+1} = \alpha \times score_i + \sum_{j=1}^{n} C_j \times weight_j \quad (0 < \alpha < 1)$$

其中，$score_{i+1}$ 表示用户对某个标签在第 $i+1$ 天的兴趣得分；α 表示衰减因子，每次都对上一次的兴趣得分进行衰减，以确保早期的兴趣会随着时间的推移变弱，同时近期的兴趣被赋予更大的权重；C_j 表示第 j 种用户行为的发生次数，$weight_j$ 表示第 j 种用户行为的权重，可以根据业务经验或者利用机器学习算法确定。

以用户小兰，对于标签"口红"的权重计算为例。假设衰减系数 $\alpha=0.8$，基于业务经验设定行为类型权重为：点击（0.1）、浏览（0.15）、分享（0.2）、收藏加购（0.25）、支付（0.3）。小兰 2022 年 5 月 1 日至 2022 年 5 月 3 日的行为记录如表 5-1 所示。

表 5-1　小兰 2022 年 5 月 1 日至 2022 年 5 月 3 日的行为记录　　　　单位：次

时间	点击	浏览	分享	收藏加购	支付
2022-5-1	2	2	1	3	1
2022-5-2	1	1	1	2	0
2022-5-3	1	1	0	0	0

用户小兰对标签"口红"每日兴趣得分如下。

2022-5-1：$2 \times 0.1 + 2 \times 0.15 + 1 \times 0.2 + 3 \times 0.25 + 1 \times 0.3 = 1.75$

2022-5-2：$1.75 \times 0.8 + 1 \times 0.1 + 1 \times 0.15 + 1 \times 0.2 + 2 \times 0.25 + 0 \times 0.3 = 2.35$

2022-5-3：$2.35 \times 0.8 + 1 \times 0.1 + 1 \times 0.15 + 0 \times 0.2 + 0 \times 0.25 + 0 \times 0.3 = 2.13$

按照以上流程，计算出用户小兰关于所有标签的兴趣得分，最终将所有标签的最新兴趣得分进行标准化得到对应标签的即时权重。

（3）用户画像的效果评估

通过内容建模与标签赋权，构建了面向用户的标签体系，初步完成了用户画像的建立。此时的用户画像并不能直接交给运营、业务人员使用，还需要评估标签体系的准确性和有效性，以及交付使用后仍需依据业务需求的变化对标签体系进行迭代更新，以获得更加精准的用户画像。定性的评估方式分为两种：A/B test 和用户回访。

第一，A/B test，如图 5-7 所示。将未打上标签的用户平均分为两组：对照组用户与实验组用户。在控制其他因素相同的情况下，对实验组用户实施基于用户画像的运营策略（促销活动、积分奖励等），对对照组用户不做干预。如果实验组用户的消费水平和忠诚度相比对照组用户有显著提升，则可认为用户画像比较精确。

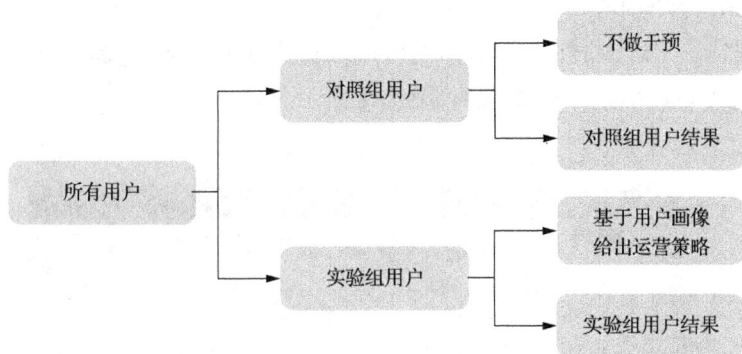

图 5-7　A/B test

第二，用户回访。用户回访是十分朴实的评估方法，可以直接获得用户行为的直接反馈。例如，用户画像系统定义了 10 万用户为低忠诚度用户，从中随机抽取 1000 人，交给客服进行回访。根据回访结果，判断用户画像结果是否准确。也可以对回访结果进行文本挖掘，形成词云，查看消极评价词的占比，来分析用户画像的准确性。

此外，标签准确率和覆盖率是评估用户画像标签体系质量的定量指标。标签准确率用被贴上正确标签的用户比例进行衡量，计算公式如下。

$$precision = \frac{\left|N_{tag=true}\right|}{\left|N_{tag}\right|}$$

其中 $|N_{tag}|$ 表示被贴上标签的用户总数，$|N_{tag=true}|$ 表示所有标签用户中被贴上正确标签的用户数。值得注意的是，准确率的计算针对每个具体标签，而不是多个标签。标签覆盖率用于衡量标签覆盖的广度，其计算方式如下。

$$coverage = \frac{\left|N_{tag}\right|}{|N|}$$

其中 $|N|$ 表示用户总数，$|N_{tag}|$ 表示被贴上标签的用户数。在此基础上，还可计算人均标签数，以说明标签覆盖的密度，计算公式如下。

$$acoverage = \frac{\sum_{i=1}^{n} tag_i}{\left|N_{tag}\right|}$$

其中 tag_i 表示用户 i 的标签数，$|N_{tag}|$ 表示被贴上标签的用户数。覆盖率的计算对标签的个数无限制，既可针对一个标签，也可针对一类标签。不难发现，标签覆盖率和准确率是一对存在一定矛盾的指标，企业需通过不断更新、修正用户画像，在其准确率符合预期标

准的基础上，尽可能地提高覆盖率。

（4）用户画像的应用展现

在构建和评估用户画像后，便可投入实际的运营业务中，业务人员可借助可视化平台，对用户标签进行查看和检索，标签视图如图 5-8 所示。

图 5-8　标签视图

图 5-8 展示了企业使用的用户标签体系。通过点击标签，可查看每个标签下的详细信息。例如，点击标签主题"人口属性"，可进入"自然性别""购物性别"等一级标签，再点击"自然性别"，可看到"男""女"等二级标签。

在现实场景中，业务人员在应用标签时，需要通过定义规则组合多个标签以满足特定的业务要求。在图 5-9 中，以"近 30 日购买次数大于 3 次""高活跃""近 30 日启动次数大于 15 次"这三个标签组合，得到相应的目标用户子群，以便实施适合的精准营销策略。

图 5-9　用户分群

5.2.3　数字赋能的精准推荐

在精准营销中，基于大数据的用户画像技术实现了对用户的精细化认知，而推荐算法则是这些认知的实践应用——将合适的产品推荐给合适的用户，这也是精准营销的关键所在。推荐算法很多，但应用较为广泛的主要有以下四种。

1. 基于内容的推荐算法

基于内容的推荐算法的核心思想是根据用户感兴趣的某类商品或服务，找到与其相似的其他商品或服务，并将其推荐给用户。图 5-10 所示为基于内容的推荐。

该图以电影推荐系统为例，具体的运作流程为：首先，对电影数据进行建模，提取用户喜爱的电影类型。其次，基于电影的特征计算电影 A、B、C、D 间的相似度，如电影 A 和 D 的类型都是"科幻、战争"，因此可以认为 A 和 D 是相似的电影。当然，在此基础上还可以考虑电影的导演、演员、

图 5-10　基于内容的推荐

豆瓣评分等多维特征，更全面地评估电影间的相似度，从而实现更精准的推荐。最后，进行个性化推荐服务，如对于喜欢看电影 A 的用户 1，系统可以为他推荐同一类型的电影 D。

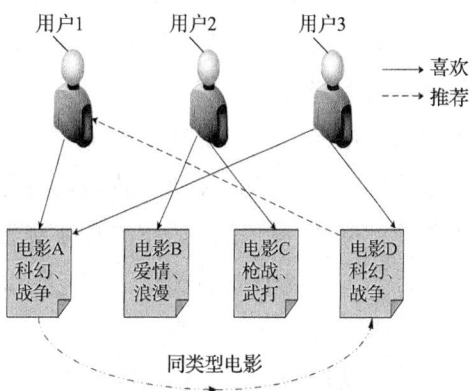

基于内容的推荐算法的优点是能针对用户的兴趣特征精确地建模，但该算法是在分析用户历史偏好的基础上进行推荐的，因此不适用于无任何历史记录的新用户，即存在"冷启动"问题。

2. 基于协同过滤的推荐算法

基于内容的推荐算法通过分析用户自身的历史偏好进行个性化推荐，而基于协同过滤的推荐算法则结合已有用户群的历史行为和目标用户的行为特征探究产品或者用户间的相关性，从而基于关联推断为目标用户提供个性化推荐。目前，基于协同过滤的推荐算法可分为三种：基于用户的协同过滤推荐、基于产品的协同过滤推荐和基于模型的协同过滤推荐。

（1）基于用户的协同过滤推荐

基于用户的协同过滤推荐是为目标用户推荐与其兴趣相似的其他用户喜欢的产品。首先基于目标用户对产品的偏好数据，探究与其兴趣相似的"邻居"用户。然后找出"邻居"用户喜欢且目标用户未接触过的产品并在适当的时机推荐给目标用户，如图 5-11 所示。在图 5-11 中，用户 1 喜欢产品 A、产品 C，用户 2 喜欢产品 A、产品 C、产品 D，用户 3 偏爱产品 B，不难发现用户 1 和用户 2 的偏好

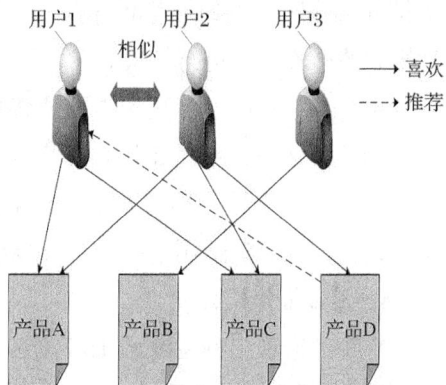

图 5-11　基于用户的协同过滤推荐

是比较接近的，鉴于用户 2 还喜欢产品 D，因此可将产品 D 推荐给用户 1。

（2）基于产品的协同过滤推荐

基于产品的协同过滤推荐是基于所有用户对产品的偏好计算产品和产品之间的相似度。

相似度测量主要有欧几里得距离、皮尔逊相关系数、余弦相似度这三种方法。然后向目标用户推荐与目标用户偏好产品相似的产品。基于产品的协同过滤推荐如图 5-12 所示。图 5-12 中，用户 1 喜欢产品 A，用户 2 喜欢产品 A、产品 C、产品 D，用户 3 喜欢产品 A、产品 B、产品 D。从这些用户的历史喜好可以发现大家对产品 A 和产品 D 具有相同的兴趣，即喜欢产品 A、产品 D 的用户存在交集，由此推测出产品 A、产品 D 比较类似，因此系统可为喜欢产品 A 的用户 1 推荐产品 D。

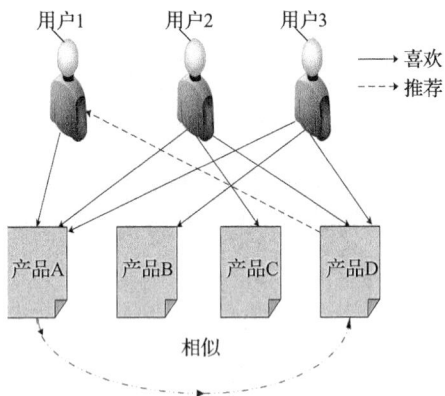

图 5-12　基于产品的协同过滤推荐

（3）基于模型的协同过滤推荐

基于模型的协同过滤推荐是通过抽取部分用户信息，基于特定的业务要求，运用相关算法，如关联分析算法、聚类算法、分类算法、神经网络、图模型以及隐语义模型等，训练一个主打推荐功能的机器学习模型，在此基础上，依据动态变化的用户偏好信息，不断调整、改进模型，以保证精准的个性化推荐预测。

3．基于知识的推荐算法

基于内容的推荐算法和基于协同过滤的推荐算法由于都依赖用户的历史偏好信息，因此面对没有任何数据的新用户时，容易出现"冷启动"问题。同时历史信息的数量、精确度以及时效性均会对推荐效果产生较大的影响。例如，普通用户不会频繁购买房屋，此时基于协同过滤的推荐算法会因为数据量稀少而表现不佳。又比如用户当前喜欢华为笔记本电脑，而此用户 1 年前对联想笔记本电脑的偏好数据反而会对基于内容的推荐算法产生错误引导。再如用户在购买汽车时希望能明确定义他们的需求，而这些需求的形式化处理并不是基于协同过滤的推荐算法和基于内容的推荐算法擅长的领域。但以上问题均可依靠基于知识的推荐算法进行解决。

基于知识的推荐算法不需要依赖用户的历史偏好信息，它要求用户指定需求，提供个性化知识，然后系统基于用户需求与企业产品或服务之间的匹配程度，或者是根据明确的推荐规则产生个性化推荐方案。如果未能产生个性化推荐方案，则需要用户修改需求。基于知识的推荐算法适用于新用户，能够快速响应用户的即时需求。

4．混合推荐算法

前面讨论了三种主流的推荐算法，各有利弊，为扬长避短，在实际运用中常采用混合推荐算法。混合推荐如图 5-13 所示。可将推荐系统单元看成一个封装了各类推荐算法的黑盒，它能够将输入数据转换成产品的有序列表再输出。输入数据类型包含用户记录和上下文参数、群体数据、产品特征以及知识模型。混合推荐的目标是构建一种混合系统。混合推荐算法既能结合不同算法和模型的优点，又能克服其中的缺陷，以便产生效果最佳的个性化推荐方案。

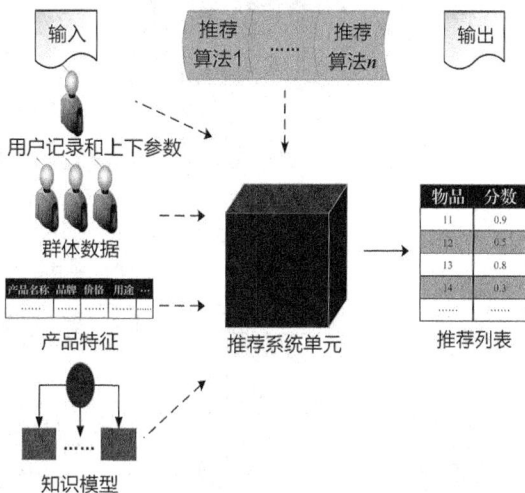

图 5-13　混合推荐

5.2.4　营销追踪与反馈分析

在大数据时代，企业在完成精准营销的个性化推荐后，业务人员会通过统计、观察、对照不同历史时间段内企业营销的成长率与成功率，确认营销策略与企业的目标方向是否相符。根据用户的市场反应、消费额度以及消费频率等收益指标来判断用户画像、个性化推荐以及精准营销策略的合理性和有效性，反复试错并调整模型，循环优化。在此基础上借助企业内部的个性化沟通系统，让业务人员与目标用户开展即时、有效的互动沟通，追踪用户在体验企业产品或服务后的反馈、建议，并预测用户需求，以此作为优化营销策略的参考依据，完成闭环优化。

营销追踪从数据整合导入开始，聚合数据，然后进行数据的分析挖掘。企业在完成个性化推荐后，可以动态追踪精准推荐执行过程中收集到的各种营销数据。动态的数据追踪可以帮助企业把握用户使用产品的实际情况，企业可通过适时提醒，改善用户体验，增强用户对企业的好感度。例如，提醒用户食品快到保质期，需尽快食用；汽车磨损严重，需要保养维护等。此外，企业可运用追踪的反馈信息，基于回归或分类等预测模型精准捕获用户需求，并据此提供合适的产品或服务，从而提升用户的生活质量和对企业产品的忠诚度。

5.3　基于大数据的精准营销应用

近年来，基于大数据的精准营销广泛应用于各行各业中，在金融业、零售业以及旅游业等传统行业中均可以见到精准营销的身影。随着互联网技术的迅猛发展，电子商务应运而生，而精准营销在电子商务领域中的应用又将电子商务的发展推到了一个新的高度。例如，国内知名的电子商务网站淘宝、京东、拼多多、美团、饿了么等都陆续引进个性化推荐系统开展精准营销。此外，目前企业也会依靠微博、微信、QQ、抖音等社交平台进行精准营销。未来精准营销可进一步应用于与人们生活息息相关的各行各业中。

从企业精准营销的实际应用层面上看，基于大数据的精准营销主要围绕用户、产品、消费行为三大元素进行营销策略的制定和实施。本节通过恒丰银行的理财产品精准推荐案例完整展现基于大数据的精准营销过程。具体而言，恒丰银行的整个营销周期计划如图 5-14 所示。

时间线	具体计划
2016年4月至2016年5月	完成需求梳理和业务调研，并在此基础上进行总体方案设计
2016年5月至2016年8月	整理银行内、外部数据，根据营销需求制定用户标签和设计文档，构建用户画像
2016年8月至2016年10月	预测用户需求并对用户价值进行建模，完善、整合精准营销应用模型
2016年10月至2017年1月	基于用户画像，构建理财产品个性化推荐系统，其中包括推荐算法调研、模型对比等一系列工作
2017年1月至2017年3月	用户画像、个性化推荐、用户价值预测等精准营销模型上线

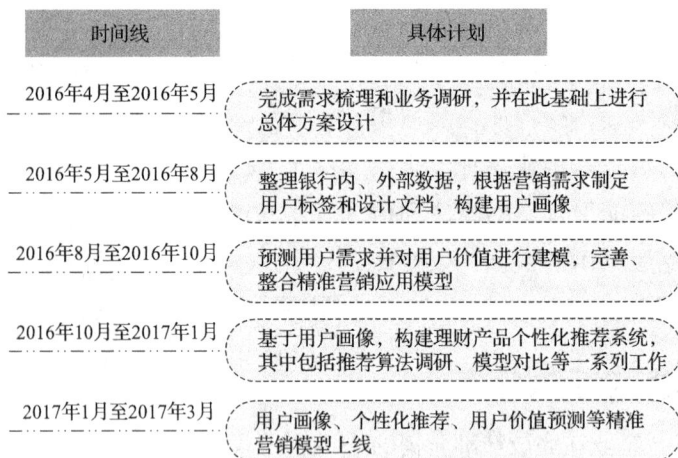

图 5-14　恒丰银行的整个营销周期计划

恒丰银行的精准营销系统开发框架（见图 5-15）是依托 TDH 机器学习平台，从全方位的用户画像、精准的个性化推荐系统以及用户的需求预测与价值评估三个方面进行构建的。

图 5-15　恒丰银行的精准营销系统开发框架

5.3.1　构建用户画像

为了将自身的理财产品精准、有效地推荐给目标用户，恒丰银行基于自身搭建的面向用户的数据仓库，嵌入自身的理财业务推广需求，借助用户画像技术，构建了面向用户的标签体系，初步建立起图 5-16 所示的用户画像。

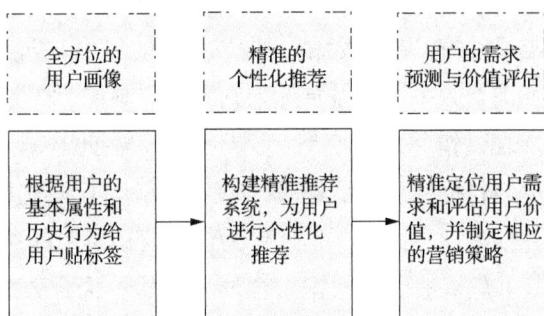

图 5-16　恒丰银行的用户画像

5.3.2　精准推荐系统

恒丰银行还设计了精准推荐系统，如图 5-17 所示。不难发现恒丰银行的精准推荐系统实际是运用机器学习方法搭建的，因此需要将具体的业务问题转换为机器学习问题。例如，在微信银行中，面对种类繁多且更新速度较快的理财产品，业务人员基于用户目前的财务状况和历史理财偏好，通过用户喜欢的渠道为其推荐最合适的产品，最终结果为购买或不购买。该问题便可转化为一个机器学习的二分类问题：首先，基于历史的用户数据，抽取关键特征，训练一个自动化推荐模型，让模型自动学习用户的购买产品偏好，预测用户在未来购买某种理财产品的概率；其次，统计所有用户对现有理财产品的响应概率，并据此对所有理财产品进行降序排序；最后，选择前 N 个购买概率较大的理财产品并将其打包推荐给目标用户。训练过程如图 5-18 所示。

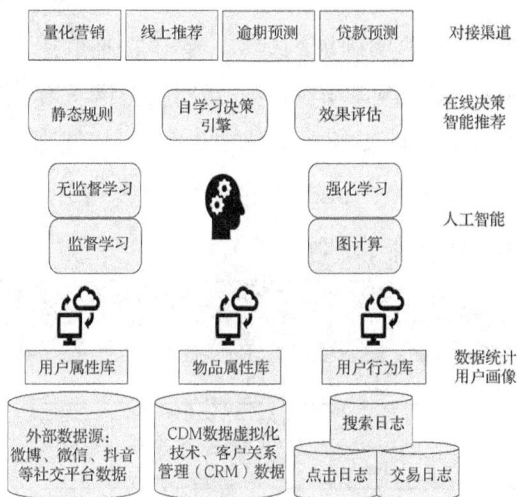

图 5-17　精准推荐系统

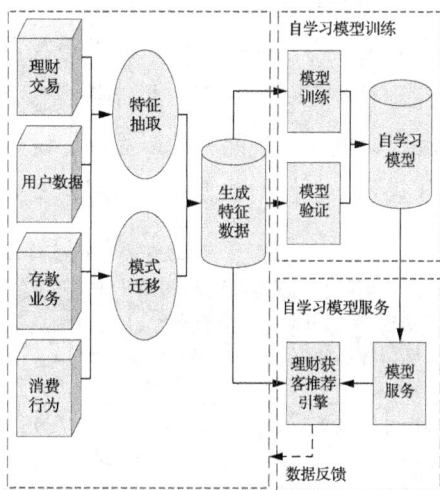

图 5-18　训练过程

在实际运用中，精准推荐系统的构建需要经历以下步骤。

1. 准备数据源

考虑到相似的用户可能具有共同的需求偏好，因此需要反映用户特征和产品特征的数据。由于个体对某类理财产品的偏好可能具有连续性，因此需要用户购买基金、国债等的历史交易数据。此外，用户的现有存款额度、贷款金额等数据能够反映其现实购买力，从而决定了其能购买的理财产品的档次。综上所述，恒丰银行准备了以下数据，如表 5-2 所示。

表 5-2　数据种类

用户基本属性	用户性别、年龄，开户日期，评估的风险等级等
产品基本属性	产品的逾期收益率、产品周期、风险等级等
用户购买理财产品的历史	在什么时候购买什么产品以及购买的金额
用户的存款历史	用户历史存款日均余额等
用户的贷款历史	用户历史贷款信息等
用户工资	用户工资的多少也决定了用户购买理财产品的额度和偏好
用户画像提取的特征	用户的信用评分、贡献度、投资金额、购买的产品类型等

2. 进行特征转换和抽取

将现实的业务问题转化为机器学习问题后，一部分的用户数据是算法无法直接处理或运用的，因此需要进行特征的转换和抽取。一方面，特征转换能够将无法直接处理的原始数据转化为算法易于处理的干净数据。例如，具有时间属性的开户日期，不能直接处理，恒丰银行将用户的开户日期转变为用户购买理财产品的时间间隔。另一方面，针对无法直接运用的数据，可运用特征抽取以捕获有用的信息。例如，用户的存款信息，恒丰银行基于业务经验认为用户在购买理财产品之前的存款变动信息能够反映其真实的理财欲望，因此恒丰银行抽取了用户在近三个月、近一个月、近一周的存款日均余额，表示其存款变化。

3. 划分训练样本和测试样本

为了建立用户是否购买产品的分类预测模型，需要明确训练标签。鉴于在抽取用户购买特定理财产品的特征时，恒丰银行假定用户在购买某种特定理财产品时没有购买其他发售产品，因此将用户购买的产品标签设为 1，将用户未购买的产品标签设为 0，将性别中男性用 1 表示，女性用 0 表示，得到表 5-3 所示的训练样本（仅列出部分特征和数据）。

表 5-3　训练样本（仅列出部分特征和数据）

用户	产品	日期	是否购买	性别	年龄/岁	预期收益率	用户上一次购买的产品
User1	A2	2017-02-15	1	1	25	0.049	A1
User1	B2	2017-02-15	0	1	25	0.039	A1
User2	A2	2017-02-15	0	0	40	0.049	B1
User2	B2	2017-02-15	1	0	40	0.039	B1

为了借助机器学习方法训练模型并评估模型的准确率，需要进行训练样本和测试样本的分割。鉴于模型的最终目的是预测未来某日用户购买某种产品的概率，因此可以时间作为训练样本和测试样本的划分依据。表 5-4 中，基于 2016-09-01—2017-03-20 的理财交易数据，恒丰银行以 2016-09-01—2017-03-19 的理财交易数据作为训练样本，以 2017-03-20 这一天的用户对出售的各产品是否购买的数据作为测试样本，并以此类推。

表 5-4　样本分割

时间	划分结果
2016-09-01—2017-03-19	训练样本
2017-03-20	测试样本
2016-09-01—2017-03-18	训练样本
2017-03-19	测试样本
2016-09-01—2017-03-17	训练样本
2017-03-18	测试样本
……	……

4. 进行模型的评估与优化

恒丰银行用 AUC、MRR、Logloss 等量化指标来评估推荐模型的精确度。其中，AUC 与 MRR 的取值均在 0 ~ 1，越靠近 1 则表明模型分类能力越强；Logloss 的取值大于 0，其值越小表明分类效果越好。恒丰银行将构建的推荐模型用于实际业务中，测试了 2017-03-11、……、2017-03-20 等 10 天的推荐效果，表 5-5 为推荐模型的评估结果。

表 5-5　推荐模型的评估结果

AUC	Logloss	MRR
0.89	0.45	0.78

随后，将没有购买过理财产品的新用户和老用户分群之后，再分别评估模型效果。需要测试模型对新用户的预测能力，从而检验模型对"冷启动"问题的灵活度。新、老用户评估结果对比如表 5-6 所示。

表 5-6　新、老用户评估结果对比

评估指标	新用户	老用户
AUC	0.8	0.92
Logloss	0.73	0.38
MRR	0.32	0.88

在得到模型的评估结果后，一般可以通过特征提取、样本抽样、参数调优来进行模型优化，也可以根据业务人员的建议改进模型。

5.3.3　需求预测与用户价值

第一，用户的需求预测。恒丰银行以用户的定 / 活期存款、产品查询、刷卡记录等历史数据作为个性化的精准推荐系统的输入，以预测用户在目前是否具有购买需求。具体而言，针对老用户，基于提取的历史购买特征，预测其在未来某一时间段内购买的产品数量以及消费金额。针对新用户，基于其存款量预测其首次购买理财产品的价格区间，通过不断为其推荐合适的理财产品，努力将存款用户变为理财用户。实际上，恒丰银行通过分析用户存款变动与用户购买理财的关

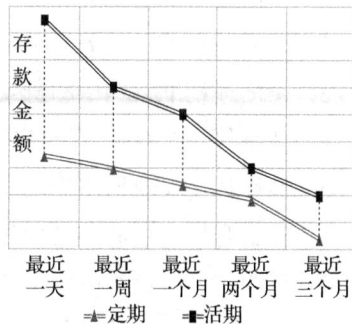

图 5-19　新用户购买理财产品前的定 / 活期存款不同增加模式

系，发现了新用户购买理财产品前的定 / 活期存款不同增加模式，如图 5-19 所示。

根据需求预测模型，恒丰银行可以向老用户或者新用户推荐其有可能购买的前 N 个理财产品，从而有效提高产品的购买率。

第二，用户价值预测。用户价值预测即运用回归分析方法预测拥有购买需求的用户的购买价值区间。统计目标用户在以当前时间点为起点的前三个月内购买的产品价值总额，

将其作为当前价值，并以此为自变量构建回归模型预测下一个阶段用户购买的产品价值，即未来价值。恒丰银行通过比较当前价值与未来价值的相对大小，判断用户所处的具体阶段：流失或者上升，抑或稳定。对于流失阶段的高价值用户（即当前价值小于未来价值，但两个价值均不低的用户），恒丰银行可适当为其提供优惠折扣，对其加以引导，防止用户流失。

5.3.4　结果分析

恒丰银行实施精准营销的结果如下。

第一，营销精确度显著提升。恒丰银行在精准营销平台的帮助下，销售成本和运作成本显著降低，产品推荐的成功率相比于传统的基于专家经验的排序模型提升 10 倍。

第二，银行的获客数量迅速增加。精准营销系统提高了恒丰银行获取目标用户的准确率。相比于传统的盲目地毯式宣发模式，运用精准营销系统发送 38% 的短信即可覆盖 80% 的用户。

通过构建基于大数据的精准营销方案，恒丰银行深入洞察用户行为、需求、偏好，更好地了解用户，并据此打造个性化推荐系统和建立用户价值预测模型，走上了可持续的低成本扩张之路。

习　题

一、名词解释

精准营销　用户画像　基于内容的推荐算法　基于知识的推荐算法

二、简答题

1. 请简述精准营销的特征。

2. 请简述精准营销的实现策略。

3. 请简述精准营销中的链式反应。

4. 请举例说明企业开展精准营销需要收集的用户信息的类型。

5. 请简述企业获取用户信息的方式。

6. 什么是协同过滤，常用的基于协同过滤的推荐算法有哪些？

7. 请简述基于内容的推荐算法与基于协同过滤的推荐算法的区别。

8. 与基于内容的推荐算法和基于协同过滤的推荐算法相比，基于知识的推荐算法有什么优势？

9. 请简述开展营销追踪的必要性。

三、开放性思考

1. 请谈一谈你对用户画像及其应用价值的理解。

2. 请思考，企业开展精准营销后，若客户满意度并没有上升，可以采取什么措施。

第6章
大数据搜索营销

春运期间，各大出行服务平台纷纷展开帮助消费者抢票的活动。通过营销手段实现市场占有率和品牌知名度的提高成为众多出行服务平台所追逐的目标。2018年春运期间，携程联合搜狗发起了一场名为"回家，让幸福更进一步"的营销活动，引发了关注。携程借助搜狗大数据，获得了更多曝光和点击，转化新用户，收获认同感，提高了品牌知名度和市场占有率。

1. 借助搜狗大数据，精准定位目标人群，制定传播策略

通过对搜狗大数据的分析发现，春运迁徙人群有在本地搜索和浏览异地信息的特征，因此，携程将异地迁徙人群的数量精准锁定在5亿至6亿人。携程整合旗下核心工具，针对网民的输入行为、搜索行为和使用行为提出完整的解决方案，实现在网络场景下的网民全覆盖。

2. 整合平台资源，制订整合营销方案

在搜狗搜索平台上，针对春运期间的热门问题进行问答营销，抛出抢票攻略，加强品牌与网民的互动。基于网民搜索行为，利用消息推送、热点推荐等核心资源，使活动全方位曝光，营造幸福回家的氛围。搜狗中的携程营销如图6-1所示。

图6-1 搜狗中的携程营销

搜狗输入法发布超级IP阿狸的输入法皮肤，以智能语音交互发布活动，结合社交交互触达需求。用户可通过一键语音互动直达携程春运抢票页面，领券获得优先出票权，如图6-2所示。

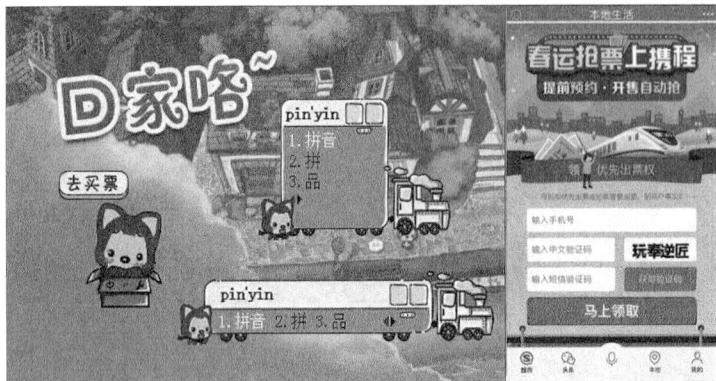

图 6-2　搜狗输入法语音直达携程

搜狗地图将内容为点亮春节回家路的图片作为开机大图，时刻提醒用户使用携程进行春运抢票（见图 6-3），引爆春节回家的出行热情。

3. 营销效果超预期

携程最初将此次营销的目标定为 6 亿次曝光和 100 万次点击量，最终的项目效果超出预期，项目活动的总曝光量为 16 亿次，点击总量为 500 万次，日均点击量超过 7 万次。

在时间碎片化时代，搜索引擎平台所拥有的海量用户数据和多工具应用具有可变现的营销价值，具备将千万个分散的营销点整合成一条无缝传播链的能力，可帮助广告主实现营销预期。

图 6-3　搜狗地图开机大图

6.1　大数据搜索营销概述

互联网使全世界各地的信息资源得以共享，但与此同时，网络信息以几何级数增长，使得用户很难快速准确地检索出自己所需要的信息。为了解决这个问题，搜索引擎（Search Engine）作为互联网中信息资源的检索工具应运而生。

6.1.1　搜索引擎和大数据搜索营销

1. 搜索引擎

搜索引擎是在互联网上运行的一项检索技术，其原理在于收集互联网中的所有网页，并为网页中的关键词建立索引，从而形成网页索引数据库，方便人们检索所需的信息。我们生活中常用的搜索引擎有：必应（Bing）、Baidu（百度）、雅虎（Yahoo）等。

从用户的角度来看，搜索引擎提供了一个搜索区域页面，输入要搜索的关键词并提交后，搜索引擎会从预先整理好的索引数据库中将所有包含此关键词的网页搜索出来，并按照与关键词的相关度，经过排序后依次展示出来。搜索引擎的工作流程，可以划分为从互联网上抓取网页、建立索引数据库、检索代理，如图 6-4 所示。

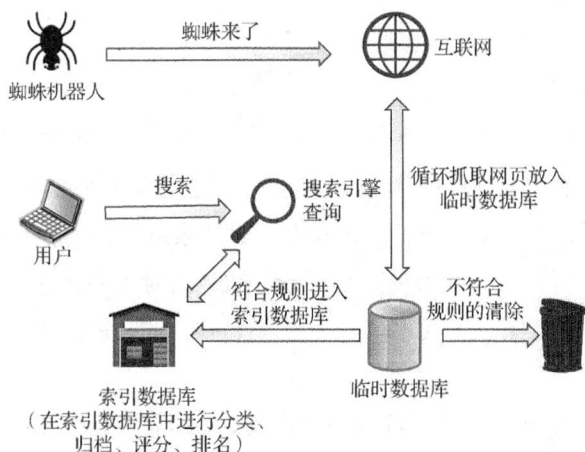

图 6-4　搜索引擎的工作流程

（1）从互联网上抓取网页

搜索引擎之所以能为用户提供这么多的检索结果，是因为依赖于网络爬虫技术。网络爬虫的本质是一种计算机程序，也被称为蜘蛛机器人或者网络机器人，它是搜索引擎抓取系统的重要组成部分。一个搜索引擎会派遣许多机器人，这些机器人负责定期搜集每个网站上各种各样的信息，根据相应的规则，从某一个网页开始沿着页面上的超链接将整个互联网中的网页进行遍历，确认有效链接，剔除无效链接，对所有发现的网页信息进行标注，把符合标准的网页存储到自己的数据库中。

（2）建立索引数据库

蜘蛛机器人将所有网页信息记录到数据库中，过滤掉质量不高的垃圾内容或已有的重复内容，为剩下的网站建立索引，供之后的检索过程使用。索引就如同一本书的目录，有了索引，搜索引擎就可以很快找到用户所需要的结果。索引数据库中可能记载着网页的所有内容，也可能仅记录了网页的地址、题目、关键词等。索引数据库中所存储的网页信息越多，代表着检索结果的查全率和查准率越高。

（3）检索代理

当用户在浏览器的搜索区域输入关键词并提交后，检索程序就会从索引数据库中找到所有包含该关键词的网页，并按照与关键词的相关度，由高到低进行排序。各个搜索引擎都会给网页定义一个评分函数用于排序，如某搜索引擎对网页的评分函数中包含了 100 多项量度，排好序后，搜索引擎便将所有检索到的网页地址和内容摘要返回给用户。某搜索引擎给网页的评分原理如图 6-5 所示。

需要注意的是，由于各个搜索引擎的能力和偏好不同，抓取的网页先后次序各不相同，同时使用的排序算法也不同。因此，用不同的搜索引擎进行资源检索得到的结果有所差异。

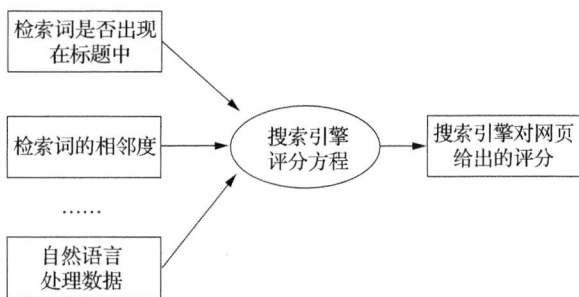

图6-5　某搜索引擎给网页的评分原理

搜索引擎的索引数据库是需要定期更新的，因此，需要蜘蛛机器人定期访问所有网页，添加新的网页信息，删去无效的链接，以反映出网页的最新情况。不同搜索引擎的访问周期各不相同。例如，谷歌每七天小更新一次，对每个关键词进行一次排名，对搜索结果影响较小；每月大更新一次，对搜索结果影响较大。再如，百度每七天小更新一次，每月大更新两次。

搜索引擎按其对信息的组织方式可以分为全文索引、目录索引和元搜索引擎三类。

（1）全文索引

全文索引也称全文式搜索引擎，可以分为两类。一类是通过蜘蛛机器人爬取互联网中的所有网页信息，对收集到的信息进行加工、整理，建立自身的索引数据库，并定期更新。当用户搜索时，按照一定的排列顺序返回搜索结果。百度是全文索引。另一类则是租用其他搜索引擎的数据库，再按自定的格式重新排列搜索结果，如 LYCOS。

全文索引最大的优点就是采集信息的范围广，网页覆盖更加全面。但是，由于其中的人工干预较少，难以保证信息的质量。

（2）目录索引

目录索引本质上是通过目录进行分类的一系列网站链接列表，其工作原理是由专业人员手动建立关键词索引以及目录分类体系，用户在搜索过程中按照分类目录直接找到所需要的信息。具有代表性的目录索引有雅虎、新浪等。

目录索引的优点是用户可以根据目录逐级查询，不需要明确具体查询的关键词，且其主要依靠人工编制，信息的质量通常比较高。

（3）元搜索引擎

元搜索引擎又称集合式搜索引擎，它将多个搜索引擎集成在一起，当用户提交查询请求后，同时在多个搜索引擎上进行搜索，并将结果返回给用户，从而获得更全面的搜索结果。最著名的中文元搜索引擎是万维搜索，它集成了谷歌、雅虎等4个英文搜索引擎，以及新浪、搜狐、百度等8个中文搜索引擎。

与传统的搜索引擎相比，元搜索引擎具备许多优势，用户不必使用多个搜索引擎来搜索信息，从而大大节省了时间，提高了效率。

2. 大数据搜索营销

大数据搜索营销即大数据技术支持下的搜索引擎营销。对搜索引擎营销，各界给予了多种定义。

根据百度百科，搜索引擎营销是在用户利用搜索引擎平台进行信息检索时，将营销信息返回给用户的营销方式。维基百科指出，搜索引擎营销是一种通过检索结果来推销网站的网络营销模式。

从用户的角度来说，搜索引擎营销是利用用户使用搜索引擎检索信息的机会，向潜在的目标用户尽可能多地传递营销信息。

从企业的角度来说，搜索引擎营销是指企业与搜索引擎平台合作，通过一系列手段使企业网站在搜索结果中的排名靠前，以此吸引目标用户的浏览点击。

综上所述，搜索引擎营销就是企业通过改变网站在搜索结果中出现的位置，利用用户检索信息的机会尽可能将营销信息传递给目标用户，推广其产品和服务的一种网络营销形式。

大数据搜索营销具有如下特点。

（1）受众广泛且准确度高

随着电子产品的普及，搜索引擎得到了广泛的应用，积累了巨大的用户群。此外，通过搜索引擎搜索是用户客观愿望和需求的真实表达，他们比传统营销中的用户更有可能转化为消费者。随着大数据、云计算、人工智能等技术的发展，搜索引擎服务提供商不仅可以实时分析关键词，还可以分析用户习惯、用户的兴趣爱好和需求，准确地向用户推送广告，从而大大提高了营销的准确性。

（2）方便快捷且灵活性强

大数据搜索营销方便快捷，企业只需编辑相关广告内容，选择并购买所需的关键词，或者在流量较高的页面上添加指向写有广告信息的网页链接。这种营销模式具有很强的灵活性，而传统的营销模式是很难改变广告内容的。大数据搜索营销可以根据社会热点、用户的搜索习惯和兴趣及时改变关键词和广告内容，从而快速适应市场变化。

（3）成本低廉且投资回报率高

使用关键词广告时，企业根据点击次数进行付费。每次点击的成本取决于企业为关键词设定的价格，成本通常为每次 0.15 元至 3 元，价格较低。这种支付方式基于用户兴趣，用户是主动产生点击行为的，企业付出的成本是根据点击的实际行为计算的成本，具有较高的投资回报率。

（4）可控性较强

大数据搜索营销的可控性主要体现在三个方面：第一，广告商可以完全控制广告内容，并有权根据不同情形灵活修改和优化广告内容；第二，广告商可以选择最合适的时间投放广告；第三，广告成本控制主要采用点击付费的形式，即网站被点击的次数决定了营销的成本。

（5）有效提升品牌形象

无论用户最终是否点击网站，大数据搜索营销都可以提高品牌认知度。搜索结果是企业互联网营销的门户，一些新品牌多采用大数据搜索营销，将自己的品牌与其他相关品牌放在一起。搜索引擎营销机构 Enquero 对 2722 名成年消费者的调查显示，搜索结果页面上的品牌广告有效提升了品牌影响力、声誉和消费者购买意愿。

6.1.2　大数据搜索营销的发展方向

在 1997 年以前，搜索引擎平台的主要业务是面向大型门户网站提供搜索技术，收取相应的技术服务费用。随着付费搜索引擎营销开始走向主流，部分中文分类目录开始对网页登录收费，根据登录的方式不同，收费标准也不同。2004 年，搜索引擎广告迅速发展，之后随着 QQ、Twitter 等社交软件的诞生，搜索引擎营销开拓了新天地。2014 年，UC 推出移动搜索品牌"神马搜索"。自此之后，逐渐形成以百度、搜狗、360 为代表的三足鼎立局面，而神马搜索则成为最大的中文移动搜索引擎之一。

目前搜索引擎处于用户中心时代，用户有着千奇百怪的搜索需求，又因为大数据技术的逐步成熟，随着搜索引擎市场的发展，大数据搜索营销向着互动式搜索、个性化搜索和社交圈搜索等方向发展。

1. 互动式搜索

互动式搜索是一种让每个普通的用户参与决定搜索结果的方式。传统的搜索结果及排名完全是由搜索引擎方决定的，企业为了宣传自己的产品或服务，通过竞价排名等方式决定搜索结果显示的顺序，这种方式没有考虑到用户的参与权。互动式搜索会让用户参与到搜索结果的排序中，能发挥广大群众的力量，有效改善用户的检索体验。

2. 个性化搜索

个性化搜索就是针对用户量身定制搜索结果，即根据每个用户不同的搜索需求，结合用户的特点，给出最合适的搜索结果。为了应对不同用户的个性化需求，搜索引擎也日渐多样化。搜索引擎要想实现大数据搜索营销效果最大化，就必须抓住用户心理，给用户提供个性化的服务，基于用户行为和用户画像，制定合适的营销策略，提高用户的忠诚度。

3. 社交圈搜索

社交圈搜索是应用于不同的社交平台，通过组织社交平台产生的数据为用户提供搜索结果。社交网络和社交工具的发展使得具有相同兴趣的用户得以在网络空间聚集，企业可以在指定类别的社交圈轻松获取一批目标用户。这些网络社交圈中每天都会产生海量的碎片化数据，但这些碎片化数据不是传统搜索所能掌控的，因此，必然会出现一种新型的搜索工具来组织社交平台的数据。

6.2　大数据搜索营销的流程和策略

6.2.1　流程

根据搜索引擎的基本原理，大数据搜索营销的基本流程可以总结为：企业首先构造出包含营销信息的网页，并发布到互联网当中；随后等待搜索引擎的蜘蛛机器人爬取该网页，并存储至自身的索引数据库；一旦用户使用与企业产品或服务相关的关键词在搜索引擎上进行检索时，搜索引擎就会将相关的网页信息返回给用户；最后经过筛选，用户主动点击进入包含营销信息的网页，完成营销流程。大数据搜索营销中的信息传递过程见图 6-6。

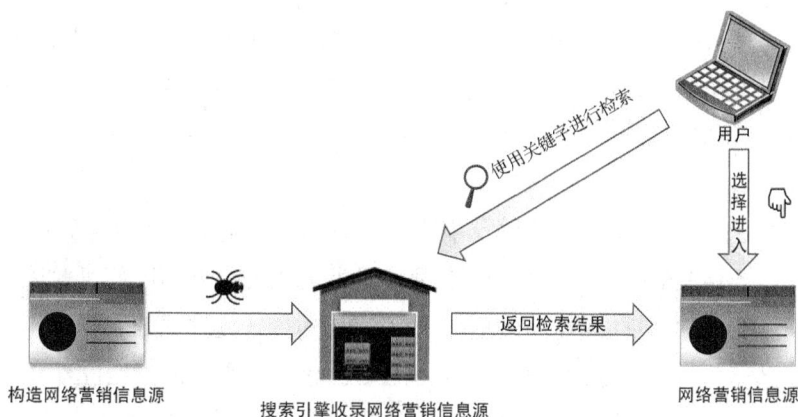

图 6-6　大数据搜索营销中的信息传递过程

上述大数据搜索营销过程，包含了信息源、搜索引擎索引数据库、用户的检索行为和检索结果、用户对检索结果的分析判断、对选中的检索结果的点击。根据此基本流程，企业应从以下几个方面入手实现大数据搜索营销。

1. 创造网页被搜索引擎收录的机会

大数据搜索营销的基础就是搜索引擎对信息源的收集。企业最初构造的网页必须保证被搜索引擎所收录，这样才能被用户查询到，从而完成后续的营销流程。如果网页不能被收录，即使网页设计得完美无瑕也无济于事。因此，尽可能创造机会使得网页被搜索引擎收录是大数据搜索营销的首要任务之一。

2. 使营销信息在搜索结果中的排名靠前

网站被搜索引擎收录后，并不代表它会出现在搜索结果的顶端。搜索引擎索引数据库通常包含大量信息，当用户输入关键词进行搜索时，搜索引擎会反馈大量结果。用户往往没有耐心看完所有的搜索结果，只会关注排名靠前的一些网页链接。因此，如果网站的位置在后面，被用户发现的概率就会大大降低，营销的效果也就无法保证。

3. 利用搜索结果中有限的信息获得用户关注

不是搜索引擎返回的所有结果都包含丰富的信息。用户通常会选择一些最相关、最能吸引注意力的信息源，点击它们并进入相应页面以获取更完整的信息。因此，企业应该尽最大努力提高网站信息的质量，向用户发送高质量的网页，并用更准确的信息吸引用户的注意力。

4. 为用户获取信息提供方便

大数据搜索营销的基本形式是用户主动点击所选链接进入网页。用户可以成为某个网站的注册用户，以了解产品的详细信息。在这个阶段中，企业将与用户建立直接联系，甚至完成交易，该过程同时也与网站信息发布、客户服务、网站流量统计分析、在线销售和其他互联网工作密切相关。

6.2.2 策略

大数据搜索营销有许多基本模式，如搜索引擎登录和排名、关键词广告、搜索引擎优化、分类目录、地址栏搜索等，每种模式都有其鲜明的特点和策略。这里介绍两种典型的模式：关键词广告和搜索引擎优化。

1. 关键词广告

关键词广告是一种特殊的广告形式。使用这种广告，企业需提前从搜索引擎网站购买与企业、产品和服务相关的关键词。当用户使用企业所购买的关键词进行搜索时，搜索引擎就会给用户返回企业网站信息。不同的搜索引擎以不同的方式处理关键词广告，有些会在搜索结果列表的顶部显示付费关键词搜索，而有些会在搜索结果页面的专用位置显示付费关键词搜索。关键词可以是一个词语，也可以是一个句子。目前，关键词广告有以下5种形式。

（1）企业关键词广告

这种形式是早期的网络广告形式，即在所有涉及企业名称、产品或服务的页面中都设置指向企业主页的链接，以此增大用户进入企业主页的概率，但如今使用这种形式的企业较少。

（2）公众关键词广告

这种形式是将网站上公众感兴趣的关键词链接到企业的相关网站，如公众人物的名字。将公众人物的名字等设为关键词，如果企业的业务运营与这些关键词相关，并与企业的整体营销活动相结合，就会吸引大量粉丝浏览，形成粉丝效应，以此提高产品知名度，促进产品销售。

（3）语句广告

语句广告是当今广告商常用的方式，即使用一个引人入胜的观点语句，吸引用户点击浏览，而该语句会直接链接到企业的相关网站。语句广告可以是新颖的、具有创造力的，它重在调动用户的好奇心，引起用户注意，从而使感兴趣的用户产生点击行为。

（4）搜索关键词广告

设定搜索关键词，企业需提前向搜索引擎购买与企业、产品和服务有关的关键词。一旦用户使用搜索引擎并采用企业购买的关键词来搜索时，与企业网站或超链接相关的信息就会出现在搜索结果页面的重要位置，精准捕获对该关键词有需求的用户。

（5）竞价排名广告

竞价排名广告是一种按效果付费的网络推广方式。针对购买相同关键词的网站，根据出价最高者排名第一的原则对其进行排名。竞价排名广告是按照实际的点击次数进行收费的，企业可以根据实际情况调整每次点击支付的价格，以控制广告在特定关键词搜索结果页面中的位置，还可以通过定义不同的关键词来捕获不同类型的目标用户，只有对关键词内容感兴趣的用户才会被捕获，因此，竞价排名广告的针对性很强。

关键词广告有很多优点。首先，关键词广告的点击率高于传统广告的点击率。其次，关键词广告的价格相对较低。通过按点击付费，在线广告的成本大大降低并且完全可控。再次，关键词广告没有最低点击率，广告预算由自己控制。企业不需要考虑"最低消费"，也不必担心所选关键词过于流行，超出预算范围。最后，关键词广告操作简单，任何个人或企业都可以根据网站描述完成广告投放。

关键词广告也有很多缺点，主要缺点是可能会遇到恶意点击。有时竞争对手会恶意点击来浪费企业广告的预算，使网站不再显示企业的广告，并间接提高自己企业广告的排名。另一个缺点是，关键词广告提供商会根据点击次数收取佣金。

针对关键词广告营销模式，可采用以下策略。

（1）挖掘关键词

① 选择适合产品特性或品牌内涵的关键词。每个产品或品牌都存在使用最多的关键词，这些最常用的关键词一般都很笼统，限制性较小，如洗发水、笔记本等。用户会根据自身需求或品牌偏好选择关键词进行搜索。企业在选择关键词时，要充分考虑自身产品的特点和定位，细分市场，寻找差距，吸引目标用户，这样既能提高网站点击率，又能提高转化率，节省广告成本。

② 为容易错误拼写的关键词进行竞价。用户一般会利用碎片化的时间上网，而不把注意力放在输入的词汇错误或混淆的问题上，因此，企业在选择和扩展关键词时，应充分考虑用户的此类错误，以及对可能出现拼写错误的关键词进行竞价，这可能会增加网站的浏览量。例如，乔恩·史密斯对"BlokesGuide""Blokesguide""Blokes guide"采用竞价排名后，其出版的 *The Bloke's Guide to Pregnancy* 的销售量增加了一倍。

③ 设置反向关键词。反向关键词是为限制某些客户的访问而创建的关键词，使用反向关键词可以设置网站在哪些情况下不显示。例如，将"免费""促销""特价"等词作为中高档产品销售的反向关键词，当用户输入这些关键词时，相应广告将不显示，这样可以节省广告费用。有时，设置反向关键词是为了避免搜索引擎的广泛匹配，从而导致的无效点击。

④ 利用热点事件，调整关键词。搜索引擎中的广告具有灵活性，企业可以将关键词与环境和社会热点结合起来，增加网站的流量和提高转化率。例如，可口可乐在 2016 年里约奥运会期间的奥运赛事关联广告。百度为可口可乐制作了浮层样式的奥运会赛程、赛果搜索关联广告，当用户在百度搜索栏搜索相关赛程、赛果时，可以看到可口可乐为奥运健儿加油的视频，实现了搜索结果和广告的自然融合。

（2）利用广告语吸引用户，优化广告页面

① 广告语的写作技巧。当搜索引擎匹配用户查询请求时，关键词是一个重要指标，在广告语中尽可能地使用关键词是非常必要的。搜索引擎的广告语通常要在标题中提到一次

关键词，在正文中提到两次关键词，即"三提到"原则。此外，不同用户的搜索请求随着时间推移可能会发生变化，因此，为一组关键词写多个广告语可以有效地吸引不同的用户。广告语必须尽可能简洁，因为用户通常会拒绝复杂的信息。

② 优化广告页面。搜索引擎广告语应具有较强的关联性，一般而言，广告页面要把重要的信息放在页面上方，也可以将重要的信息通过图像等方式传递给用户。广告页面必须简洁清晰，能够让用户尽快找到所需信息，不能让用户在网站内跳转三次还没有找到想要的信息。优化广告页面颜色，广告页面的颜色应与目标用户的特征相匹配。例如，唯品会是一家专门做

图 6-7　唯品会官网首页

特卖的网站，主要用户是白领女性，其 Logo、搜索引擎广告、页面都采用粉红色为主色调，唯品会官网首页如图 6-7 所示。

（3）选择合适的广告位置和广告时间

① 选择合适的广告位置。美国一著名网站设计师在《眼球轨迹研究报告》一文中指出，网络用户通常会以 F 形的模式阅读网页，这种基本恒定的阅读习惯决定了用户对网页会形成 F 形的关注度。因此，广告位置通常是上比下好，左比右好。有调查显示：有些用户并不知道页面左上角的推广是广告，他们会认为这是自然搜索的结果。

② 选择合适的广告时间。选择广告时间时要充分考虑用户的需求和产品特性，以及充分考虑广告预算。有些产品是季节性的（如羽绒服、冰激凌），这类产品的广告应该在相应的季节投放。在假期到来之前，与旅游和娱乐有关的搜索会增加。在同一天的不同时段，保持同样的关键词排名位置，其花费不一样。企业应该充分意识到什么时候可以产生最大的浏览量和转化量，从而节省广告成本。

2. 搜索引擎优化

搜索引擎优化（Search Engine Optimization，SEO）就是通过了解各种搜索引擎如何收录网页、如何建立索引以及如何确定特定关键词的搜索结果，采取相应的措施来提高网站质量、关键词的曝光率，使网站在搜索引擎的检索结果中获得更高的排名，给企业带来更多的销售机会。搜索引擎优化的基本策略有以下几点。

（1）增加关键词的密度

关键词密度是指网站上出现关键词的频率，即在一个页面中，关键词占该页面中总字数的比例。搜索引擎将读取页面上的字数，重复的单词或短语被认为是重要的。不同的搜索引擎在关键词密度计算公式以及最佳关键词密度方面有所不同。为了获得更好的排名，

网站关键词必须多次出现在页面上，关键词密度通常为 2% ~ 8%。不过也不要进行关键词堆砌，如果是为了取悦搜索引擎积累关键词，不仅不能获得商业价值，还可能被列为恶意行为，有被处罚的风险。

（2）突出关键词

关键词分布应遵循"无所不在，有所侧重"的原则。根据搜索引擎的工作原理，通常将关键词放在有价值的位置，搜索引擎会将注意力集中在页面的特定部分，如标题标签、文本超链接、统一资源定位器的文本、页面顶部的文字和每个段落的开头，这些突出显示的关键词有助于搜索引擎识别网站内容，并更快地吸引潜在用户。

元描述（Meta Description）是对网页内容的简明总结，一个好的元描述将帮助用户快速判断网页内容是否与搜索需求一致。元描述不是权值计算的参考因素，这个标签是否存在不影响网站的权重，它仅用作搜索结果摘要的选择目标。搜索引擎无法捕获图像，因此，企业在创建网页时应该对图像进行注释，并且在注释中应显示关键词；也可以对网页文本中的关键词进行加粗处理，以增加权重。

（3）优化网页导航

网站应该有清晰的结构和明确的导航，这有利于搜索引擎的蜘蛛机器人迅速抓取网页。最重要的是，它可以帮助用户快速从网站上找到自身需要的内容。网页应尽量使用静态页面，动态页面不利于搜索引擎的蜘蛛机器人抓取。

网站结构应呈扁平状，即主页到文章页的跳转次数应该尽可能少。树形结构为网站的最佳结构呈现形式，以三层树形结构为佳，通常为：主页—频道页—文章页。主页相当于树干；频道页相当于树枝，依附于树干；文章页相当于叶子，是整个树的末端。这样的树形结构有利于网站的扩建。同时，网站应该是一个网络结构，网站上的每个页面都必须有指向上级页面或下级页面以及相关内容的链接，且每一个网页都能通过其他网页链接到该网页。此外，为每个页面设置面包屑导航，让用户知道他们在网站中的位置以及如何返回。例如，通过 58 同城的官方网页（见图 6-8）上的面包屑导航，用户可以访问上级目录，也可以搜索本级目录。

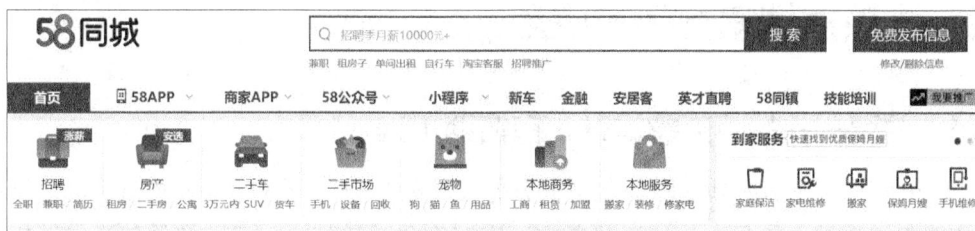

图 6-8　58 同城官网面包屑导航

（4）丰富网站内容

搜索引擎的蜘蛛机器人会根据网站中的具体内容来判断该网站的质量，因此丰富网站内容是搜索引擎优化的重要策略。网站内容应具有针对性，根据不同用户的需求提供高质量的内容和服务，降低用户的筛选成本。比如，滋源官网在导航栏（见图 6-9）中设置了不同的页面，分别针对不同的需求，对想购买的人提供购买渠道，为想了解产品、获取护发知识的人，提供相应页面，增加用户黏度，从而降低用户的筛选成本。

图 6-9 滋源官网导航栏

（5）提高点击率和链接受欢迎程度

有些搜索引擎会将搜索结果按照网页的点击率进行排序，即点击率越高的网页排名就越高。当用户从搜索结果中点击某网站时，搜索引擎将以一定的分数奖励该网站，如果该网站获得较高的点击率，则会获得更多分数，在搜索结果中取得更高的排名。

此外，链接的受欢迎程度被认为是搜索引擎优化的主要因素。如果网页中含有大量的外部链接，就会被搜索引擎视为重要的网页。需要注意的是，只有高质量网站的链接会为网站带来更多积分。链接的文本应该包含优化的关键词，这也有利于提高网站的排名。

6.3 大数据搜索营销的应用

6.3.1 兰蔻——品牌形象提升、销售两不误

兰蔻作为较早在国内试水网上营销业务的化妆品品牌，与百度联手实施营销，打造了全新的搜索结果展示效果，使得消费者在百度搜索"兰蔻"时，返回的是包含促销广告、商品图标和信息的兰蔻网上商城的品牌专区，而不再是单一乏味的文字链接。这一举措使得兰蔻的各大王牌产品和促销信息在搜索结果中一目了然，使消费者可以更直观形象地了

解产品的价格和特性，有效提高品牌关键词的转化率，吸引消费者主动点击进入网站，查看产品详情。且与以往的搜索不同的是，百度支持企业实时自主修改页面内容，更新产品最新的促销信息，促进企业与线上用户间的互动。图6-10所示为百度搜索下的兰蔻品牌专区。

欧莱雅副总裁兰某某表示，兰蔻本次与百度的合作，使得兰蔻的产品生动形象地展示在消费者面前，有效提升了品牌的形象，挖掘出了更多的潜在消费者，为兰蔻网上商城吸引了很多流量，销售量也提升了30%。

图 6-10　百度搜索下的兰蔻品牌专区

6.3.2　阿里巴巴——SEO 实战分析

阿里巴巴是中国最早进行搜索引擎优化（SEO）的电子商务网站。阿里巴巴相较于其他网站来说，不仅被收录的网页数量巨大，更重要的是，其网页质量也普遍比较高。这使得潜在用户更容易通过搜索引擎检索发现发布在阿里巴巴的商业信息，从而为企业带来更多的商业机会，阿里巴巴也因此获得了更大的网站访问量和更多的用户。

阿里巴巴之所以拥有较高的搜索引擎优化水平，是因为其看似微小的网站设计细节，包括层次清晰的网站结构、为每个网页设立独立的标题、设计有效的关键词、在每个网页的标题中加入关键词、将动态网页做静态化处理、丰富网页内容等。阿里巴巴官网如图6-11所示。这些基础工作相互叠加，使得阿里巴巴的网页无论是被搜索引擎收录的网页数量还是质量，都远高于其他同类网站。不可否认的是，阿里巴巴在每个网页、每个关键词，甚至每个 HTML 代码上都体现了其在搜索引擎优化方面的专业性，有效地通过大数据搜索营销带动了企业的发展，成就了一代电子商务巨头。由此可见，做好搜索引擎优化是提升大数据搜索营销效果的关键。

图 6-11　阿里巴巴官网

习　题

一、名词解释

搜索引擎　大数据搜索营销　个性化搜索　关键词广告　搜索引擎优化

二、简答题

1. 搜索引擎的工作流程有哪些？

2. 搜索引擎按其对信息的组织方式可以分为哪几类？

3. 大数据搜索营销具有哪些特点？

4. 大数据搜索营销的发展方向是什么？

5. 大数据搜索营销的基本流程是什么？

6. 大数据搜索营销有哪些基本模式？

7. 关键词广告的优点和缺点是什么？

8. 关键词广告具体有哪些营销策略？

9. 搜索引擎优化的基本策略有哪些？

三、开放性思考

1. 请思考大数据搜索营销的应用。

2. 结合搜索引擎营销的发展历程，畅想大数据搜索营销的发展趋势。

第 7 章
App 营销

引入案例——银行业的 App 营销布局

随着 2022 年年初以来有关推动金融业数字化转型的政策陆续下发，各大银行与保险机构纷纷大力推进数字化变革，其中较为突出的就是在智能移动终端上的 App 营销布局。相关资讯机构数据显示，2022 年第一季度各大银行 App 活跃用户总规模已达 6.51 亿，其中中国建设银行、中国工商银行与招商银行的 App 用户活跃度相对更高。

事实上，近年来银行 App 已经逐渐成为银行零售行业服务的主要载体，银行将用户经营和提升用户价值作为主要的线上发展战略，App 也成为银行重要的获客渠道。从用户端的 App 营销效果来看，银行 App 用户较高的活跃度一方面带动了财富管理业务板块的快速发展，另一方面也更有利于银行掌握在业务场景与生态构建方面的主导权。从交易规模方面分析 App 营销效果，银行业的离柜业务率在 90% 以上，银行 App 等线上渠道交易额持续上升，银行 App 的交易率也在快速提高。

用户的高活跃度和高忠诚度是银行业转化变现的基础，未来银行 App 或将成为银行获客及进行用户运营的主要阵地。银行要想取得持续性的发展，就需要时刻以用户为中心，优化经营管理。

7.1　App 营销概述

7.1.1　App 发展现状

App（Application）中文为"应用"，主要指智能手机中的应用程序，与计算机上的应用软件相似。手机上常见的 App 下载商店包括 App Store（iOS 系统）、Google Play、华为应用市场、酷安、应用宝（Android 系统）等。App 的出现便利了大众的生活，也让许多企业开启了移动信息化进程，企业能够通过 App 打通社会化营销渠道，提高品牌宣传效率。此外，全面的用户数据库以及灵活的数据使企业能够更加准确地对用户行为进行记录分析，从而为用户带来更好的体验感。

参考国家市场监督管理总局 2021 年发布的《互联网平台分类分级指南（征求意见稿）》，可以将 App 划分为生活服务类、社交娱乐类、网络销售类、计算应用类、信息资讯类以及金融服务类，这些类别中较为常见的 App 如表 7-1 所示。随着移动通信技术的代际跃迁、云端的崛起、智能移动设备的应用，App 将以多样化的形式来满足用户及企业的需求。

表 7-1　App 常见分类

生活服务类	社交娱乐类	网络销售类	计算应用类	信息资讯类	金融服务类
美团	微信	京东	钉钉	知乎	支付宝
携程	抖音	闲鱼	天眼查	ZAKER	云闪付
Keep	微博	淘宝	BOSS 直聘	今日头条	同花顺
美颜相机	腾讯视频	淘特	腾讯会议	澎湃新闻	东方财富
大众点评	QQ	拼多多	……	……	……
……	……	……			

7.1.2　App 营销概念

1. App 营销定义

App 营销是指企业为了推行体验及互动营销活动而为智能移动终端开发第三方应用程序的营销行为，这些营销活动旨在帮助企业宣传品牌价值，传递促销信息，提高与用户的沟通效率。因此，作为移动互联网发展新形势下十分活跃的因素，App 营销的存在价值包括品牌价值、渠道价值、宣传价值以及服务价值 4 个方面。

（1）品牌价值

App 可以与用户产生直接、紧密的联系，在最短的时间用最直接的方式将企业理念与产品信息传递给用户，从而帮助企业树立良好的品牌形象。

（2）渠道价值

App 营销模式整合了各类互联网先进技术及推广手段，有效拓宽了企业的营销渠道，是完善渠道建设的有效手段，也是企业整个营销体系建设的主要组成部分。

（3）宣传价值

App 营销方式具有多样性和独特性，用户在使用 App 的同时不可避免地会接触企业所传达的丰富多样的营销信息，因此，用户会了解到更多产品信息，从而实现进一步体验与消费。

（4）服务价值

除了产品销售外，企业能够提供的服务同样较大程度影响着用户满意度。App 中的互动服务、体验服务以及售后服务等功能均能为用户带来良好的品牌体验。

2．App 营销与传统营销

App 独特的营销模式使得它相比于传统营销更具优势，二者的具体差别如表 7-2 所示。

表 7-2　App 营销与传统营销

	App 营销	传统营销
传播方式	App 以各类智能移动终端为载体，通过上架应用商店及预装等方式供用户下载	电视广告、报纸广告、短信广告
内容形式	除传统形式，还包含用户实时互动、3D 效果和 AR 游戏等多种形式，可为用户提供全方位的体验，企业还可以随时根据数据反馈调整促销内容	仅包括文字、图片和视频等形式，用户较难对产品进行全面了解，也无法与企业展开互动
推广费用	按效果付费，营销效果可通过后台控制	通常为提前付费，且好的广告位需要较高费用
推广效果	用户通常会主动下载他们感兴趣的 App，因此更容易接受营销内容	营销信息往往由企业发布，用户被动接受，会使用户产生一定的逆反心理

7.1.3　App 营销模式

App 有多种类型，不同类型的 App 通常采取不同的营销模式，较为常见的营销模式包括免费模式、广告植入模式、网站移植模式、用户参与模式、内容营销模式以及互推模式。

1．免费模式

对于用户而言，免费是一种具有吸引力的营销模式，用户不需要花费额外费用即可使用 App 功能。对于企业而言，免费模式的盈利关键在于扩大用户基数，增加用户黏性。免费模式一方面可以使用户意识到付费功能的价值，另一方面也可以增加广告商向广告主要价的资本。

App 营销免费模式包括 4 种形式（见表 7-3）。一是在功能上采用免费策略，App 向用户免费开放部分基础功能，但用户若是想获得更丰富和优质的功能服务，就需要付费购买或付费成为会员。二是硬件免费策略，App 向用户提供免费硬件，而在软件使用上再向用户收费。三是产品使用免费策略，App 有时为用户提供免费产品，而向广告主收取费用。四是早期试用免费策略，App 早期试用免费，试用期满后则正常收费。

表 7-3　App 营销免费模式

免费部分	付费部分
功能限制版免费	功能完全版收费
硬件免费	软件收费
产品使用免费	向广告主收费
早期试用免费	试用期满后收费

2．广告植入模式

广告植入是指企业将产品推广内容植入 App 动态广告栏中，用户单击链接即可查看广告详情并参与相关活动。广告植入模式是 App 营销最基本的营销模式之一，该模式操作简单，应用范围广泛，广告主只需将广告投放到热门或与目标用户一致的 App 中就能获得较好的营销效果。广告植入模式包括内容植入、道具植入以及背景植入。内容植入是指将产品、品牌或活动的关键要素作为广告宣传内容，并融入 App 互动环节，可以保证较为良好的宣传效果；道具植入一般通过 App 与产品道具互动来实现，使用户形成独特的记忆点；背景植入通常是在 App 界面植入醒目的广告标语或横幅，是一种直白有效的宣传方式（见图 7-1）。

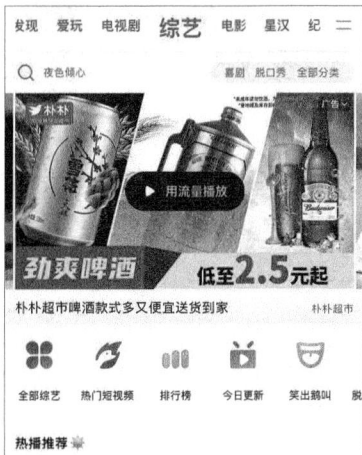

图 7-1　朴朴在腾讯视频 App 中的背景植入式广告

3．网站移植模式

网站移植是指企业将成熟的传统购物网站以及社交网站移植到移动终端，以移动终端为载体，用户可以便捷地浏览 App 页面获取商品信息，进行商品交易或者开展社交活动。相较于传统网站，App 能够提供更加快捷、实时以及丰富的服务，它能有效覆盖互联网上的活跃用户，将营销活动进行跨媒体整合。淘宝 App 就是较为经典的网站移植类 App。

4．用户参与模式

用户参与模式强调用户使用 App 的体验，将广告主的营销目的与用户需求相结合，通过富有创意的应用使用户在互动体验过程中了解产品，增加对产品的兴趣。提高用户体验感可以从以下两个方面入手：推出高价值功能与满足特殊群体需求。具有高价值功能的 App 可以为用户提供独特、实用，甚至超出预期的服务，从而使自己的 App 在同类产品中脱颖而出。此外，一些大众化的 App 无法满足所有用户的需求，若 App 能够为具有小众需求的群体提供服务，也可获得不容忽视的流量与较好的口碑。

5．内容营销模式

发布信息为 App 最重要的功能之一，内容营销正是通过发布与企业相关的图片、文字及动画等信息来实现用户互动的。App 作为新兴的传播媒介，对内容创作提出了更高的要求，企业必须懂得一定的内容策略以实现预期的营销效果。在题材上，App 可以选择热点性内容、持续性内容、实用性内容或促销性内容，以确保发布的内容有吸引力、有价值以及有个性。例如，支付宝每年的"年度账单"活动都会掀起一阵热潮，用户在社交平台上晒账单，讨论各自的花费，这使支付宝每年都能获得一次范围不小的曝光。

6．互推模式

互推模式是指两个或多个 App 之间相互用自身的优势为对方提供便利，进而实现交叉推广。这样的推广方式要求参与方的目标市场有一定相似性。例如，专门配送蔬菜的商家与专门配送海鲜的商家互推，他们都定位于食材配送服务但又在细分市场上存在差别，这样能最大限度地发挥交叉推广作用。

互推模式需要 App 之间能够实现数据互通,一方面有助于对用户进行分类管理,为企业更好地进行个性化推荐提供支持,另一方面有助于确保合作方提供的流量是对等的,避免产生不公平的互推。

7.2　App 营销的技巧

智能移动设备的普及使得 App 已经渗透广大用户的生活中,电商类、音乐类、小说类以及出行类等丰富多样的 App 满足了人们各方面的需求。要想借助 App 营销抢占市场,企业就需要通过一些技巧来迅速吸引用户。

7.2.1　把用户放在首位

企业要实现 App 营销效果最大化,就需要了解用户心理,抓住用户痛点,这样才能更好地为用户提供价值。通常情况下,企业可以从以下一些途径去主动获取用户需求信息。

1. 通过搜索引擎获取信息

当用户对产品存在疑惑或有需要了解的信息时,他们会通过百度及 360 等搜索引擎进行自主搜索,这就会在搜索引擎中留下用户记录。例如,在百度搜索框中搜索"轻薄本",会弹出"轻薄本便利性""轻薄本带得动 ×× 游戏吗?"等常见搜索问题,这便是获取用户痛点的一种方式。

2. 从用户角度思索痛点

企业要将自己当作用户,对产品进行体验并找出对产品不太满意的地方,这种方法可以直接快速地找出一些用户痛点。例如,2012 年星巴克推出了 "early bird" App,成为当年影响力最大的创意 App 之一,这款 App 针对"起床困难"人群,设置了别具匠心的起床奖励,只要用户在设定的起床时间点击 App 中的起床按钮,就可以得到一颗星星作为奖励。凭借该星星,用户可以在 1 小时内走进任意一家星巴克,并以折扣价买到一杯香浓的咖啡,开启活力满满的一天。

3. 在市场中寻找用户痛点

企业需要一定的敏锐度,能够在市场中发现市场空白或薄弱部分。例如,宝洁公司发现许多出差人士对于携带 200 毫升的洗发水感到不便,同时对酒店提供的洗发水质量也感到不满意,因此,其推出了针对出差人士的 5 毫升袋装飘柔洗发水,获得了绝佳的市场反响。

4. 让粉丝参与

企业可以打造粉丝社群,邀请粉丝参与设计、制造、研发及测试等环节,粉丝可以在整个过程中随时提出看法与建议,从而使企业能够在产品量产前就获得市场反馈并进行改进。例如,小米的粉丝群体可以通过小米论坛和相关社交媒体平台,在社群中发表自己的深度体验报告和改进、创新建议，设计师也可以通过问卷和投票等形式主动向用户征询关于重要功能设计的意见。

7.2.2 品牌与 App 联合营销

品牌与 App 联合营销应注意以下内容。

1. 注重品牌的核心价值

品牌是指能够让用户在各类竞争产品中快速识别出企业产品或服务的名称、颜色及口号等元素的组合。对用户而言，品牌不仅是一种符号，更是产品优劣的象征与企业价值主张的传递。品牌意味着产品质量、效果、服务及安全系数等，是消费者购买产品的理由之一。企业可以通过以下 4 种方式来塑造品牌形象。

（1）强调 App 的使用价值

将 App 的使用价值作为品牌核心价值往往能够产生很强的感召力，使 App 能够快速找到目标用户并吸引其尝试使用 App。例如，抖音鼓励那些希望分享生活片段的人群在抖音 App 上发布简单的短视频，也鼓励那些没有时间体验各种生活的人群使用抖音 App 观看别人的生活，丰富精神世界。

（2）强调情感诉求

在 App 营销活动中强调用户情感诉求，可以引起用户与品牌之间的情感共鸣，从而增加用户对品牌的认可度与忠诚度。

（3）强调 App 核心优势

每个品牌都要有自己的核心竞争力才能避免被市场淘汰，企业可以从 App 功能以及运营等方面寻求竞争优势，并将其塑造为品牌价值。例如，知乎 App 具有一定的注册门槛，在一定程度上保证了用户质量，有助于知乎塑造自身专业性较强的优质话题，讨论平台的品牌形象。

（4）强调 App 的文化价值

强调 App 的文化价值，从 IP 文化、地域文化等方面着手，为企业带来更高的品牌附加价值。例如，上海迪士尼度假区 App 承载了购票、查看演出时间、预约以及了解主题活动与最新信息的功能，迪士尼粉丝可以在 App 中获取自己需要的信息。

2. 通过品牌效应吸引用户

App 给用户提供了更多的动机和渠道去了解品牌，这意味着将品牌融入 App 可以更高效地完成品牌价值传播。具体来说，企业可以从以下几个方面进行宣传。

（1）设计精致的 App Logo

App Logo 在一定程度上象征着企业的品牌形象，可以让用户在第一时间接收到企业的核心价值主张。例如，微博 App 的 Logo 以眼睛和传递信号的弧线为核心元素，直白地表达出微博具有的信息传递与交流功能。

（2）线上线下统一的设计

App 的设计是传达品牌氛围的一个重要途径。例如，通常奢侈品行业在线上线下的相关设计都以简洁大气为基础，而一些面向下沉市场的企业则更偏向于热闹、接地气的设计。

（3）线上线下同步的活动进程

线上活动与线下活动节奏应保持一致，相互补充，形成联动，从而积极向用户传递品牌价值。例如，可口可乐策划了一场电视广告与手机 App 互动的营销活动，在指定的可口可乐电视广告出现时，用户打开 App 并挥动手机抓取一定数量的瓶盖，就能够参与奖品丰厚的抽奖活动。

7.2.3　用情怀吸引用户

从心理学角度来说，情怀类用户的特点是低认知需求和低消费决策参与，这类用户更多依赖情感做出购物决策。针对此类用户，企业可以通过更优质的方式来展示产品。

1. 洞察用户情感需求

在 App 中为产品赋予不同的情感背景也是使产品在市场中脱颖而出的方式，企业不应将产品差异化局限在产品本身及服务上。譬如，在各大短视频或直播 App 兴起的背后，是人们在生活压力中寻求解脱与释放的情感需求。洞察用户的情感需求，最好的方式就是讲故事，因为故事最能打动人心，也最能引起用户的情感共鸣。

2. 讲好故事

在洞察用户的情感需求后，企业即可在推广中通过讲故事强调 App 所包含的情怀价值。情怀营销在游戏类 App 中较为常见，无论是游戏迭代中早期版本的一批忠实粉丝，还是在游戏开发中附加的 IP 价值，都能为企业带来一定的流量。但企业需要注意叙述方式，避免让用户感觉使用体验过于平淡，产生失望情绪。

7.3　App 营销的大数据应用

企业会关心产品运营相关的情况，包括谁在使用产品、用户是否喜欢某一类产品、购买用户具有哪些特征。因此，企业有必要明确 App 营销的关键数据指标，并对基础数据分析框架进行开发与完善。这不仅有助于企业了解产品运营的基本情况，还有助于企业进一步挖掘用户潜在需求。

7.3.1　App 营销关键数据指标及分析

1. 用户的规模与质量

用户的规模与质量是 App 营销数据分析框架的重要维度，企业需要重点关注这一维度下的指标。用户的运营状况能够直接反映 App 和营销活动是否被市场接受与认可。

（1）用户活跃指标

活跃用户是指在某一指定周期内使用过 App 核心功能的用户，用户活跃指标能够较大程度地反映出 App 的用户规模。根据不同的统计周期，用户活跃指标可以分为日活跃数（Daily Active User，DAU）、周活跃数（Weekly Active User，WAU）以及月活跃数（Monthly Active User，MAU）。企业通常会根据 App 不同的使用频率选择不同的统计周期，如音乐类和社交类等使用较为频繁的 App 更关注日活跃数，而旅游类等低频使用的 App 则关注更长时间的活跃用户数。

（2）用户新增指标

新增用户指首次使用某一 App 的用户数量。用户新增指标与用户活跃指标一样，根据不同的统计周期有不同的统计指标。新增用户数量可以很好地衡量某次营销推广活动的实际效果，但当 App 内新增用户占比过大时，企业还需要关注这些新增用户的留存情况。

（3）用户构成指标

企业可以通过活跃用户分布情况来了解用户健康度，如周活跃用户可以被分为以下 4 类。

① 本周回流用户：上周未使用过某一 App，在本周再次开始使用该 App 的用户。

② 连续活跃用户：连续活跃 1 周以上的用户。

③ 忠诚用户：连续活跃 4 周以上的用户。

④ 近期流失用户：连续 1 ~ 4 周未使用过 App 的用户。

（4）用户留存指标

用户留存指标即用户留存率，是指经过一段指定的时间后，新用户中仍在使用 App 的用户所占比重，通常关注用户次日、7 日、14 日以及 30 日的留存率。用户留存率能够反映 App 对用户的吸引力，当这一指标发生明显变动，除了 App 本身出现程序漏洞问题以及热度减退的可能，企业还需要关注市场上是否出现了竞争产品，推广渠道质量是否发生了变化。

（5）TAD 指标

每个用户的总活跃天数（Total Active Days per User，TAD）是指一定统计周期内，用户在 App 中活跃的平均总天数。该指标是用户质量的体现，TAD 指标的良好表现意味着 App 与市场的契合度以及用户对 App 的忠诚度较高。

2. 用户参与度

用户参与度表现在 App 启动次数、使用时长、页面访问量以及使用时间间隔等方面。

（1）启动次数

企业既要关注用户启动次数变化的总趋势，还需要关注人均启动次数。人均启动次数可以与使用时长结合在一起分析，以确保 App 在市场中的竞争力保持在一定水平。

（2）使用时长

使用时长包括人均使用时长以及单次使用时长，该指标能够衡量用户活跃度以及 App 质量。当该指标发生较大变化时，企业需要及时察看 App 是否出现重大问题或市场中是否出现新的竞争对手。

（3）页面访问量

企业需要对不同页面访问量的分布情况以及不同统计周期页面访问情况进行分析，同一页面被多次访问，页面访问量也相应累积。一个页面的访问量越高，说明网页内容的可读性越强，对用户的吸引力越大。通过这类指标，企业可以更好地挖掘出符合用户需求的内容以及易于产生良好用户体验的时间点。

（4）使用时间间隔

用户对 App 的使用时间间隔分布情况可以帮助企业发现用户体验问题。例如，观察一个月内用户的 App 使用时间间隔（如 1 天内、1 天、2 天等）情况，同时，企业还可以观察不同统计周期的使用时间间隔分布的差异。

3. 渠道效率分析

渠道效率是指各渠道在相同投入下产生的用户数量及质量。渠道效率分析包括分析每个渠道的各类用户规模、质量指标，如新增用户数量、用户活跃度以及用户留存率等。App 的推广渠道主要包括 Android 系统与 iOS 系统两种。

在 Android 系统中，App 推广方式较为多样，包括第三方应用市场（小米、华为、OPPO 的应用商店）、网页联盟（友盟、网盟）、厂商预装（华为、VIVO）、刷机软件（刷机精灵）与社群推广等方式。根据不同的推广方式可以从不同的数据维度进行渠道效率分析，以用户基础较大的第三方应用市场为例，这一渠道的效率分析需更多注重常规的用户活跃数据与用户留存数据，而类似网页联盟的渠道，则需要通过"积分墙"来分析，即对用户完成积分任务的量级进行分析。

iOS 系统的渠道则主要是 App Store，这个渠道提供了企业需要的常规数据，但企业还需要进一步对新用户来源进行归因，即新用户是从什么渠道跳转而来的。iOS 渠道效率具体的分析方法与 Android 渠道第三方应用市场的分析方法类似，主要分析用户规模、质量指标和参与度指标等，这类指标表现越好，说明该渠道的获客效率越高。

4. App 功能效率分析

App 功能效率分析包括功能模块活跃分析、用户访问路径分析以及页面转化率分析。

（1）功能模块活跃分析

功能模块活跃分析需分析某一模块用户的活跃及留存情况，涉及新增用户数、活跃用户数、用户构成与留存等指标。该类指标与用户质量、规模指标类似，但侧重于 App 某一功能模块。

（2）用户访问路径分析

用户访问路径分析是对用户从打开 App 到退出过程中的每一次页面访问及跳转进行分析。根据分析结果完成相关优化可以引导用户顺利地在 App 内完成不同界面的活动任务，从而达成促进用户转化的目标。

（3）页面转化率分析

页面转化率是指进入下一页面人数与当前页面人数的比值，它可以反映出 App 流程设计以及用户体验情况。譬如，用户进入 App 商品页面，浏览商品，将商品加入购物车，完成下单，在这一系列过程中都存在用户流失的可能。对页面转化率进行监控，有助于企业准确地对 App 进行优化和改进。

5. 用户属性分析

用户属性分析维度包括用户所处地域、使用的设备以及用户画像等。其中，地域主要从国家、省份等方面进行分析，设备主要从机型、系统、分辨率等维度分析。用户画像分析包括人口统计学特征方面（年龄、性别、收入）、个人爱好方面（游戏、唱歌、画画）、商业兴趣方面（房产、汽车、金融）等。企业需要进行相关的用户画像数据采集才能进行较为详细的用户画像分析。

6. 营销收入分析

营销收入是企业最关注的指标，也是企业开展营销活动的最终目的，与营销收入相关的指标包括总收入、付费用户数、付费率以及每个用户创造的平均营销收入。前两者反映了用户付费的规模，后两者则反映了用户付费的广度与深度，能够体现用户付费的实际质量。企业通常主要关注在转化过程中最后环节的订单量与订单金额。

7.3.2 App 营销活动中的大数据应用

1. 活动上线期间

在 App 活动上线期间，需要时刻监控活动运营效果，通过活动独立访客（Unique Visitor，UV）、页面浏览量（Page View，PV）、不同渠道入口的流量、活动中奖率以及各时段用户的活跃度 / 增长量 / 参与度等数据反馈来及时调整活动策略，以确保营销效果最大化。

UV 可以反映出有多少客户端正在真实访问 App，这一数据接近于真正访问 App 的用户数量，PV 则给企业提供了判断哪些页面受欢迎的依据。不同渠道入口的流量是指通过各个渠道进入 App 的用户数量，通过这一数据可以对用户的有关属性进行分析，从而制定更加清楚的 App 运营策略。用户的活跃度 / 增长量 / 参与度则十分直观地体现了营销活动当前热度与营销效果，当这些指标表现不佳时，企业需要及时检查营销活动是否在某一环节出现了问题。

2. 活动下线复盘

活动结束后进行活动复盘是重中之重，通过活动数据复盘，发现问题，总结出规律与经验，避免在下次 App 营销活动中出现类似的错误。活动数据复盘情况还需要与活动前设定的目标进行对比，才能体现出营销活动的实际效果究竟如何。活动数据复盘通常关注以下指标。

（1）活动的 UV、PV

UV 和 PV 反映了打开活动页面的次数及人数，是判断活动效果的基本指标，企业需要了解本次活动总的参与用户是多少，活动页面的打开率是多少，App 内各大投放位置的打开率是多少等。除了复盘 UV 与 PV 的数值大小，还需要观察 PV 对比 UV 的倍数，倍数大，企业就要考虑互动机制、活动玩法的可理解性是否过低以及页面是否存在 Bug。

（2）用户参与度较高的时段

对比各个时间段的 UV、PV，观察哪一时间段用户参与度比较高、用户表现活跃，再与 App 日常用户活跃时间段进行对比，观察是否存在出入。观察分析用户较为活跃的时段，可以为企业积累此类活动 / 产品最佳推广时段的经验，为后续活动推广提供优化思路。

（3）参与活动的新老用户对比

企业可以通过各类投放渠道监控新老用户的性别、地域、设备终端以及偏好等情况。企业或许能提前从新、老用户的喜好变化中发现市场风向的变化，这对于之后的用户运营具有非常大的价值。

（4）活动转化

活动转化是企业判断活动效果的重要指标之一。不同行业对转化的关注点不同。例如，电商 App 主要关注销售转化，即有多少用户在参与活动后进行了产品购买行为，人均下单量及客单价如何；此外，电商 App 还需关注注册转化，即本次活动给 App 带来了多少新增用户。

（5）活动渠道投放转化

如果企业在 App 内进行活动推广，可以采用启动页广告、消息推送以及横幅广告等方式，活动结束后，企业应该针对各个活动推广方式计算出相应的打开率与转化率等；若是企业在 App 外做活动推广，目的是拉新，那么就需要计算出每个投放渠道的 UV、PV、注册转化率以及获得单个新用户的成本等数据。

（6）活动最终预算

企业需要关注本次活动投入了多少资金，包括以优惠券或奖品形式投入的资金，并结合活动带来的新用户数量与获得单个新用户的成本数据进行分析，从而判断营销活动是否取得了预期的效果。

（7）关注活动分享次数

活动分享次数可以直接表现出营销效果的好坏，一次成功的 App 营销会让用户自发地推荐分享，从而带来流量，该数据的良好表现就意味着本次营销活动的形式是符合用户偏好的。

7.4 App 营销应用

7.4.1 得到 App 的大数据引流营销

得到 App 是罗辑思维团队于 2016 年推出的知识服务类 App，主张"知识就在得到"的价值观念，在知识服务类 App 中，得到凭借出色的引流模式成为头部企业。得到聚焦于一流的知识服务资源，采用 PCG(专业生产内容) 运营模式，引进了专家学者、头部自媒体"大 V"

等在各自专业领域开设付费专栏，鼓励用户利用碎片化时间进行知识学习。得到 App 采用大数据方法对用户进行精准画像，这一方法既省时、高效，又能够为用户提供更合适的服务安排。

通过用户的相关数据，得到 App 精准绘制出用户画像，根据用户的学习习惯和偏好来为用户制订学习计划。这一大数据引流方式在各类新媒体平台的营销中较为普遍，但它也容易产生信息茧房效应。第一，用户在 App 内进行账号注册及基本信息填写时，会被要求做一些个人兴趣偏好类的选择。这一基于用户基本信息的协同过滤算法主要考虑用户间的相似度，可以使平台了解相似用户偏好的内容，并将有关内容推荐给其他相似用户。第二，用户选择购买某一课程后，系统会自动对该购买课程进行归类，从而描绘出用户的兴趣图谱，在之后为用户推荐其可能感兴趣的相似内容。得到 App 的首页会出现根据用户学习兴趣定制的推荐专区，推荐专区没有尽头，只要用户持续滑动，就能看到源源不断的推荐课程。该方式一方面提高了课程产品的触达率，另一方面也有利于企业形象的塑造。得到 App 强调产品的服务性，希望使用算法推荐技术帮助用户节省找寻、整理时间。得到 App 将用户从一门课程引导到另一门相似的课程上，可以大幅度提高用户的学习效率，增强用户对平台的依赖性。

7.4.2 喜马拉雅 App 的推广

1. 行业选择与用户分析

喜马拉雅创始人从用户的角度对音频产品进行体验，下载了所有的音频类 App，在这些 App 中挑选出受到大众认可的产品，并对其内容进行分析以找到能够被用户认可的核心要点。创始人研发出最初版本的喜马拉雅 App 后，主动让同事与朋友去体验感受，得到了小范围的用户反馈。在这一阶段创始人并未急着推广产品，而是着眼于产品和服务本身，思考什么样的产品才能够最大限度地满足用户需求、受到用户的认可。

另外，喜马拉雅 App 的主要使用场景为通勤场景与休息场景。通勤场景包括用户上下班的路上等，休息场景包括用户睡前放松时刻、做家务时间以及化妆时间。喜马拉雅 App 用户的产品使用特点表现在用户具有较长的收听时长。对比一般视频网站的用户每日平均在线时长 30 ~ 40 分钟，喜马拉雅 App 的数据显示用户每日平均收听时长达到 170 分钟。因此，喜马拉雅创始人将自己的产品定位为音频生态平台的构建者。

2. 喜马拉雅 App 用户增长策略

（1）喜马拉雅 App 根据核心指标优化产品

① 留存率。喜马拉雅 App 使用第三方工具（如 Talking Date）来统计分析账户注册数、用户活跃数、用户留存率、用户转化率以及获客成本等指标，从而对企业决策提供数据指导。具体数据可以包括次日留存、七日留存以及月留存等。不同类型的产品留存率不同，通常 App 中较好的产品次日留存率为 40%，表现一般的产品次日留存率为 20%。

②　自传播转发率。喜马拉雅 App 主张让用户成为产品的推广员，主动对产品进行传播，从而降低获客成本。喜马拉雅 App 中活动的巧妙设计能够在某一方面满足用户的心理需求，如自我满足心理、炫耀心理等，以此降低用户的反感程度，并进一步引导用户分享和传播相关活动和产品。巧妙的活动设计可以让用户不反感，引导用户分享传播，好玩有趣的产品更容易让用户产生满足感，从而完成自传播的过程。

③　优化可能流失用户的环节。在喜马拉雅 App 获得用户的过程中，涉及用户下载、注册、登录、活跃全过程。在这一过程中的每个核心环节都可能存在用户流失，喜马拉雅 App 对每个环节每个因素导致的用户流失进行分析，注重注册登录环节的版面优化等体验优化，以提高用户点击率。

④　闪退率。喜马拉雅 App 同时也在降低闪退率方面做出努力，通过找到闪退发生的影响因素，来优化平台的客户端体验。

（2）喜马拉雅 App 在推广渠道的选择上多元并举

①　苹果商店。企业选择苹果商店渠道，需要做好搜索引擎优化，在用户与 App 之间建立起一座桥梁，了解苹果商店搜索结果展示排序机制，做好相关因素的优化，提高 App 在结果页面的排名、点击率以及下载率。

②　安卓商店。安卓商店渠道主要依赖于企业的资金投入和与平台之间的沟通。资金投入主要用于付费推广，与平台沟通则为与安卓商店沟通了解相关规则。安卓商店分类里的套餐是付费的，企业需要与安卓商店沟通来提高推广效率。安卓商店付费广告模式主要包括按下载收费（Cost per Download，CPD）模式和按时段收费（Cost per Time，CPT）模式，新 App 通常采用 CPD 模式来控制成本，单次成本在 1.2 ～ 2.0 元。而 CPT 模式，以百度手机助手应用商店为例，喜马拉雅 App 在"流行推荐"中排名第九，软件在影音播放分类中作为电台类产品排名第一，根据百度手机助手广告刊例报价，仅这两项推广项目喜马拉雅 App 一天就需要分别花费 22 500 元和 3 000 元。

③　网站联盟。网站联盟类渠道虽然成本相对较低，但该类渠道带来的用户质量较差且留存率和转化率也不高，选择这类渠道需要慎重。喜马拉雅高级商业分析师曾在喜马拉雅渠道评估体系分享中谈到各类渠道媒体鱼龙混杂的现象：在需求方平台（Demand-Side Platform，DSP）渠道账户质量审核中发现某一账户的各项指标连续 3 个月都在目标值附近浮动，深入探查后发现广告商在控制整体数据表现的同时以一定比例掺入虚假流量，且在时间维度上在不同的渠道包中轮流变化，这增大了广告主发现虚假流量的难度。因此，企业要主动、定期地去检查每个渠道的流量质量，避免广告商采用作弊手段来完成要求。

④　刷机与预装。刷机渠道带来的用户质量介于应用商店和网站联盟之间，用户来源比较复杂，行为分散；而预装渠道对 App 要求比较高，企业需要仔细考虑。相较于刷机渠道，喜马拉雅 App 更偏向于较为稳定的预装渠道。2021 年年末，喜马拉雅 App 作为 AITO 品牌新车在其新品发布会上亮相，并展示出了智能推荐、账号联通、内容同步等丰富实用的功能。

（3）喜马拉雅 App 设立了一套核心数据指标，避免推广中的陷阱

在用户了解 App、下载 App、打开 App、注册账号的过程中，每个环节都可能存在用户流失。而对于广告商而言，每个环节都有作弊的可能，因为只要数据表现良好就能获得广告主的报酬。因此，企业需要设定自己独特的核心数据指标，核心数据指标要与产品密切相关。喜马拉雅 App 最核心的业务就是音频，其核心指标为用户收听时长，包括用户每天听多久、听多少次。广告商可以通过一般性指标作弊，但很难在企业的特定指标上作弊。因此，定位一个核心用户行为并围绕它做一个监控系统来指导推广投放是一个不错的方法，在各类渠道进行少量投放测试，关注核心指标表现，从而减少被欺骗的可能。

习 题

一、名词解释

App 营销　广告植入模式　TAD　用户活跃指标　渠道效率　用户访问路径分析

二、简答题

1. App 营销主要包括哪些方面的价值？

2. 请简要论述 App 营销与传统营销的区别。

3. 请简要论述常见的 App 营销模式。

4. 做好 App 营销需要注意哪些技巧？

5. 企业可以从哪些方面获得用户需求信息？

6. 请简要论述 App 营销数据分析中可以反映用户规模、质量的数据指标。

7. App 功能效率分析包括哪些方面？

8. 在 App 营销活动上线期间，需要注意哪些数据的监控与分析？

9. App 营销活动的线下复盘关注哪些指标的分析？

10. 请简述 App 营销活动中渠道投放转化的复盘方式。

11. 企业应如何避免第三方推广企业的指标陷阱？

三、开放性思考

1. 所有的品牌都适合 App 营销吗？为什么？

2. 为什么情怀类 App 频频"翻车"？用情怀吸引用户，有哪些优势与劣势？

第8章
微信营销

2017 年 6 月 11 日，洋河在微信朋友圈发布了首个白酒广告：洋河微分子"微"你而生，代表着白酒时尚健康的洋河微分子产品进入朋友圈。其经典广告语"喝过的都说好，没喝过的都在找"在亿万目标用户的视野中惊艳亮相，朋友圈里瞬间掀起了"刷屏"潮。继宝马中国、vivo 和可口可乐首批朋友圈广告上线后，洋河微分子成为上线朋友圈广告的第一个酒类品牌。

在酒类行业中，洋河总是勇敢做第一个吃螃蟹的企业。从开启中国酒业第一家掌上购酒平台正式入驻微信，到创建行业最大的微信粉丝社群向新媒体迈出重要一步，再到成为上线微信朋友圈广告的第一家酒企，洋河不断深化微信营销，扩大企业影响力。

早在羊年春节之际，洋河在央视春节联欢晚会上向广大群众赠送了价值数千万元的红包。然后，洋河借助微信及微博平台，不断推进线上的粉丝经营战略。在 2015 年中国企业"双微"排行榜中，洋河的"双微"（微信号"梦之蓝社区"和微博号"洋河股份"）在全国排名居于前列。图 8-1 所示为"洋河精选"小程序。洋河的微信服务号"洋河 1 号"是中国酒业中粉丝规模较大的微信服务号。消费者可通过微信小程序"洋河精选"下单，而后洋河将订单交给距离最近的"洋河 1 号快递哥"进行上门配送，30 分钟内可完成配送任务。

除此之外，洋河还依托微信进行互动营销。洋河蓝色经典曾冠名某歌星演唱会，活动前洋河在"洋河 1 号""梦之蓝社区""洋河股份"等平台账号的粉丝群体中开展赠票活动，吸引了众多粉丝参与互动。

通过微信营销，洋河拉近了与用户的距离，提供了极致的产品和服务，为品牌传播开辟了智能化道路。

图 8-1 "洋河精选"小程序

8.1 微信营销概述

8.1.1 内涵

微信 App，其功能包括聊天、添加好友、移动支付、朋友圈、公众平台、小程序等。具体而言，在聊天方面，微信是一款可以发送文字、语音、视频、图片和表情的聊天工具，通过扫描二维码、好友邀请或面对面建群可进行多人群聊（最高 500 人）；添加好友方面，可以通过搜索微信号、搜索手机号、搜索 QQ、查看手机通信录、分享微信号、摇一摇、扫描二维码等方式实现；微信支付是一种银行卡与微信客户端相结合的支付方式，用户可以将微信与银行卡绑定，并通过扫描二维码或者出示支付二维码来实现快速支付，支持微信公众平台支付、第三方应用商城支付、二维码扫描支付、刷卡支付等应用场景。

企业可以基于微信的上述应用和功能通过分析微信平台用户的行为数据，有针对性地开展线上营销，吸引潜在用户关注企业活动，提高现有用户的黏性；同时，企业可以摆脱距离的限制，为用户提供需要的信息，推广自身产品，实现点对点的营销。因此，可以认为微信营销是企业或个人基于微信移动平台的朋友圈与公众平台等功能吸引潜在用户，与用户建立联系，收集用户信息，并通过开展促销活动等手段进行宣传、推广与销售的营销方式。

8.1.2 商业价值

1. 传播符号多样化，立体展示企业信息与形象

微信作为应用广泛的社交 App，具有多样化的语音、文字、图片、视频和表情等信息传播符号。企业可利用微信的基本会话功能，通过信息传播符号与目标用户交流，这有助于全方位展示企业形象，传播品牌信息，对于企业品牌营销具有重要价值。

微信营销是整合营销和口碑营销的体现。在微信营销中，企业通过公众号的用户数据明确潜在用户群体，而后有选择性地在公众平台发布信息，这些信息通常是用户想要了解或者企业想向用户展示的，这体现了整合营销的特点。同时，微信作为一款效率极高的社交软件，在为使用者提供沟通空间的同时，也提供了一个可以对商品进行评估的空间，用户在决定是否购买产品时会参考微信好友的评价。

2. 精准定位目标人群，实现精准营销

借助移动通信、社交网络、定位等技术，微信可以让企业实现精准的点对点营销。从企业角度而言，公众平台推送的信息受众为已关注公众号的用户和潜在的用户。在微信公众平台中，用户根据自己的兴趣关注公众号，企业通过公众号，不仅能将有关的商品、活动等资讯推送给用户，也能搜集用户的基本属性数据、地理位置数据、社交网络数据以及消费行为数据，建立自身的用户数据库。基于大数据算法，通过用户分组及地域控制，企业可向不同类别的用户发送具有差异化的、有针对性的信息，实现目标人群的精准触达。此外，在朋友圈信息流广告中，企业可根据数据统计分析，将广告投放到频繁与其进行交互的用户的朋友圈中。当用户对出现在其朋友圈中的广告进行了点赞或评论操作，基于用户的协同过滤算法将广告扩散至其好友的朋友圈中。企业借助微信后台掌握的标签化用户数据，使目标用户的触达更加精准。

3. 点对点深度沟通，有效促进用户关系管理

微信营销是面对面（Face to Face，F2F）的一种营销方式。F2F 营销的特点正是有效维持与目标用户之间的沟通关系。微信是个人与企业之间对话的桥梁，也是一个良好的用户关系管理平台，这种双向沟通使得用户感受到企业的服务态度，有助于提升品牌忠诚度。企业和用户可以通过微信进行即时的交流，使企业能够更好地掌握用户的需要，从而有针对性地解决问题。微信基于用户之间点对点的沟通方式，在用户间建立了有效的深度沟通机制，便于企业更便捷地了解用户的个人特征。通过对微信后台的用户资料和特征加以分析，企业可以制定有针对性、个性化的用户管理机制。聊天、答疑解惑等互动形式加强了企业和用户的交流，把普通的关系发展为强有力的关系，为企业的微信营销奠定了良好的用户关系基础，有助于企业创造更高的经济价值和社会价值。

4. 信息传播迅速，提高企业推送信息的时效性

微信所传达的信息是即时的，用户可以随时与他人进行沟通。只要用户在线，就可以迅速地接收和反馈信息。此外，微信还支持 QQ 邮件收发功能，让信息传递更快、更及时。比如以基于位置的服务（Location Based Services，LBS）为基础的微信社交圈，可以让不同的用户同时在相同的地理区域内进行搜索，用户可以通过微信"摇一摇"功能搜索到 1 000米范围内的其他用户，同时将自己的地理位置信息传递给对方，双方可以打招呼聊天，从而迅速形成一个社交网络。借助这个特性，企业可以在展览馆、社区、商圈、学校等人群聚集点进行各类促销，通过微信"附近的人"功能，即时推送促销信息。

8.2　微信营销的基本模式

8.2.1　微信朋友圈营销

1. 微信朋友圈营销的特点及技巧

微信朋友圈是基于好友关系的平台，企业在微信朋友圈中投放用户可能感兴趣的广告可以增加企业与用户之间的亲密度。随着微信的普遍应用，企业可以利用微信朋友圈进行软文营销、与用户互动以及塑造品牌等，达到增加企业流量和提升品牌关注度的效果。

微信朋友圈具有圈子特性和朋友特性两个特点。正所谓"物以类聚，人以群分"，同一微信朋友圈中的群体通常具有共同的兴趣爱好或相似的经历。在微信朋友圈中进行营销，往往能获得不错的营销效果。企业微信 3.0 版本开通了微信朋友圈功能，企业微信朋友圈实质上就是用户圈，可以帮助企业宣传品牌、产品以及进行活动推广引流。就企业微信朋友圈而言，

关注企业的人一般对企业具有一定的了解，因此对企业在微信朋友圈中发布的信息的信任度更高。微信朋友圈营销的核心为"深化与好友之间的关系"，深化与好友之间的关系有助于企业创造持久收益和长远发展。企业可以通过以下技巧深化与好友之间的关系。

（1）微信互推

企业可以通过微信朋友圈进行品牌互推。企业可先以图文并茂的形式介绍和描述品牌形象，然后将内容发送给企业好友，企业好友转发消息至其朋友圈，传播内容基于圈子特性被多次转发从而提高企业的曝光率。

（2）微信朋友圈推文分享

企业可以根据产品的特征，寻找相匹配的推文进行分享。在分享推文时，企业可以在推文的结尾处添加企业产品的简短介绍，还可以附上企业的服务号或订阅号。除了介绍企业产品的内容，企业可在微信朋友圈中发布一些以文字或图片形式展示的企业日常，有助于品牌形象的人性化，提升企业的关注度。

（3）线上线下互动

若企业具有线下实体店，那么可以将微信二维码打印出来放置在店里醒目的位置。消费者到实体店购物时，可引导消费者添加企业的服务号或订阅号。企业可通过促销活动吸引消费者扫描二维码，如扫描二维码即可获得精美小礼品、扫描二维码后购买商品即可打折等。除此之外，企业可以定期在微信朋友圈中发送一些线下活动信息以吸引消费者主动点击并参与线下活动。

（4）品牌塑造

企业在微信朋友圈开展营销时，应把企业的产品信息描述清楚，在分享信息时，需传达价值观正确的观点。企业应在微信朋友圈中发布积极的、正能量的内容，积极关注时事，响应政策号召，这样有利于塑造良好的企业品牌形象。作为北京2022年冬奥会及冬残奥会官方合作伙伴的安踏在微信推出"冬奥有我，共绘未来"的活动，向青少年传播奥林匹克精神和文化。

（5）引流及互动

若企业的微博粉丝较多，可以引导这些粉丝添加企业的微信公众号，实现微博和微信之间的联动，达到增加企业微信朋友圈曝光度的效果。企业可在微信朋友圈与用户进行互动，为其微信朋友圈消息点赞，或者对内容进行评论。企业通过互动，可以让用户感觉到企业在关注他，增进企业与用户之间的关系。

2．微信朋友圈常用的营销方式

（1）利用用户的社交关系链，实现裂变增长

利用微信朋友圈的点赞功能，企业通过要求用户将海报或链接分享到微信朋友圈，获取指定的点赞数量，来为用户发放礼品或者电子优惠券等福利，企业也因此获得曝光。企业可通过用户的社交关系链实现裂变增长，微信朋友圈营销是增加新用户的有效模式。

（2）挖掘用户特征数据，精准投放信息流广告

微信信息流广告穿插在用户的微信朋友圈内容当中，和微信朋友圈其他内容一样，用户可以对其进行点赞及评论，从而达到广告效果。微信信息流广告基于海量数据，抓取微信用户的社交关系、兴趣图谱、信息定位和浏览页面等，生成个性化标签，从而实现对不同标签用户的精准投放、海量触达。在引入信息流广告之前，企业应利用广告引擎对用户进行深度挖掘，筛选出优质的种子用户——根据"高活跃度""频繁参与广告交互"两个维度筛选出符合条件的用户，并以第一批被曝光的对象为起点，从点到面进行扩展。企业可针对年龄、性别、商业标签等定向投放信息流广告，其中商业标签包括教育、金融、汽车、医疗健康、美容、体育运动等标签。企业可以根据用户的点击行为来获取用户的兴趣和喜好，利用微信基于内容的协同过滤算法向用户推荐与他们喜爱的内容相似的产品。

（3）依托熟人网络，打造微商模式

微商是一种以微信为基础的网络营销方式，也是一种以朋友为基础的网络营销方式。根据销售渠道的不同，微商有两种类型，一种是 B2C 模式，即在微信公众号上开设一个微商城，另一种是在微信朋友圈中开店的 C2C 模式。进行微商营销，一方面，微商应有针对性地发布内容，打造专属形象，如时尚达人和美妆达人等；另一方面，微商在微信朋友圈中分享日常动态以增强真实感，加强用户的信任，从而引导用户购买产品，实现业务转化。

8.2.2 微信公众平台营销

1. 微信公众平台的功能

微信公众号的主要功能包括订阅沟通、用户管理、服务定制，如图 8-2 所示。订阅沟通就是消息的发送回复，微信公众号可以设置自动回复的消息内容，对订阅人群进行消息群发等操作。用户管理是指微信公众平台提供用户分组、用户信息查看和资料库等服务。服务定制包括用户通过微信公众平台进行会员的绑定以及企业 CRM 软硬件交互等。这些功能的细分可能会给相关行业的企业或者开发者创造更多的机会。

订阅沟通	用户管理	服务定制
有序地群发消息 一对一会话 自定义消息回复	用户分组 用户资料 查看资料库	会员绑定 企业CRM 软硬件交互 在线支付

图 8-2 微信公众平台功能

相较于微信公众号的订阅沟通和用户管理功能，服务定制功能已经越来越多地被企业所重视，企业可通过微信公众平台服务定制功能合理分配内容区域以及提供个性化服务。服务定制功能入口位于微信公众号定制菜单的下方，可以设置一级和二级快捷菜单，与网

页的导航功能相似，用户只需要简单操作就能直接浏览相应的信息。企业可以根据需要差异化地设计相应菜单。随着微信 5.0 版本服务号自定义菜单的开放，越来越多的企业公众号开始提供个性化的服务，定制模板已经成为一种新的发展趋势。微信平台所有的微信公众号均基于 HTML5 代码，企业可以通过 HTML5 代码构建微信公众号的个性化模板。

提供定制化服务的主要目的就是收集用户需求并与用户进行全面的交流。以往企业大多通过调查问卷来收集用户需求，这需要在线下逐个寻找用户填写调查问卷，耗时耗力且效率低。而利用微信公众号，企业只要设计并分发一份问卷，利用抽奖平台工具设定特定的奖励，就能迅速收集到用户的意见和建议，为以后的个性化运营建立基础。

2. 微信搜索引擎优化

微信搜索引擎优化（Search Engine Optimization，SEO）即基于微信中的"查找公众号"功能，通过分析搜索结果的排名规律，对微信公众号进行合理优化，使企业的微信公众号在搜索结果中排名靠前。微信 SEO 有助于企业获取精准用户。

（1）搜索结果排名的影响因素

① 账号权威性。微信公众号运营不能违背微信公众平台运营规范，企业公众号必须符合不违反规定，持续经营，并在行业内不断创新的要求。粉丝数量、专业程度、活跃程度、原创率、发文频率以及转载率等均会影响到搜索结果排名。

② 内容优质。公众号标题应符合要求，内容原创且具有较大的影响力。内容新颖性、文字流畅程度、配图清晰度以及粉丝评论等都会对搜索结果排名造成影响。

③ 用户行为。微信搜索基于用户点击、阅读以及打赏、点赞等行为，评估企业公众号。用户点击量、阅读时长、留言量、打赏量、转发量、关注量等都会影响到搜索结果排名。

为了防止恶意 SEO 和保证用户的搜索体验，微信的搜索系统采用了"沙盒"的方式，新的账号和新的内容都会进入"沙盒"状态，期间用户可通过精确 ID 搜索到该账号，但不支持模糊搜索，这个账号所发的信息也不会出现在搜索结果中。存在恶意 SEO、发布低俗色情及虚假内容等情况的账号，会被系统自动过滤、屏蔽。

（2）微信 SEO 的技巧

微信 SEO 并不像传统搜索引擎优化那样复杂，在确定了关键词后，即可按照预设的推广计划执行。

① 公众号认证。公众号认证需缴纳一定的服务费，同时还要提供有关的材料，如企业营业执照。除了注册商标的合法保护之外，经过认证的公众号将会在搜索结果中名列前茅。

② 公众号名称及简介优化。公众号的名称要简单易记，并符合排序的逻辑。比如，可以用"商标＋关键词"来命名。在写公众号简介时，关键词出现频次为 3 次以上时，用户搜索时企业公众号排名靠前的概率将更大。

③ 文章标题及内容优化。微信的搜索流量主要集中在公众号的文章上，平台会根据关键词进行算法判定，在文章标题中出现一个关键词可以加快算法判定。文章中关键词出现频次

最好为 5 ～ 8 次，出现频次太少，算法会将其他文章排在前面，出现次数过多则影响用户体验。

④ 关键词挖掘。挖掘某一行业或领域的关键词可使用以下方法。一是在浏览器或者微信上搜一搜，如在百度、360、搜狗等搜索引擎中输入关键词，可以看到系统会自动弹出相关内容；二是在网页的最下方，会有一个长尾关键词，这是用户最常用的；三是利用百度推广客户端、站长工具等进行关键词搜索；四是关注微博热搜、微信热搜、抖音热搜、知乎热搜等热门话题。

⑤ 公众号基础数据优化。公众号的基础数据，包括粉丝数、文章阅读数、点赞数、转发数和评论数。在账号类似的情况下，基础数据越好，排名也就越高。

经过微信 SEO，用户会主动添加企业微信公众号而不是由企业主动搜索潜在用户。因为微信 SEO 添加企业微信公众号的用户，就是企业的精准用户。企业公众号的运营人员可以将因微信 SEO 关注企业公众号的用户导入个人微信号或微信群中，这样可以实现"一对一"的交流，从而进一步了解用户的需求，达到精准营销的目的。

8.2.3　微信小程序营销

1. 微信小程序营销的特点及优势

2017 年微信小程序正式上线，小程序不需要下载安装，用户只需扫描识别或搜索就能打开小程序。这极大地简化了用户的操作流程并丰富了用户体验。微信小程序之所以能够为用户提供良好的体验主要得益于以下四个特点。

（1）小程序不需要安装

大多数软件需要下载并安装后才能使用，在使用过程中需要经常更新，操作相对麻烦，便利性较低。例如，某用户需要点外卖，但是他的手机中没有外卖软件，这时他必须额外花费少则几分钟，多则数十分钟来下载和安装相关软件。而小程序则很好地解决了这一问题，用户只需在微信搜索小程序名称，直接点击进入该小程序即可，不需要安装，这便大大节省了用户的时间成本和流量成本。

（2）小程序使用方便

小程序不会占据用户手机过多的内存空间，也不会自动生成桌面图标，用户使用某个小程序之后，该小程序会自动出现在微信主页下拉显示的"最近使用的小程序"界面。用户可在小程序界面右上角选择将小程序加入我的小程序中，也可以进行删除操作。

（3）小程序没有订阅关系

小程序没有订阅关系，却具有与 App 几乎相同的功能，同时小程序可同步用户的微信信息，实现微信支付快捷操作，用户使用小程序的简便程度基本上与访问网站无异。

（4）小程序不向用户推送消息

公众号及 App 会不定时地以群发的形式推送一些消息，且消息需要用户手动点击或删除后才会消失。而用户登录微信并进入小程序界面，会发现其内容实时更新且没有任何推送。

除上述特点，微信小程序还具有深挖长尾需求、市场潜力巨大、具有退出记忆、开发技术简单、获取成本相对较低、用户体验较好等优势。

2. 常用营销方式

（1）拓客营销

① 结合公众号。企业可以利用微信公众号的文章，将文字链接、图片链接、卡片链接等插入文章中，用户可以通过点击等方式登录到对应小程序。这样通过文章分享可为小程序吸引潜在用户，扩大用户群体，增加点击量。

② 分享拉新。小程序支持网页链接的分享形式，用户可转发小程序网页链接，这样可吸引新用户进入小程序。

（2）广告植入营销

① 位置签名。企业把广告信息放在自己的签名处，用户在搜索附近的小程序时就能够检索、浏览到签名处广告信息，这种方法是以定位为基础的广告营销战略。这种营销模式适合于可以通过小程序进行定位的企业，如餐饮、超市等。

② 关键词推广及搜索广告。企业可以自定义小程序的关键词，通过用户浏览及点击数据确定最有利于推广的关键词。通过百度及谷歌广告可付费购买流量，小程序关键词可出现在关键词、购物推荐等搜索结果中。

（3）O2O 二维码扫描

企业可以通过线下的宣传渠道和各类促销活动，如门店促销、宣传海报及摆地摊等方式邀请用户扫描二维码进入小程序，将线下用户引导至线上，通过线上推广活动促进线下门店销售。

（4）第三方推广

① 小程序商城。企业可以通过付费的方式，在第三方小程序商店中推广自己的小程序，对方则会根据企业具体需求将小程序推至首页或者优先推送。

② 新媒体合作。企业可以与具有高共性目标用户的新媒体进行合作，借助新媒体的知名度，通过推文方式宣传企业的小程序，吸引关注新媒体的用户使用小程序。

③ 运营公司推广。该推广方式指企业将小程序委托给第三方运营公司，在运营公司运营的微信社区里进行转发和循环，促进活跃用户的转化。

8.2.4 SCRM 营销

1. 微信的 SCRM 简介

（1）SCRM 基本流程

SCRM（Social Customer Relationship Management）是在社交媒体上使用客户关系管理（CRM）的方式进行数据营销。与传统 CRM 的完整流程相比，SCRM 数据层面和营销层面的环节都在社交媒体上实现，基本流程如下。

① 企业在社交媒体上开设自己的"专区"，如微信公众号和微博账号等。

② 企业通过在社交媒体上发布内容和开展互动活动等，吸引用户关注。

③ 当用户关注后，可以进行点对点的营销接触（微信图文等），用户可以把这些营销接触一键转发，从而覆盖到更多用户的微信朋友圈，形成病毒营销的效果。

④ 根据社交媒体平台提供的接口，企业可以获取到已关注账号的用户数据，采集到的数据类型取决于社交媒体平台的设置。从社交媒体平台上采集的用户数据包括用户平台ID、社交媒体平台上的发言信息和不同用户间的关注关系等，可为后续营销提供数据基础。

⑤ 部分强大的社交媒体，如微信等，除了社交功能外还可以为用户提供各种延伸服务，如微信支付等。

⑥ 利用社交媒体提供的营销接触点工具，企业可以在社交媒体上对用户进行个性化营销。

（2）微信 SCRM 的特点

微信 SCRM 具有社交（Social）、全栈（Stack）、智能（Smart）、简单（Simple）四大特点，可称为微信 SCRM 的 4S 模型。社交表示企业与用户之间的社交关系，是发展微信平台私域流量的主要目标。全栈表示一站式的客户关系管理流程，涵盖从获客、转化、运营到增长的全链路。智能表示自动化和智能化的营销，即 SCRM 系统可基于用户数据根据不同用户在不同渠道、不同时间的个性化需求，提供针对性服务并实现营销自动化。简单表示微信 SCRM 能够简化管理和运营流程，从而降低一线员工的操作成本。

企业可根据用户标签、消费行为及用户动态勾勒出用户画像，包括个人用户及企业用户，根据用户画像，企业可以为用户提供精准的服务，如基于访客信息，企业可得知用户浏览的内容、浏览时间及浏览完成百分比，从而判断用户近期商品偏好及购买意愿。对于电商行业，销售人员在与用户交谈时，可记录用户的基本信息、用户意向，将用户数据留存到系统中，系统自动为用户建立聊天标签、内容标签及渠道标签，实现用户管理数据化，便于在日常业务沟通中准确识别用户身份并调取资料。同时在推荐商品时，企业通过浏览用户标签信息，为用户推荐需求度高的商品，提供个性化服务，有助于提升满意度，促进消费转化。

2. SCRM 与传统 CRM 的对比

SCRM 和传统 CRM 存在显著差异，如表 8-1 所示。

表 8-1　SCRM 与传统 CRM 对比

对比领域	SCRM	传统 CRM
数据来源	社交媒体	多种数据来源
数据类型	社交媒体上的行为数据，根据社交媒体的 API 规则决定可获取数据字段	①历史采购数据 ②营销反馈 ③外部第三方数据等
对用户的认识	①用户言论 ②社交媒体上用户与用户之间的关系	基于多种数据来源的综合判断

对比领域	SCRM	传统 CRM
用户联系方式数据	社交媒体上的 ID，只可在社交媒体上使用	姓名、电话、电子邮件等多种联系方式
数据存储	社交媒体提供的后台	企业自建的营销数据库
CRM 操作前台	无	企业选定的 CRM 软件
数据分析工具	①社交媒体提供的标准化标签 ②企业下载数据后自己选择的分析工具	CRM 营销数据库连接的分析工具
营销方式	社交媒体上提供的有限方式	多种营销方式（电子邮件、短信等）

第一，在成本上，SCRM 模式可以节省的成本包括：数据资产的投资（CRM 软件、营销数据库、数据分析工具等）、专业数据营销人员成本（数据分析人员、IT 人员、数据操作人员等）、数据整理和分析成本（建立精准的用户画像需要一个漫长的过程，很多社交媒体会提供成熟的标签）、数据风险（自有数据库中的用户敏感数据存在泄漏风险）。第二，除了节省成本，SCRM 的最大优势是营销过程中的病毒效应。社交媒体有着强大的传播效果，凭借"借势营销"等手段，有可能达到意想不到的效果。

8.3 微信营销应用

8.3.1 航空行业的微信营销

中国南方航空股份有限公司（简称"南航"）是国内著名的航空公司之一，也是亚洲年客运量最大的航空公司，拥有全国最密集的航线网络。2009 年，南航从"产品导向"转变为"顾客导向"，将旅客出行分解为关键步骤：制订旅游行程—预订出票—值机—双舱（头等舱和商务舱）—机舱—行李—抵达酒店—登记—出发—前往机场—登机—预订—个人互动—下一次旅行计划。

南航在全国率先为用户打造了微信航空服务体验。用户只需要登录微信扫描二维码，就可以关注南航的账号，体验在线选座与获取电子登机牌等服务。除此之外，用户可在微信公众平台和小程序内进行机票预订、航班动态查询、里程查询与兑换、旅游指南查看、市内气象咨询、机票验证等。微信的加入，使南航整个服务链得到进一步优化，南航能够在微信平台上持续推出不同的产品和个性化的服务。南航微信小程序与微信公众号如图 8-3 所示。

南航微信公众号快捷导航分为 3 个简明的专区：

图 8-3　南航微信小程序与微信公众号

"快速预订""服务大厅""南航会员"。用户可以在"快速预订"的二级快捷菜单中进行机票及酒店预订，加入南航的粉丝社群获取福利信息等。"服务大厅"的二级快捷菜单包括"选座＆办登机牌""航班动态""机票退改""智能客服"等。用户可点击"南航会员"进行会员办理、领取话费、下载 App 领取优惠券以及通过里程积分在南航商城换购商品。随着微信用户数量的上升和南航在微信上服务的升级，南航微信会员的比例持续增大。然而，此时南航并没有大张旗鼓地开展微信营销，只是让微信公众号做该做的事，避免了非必要的营销信息对用户造成的困扰。

南航利用微信公众号收集用户常见的搜索数据，通过对用户的行为数据进行分析，为用户提供精准化的服务。例如，根据用户的里程和消费金额，对不同级别的用户进行差异化的服务；基于第三方平台用户的饮食习惯、消费水平等信息安排机上餐食甚至由用户自定义餐食；基于老用户过往航班时间、座位信息、接送机预约等信息增添附加服务以及优化不同时段机票价格等。南航结合冬春季航班换餐，在全国范围内开通了在线订餐服务，用户购买了南航的电子客票后，就可以很方便地登录在线订餐系统，按照自己的口味和喜好，预先挑选航班上的食品，这一服务能够为南航用户带来全新的感受。南航信息中心 CTO 龙庚表示，南航将对微信中的信息和业务进行精准分析，分析某一时段某一类人在干什么，通过这种方式，未来南航将实现把微信打造成一个精确 CRM 系统，对用户实现一对一的管理，提供个性化的服务。

微信为南航带来的收益，主要源于用户更优质的服务体验。南航微信公众号推出 3 天之后粉丝数就达到了 1 万人。不到 10 个月，南航微信公众号粉丝数量已突破 100 万。截至 2018 年南航微信公众号活跃粉丝数量超过 100 万人次。如今南航的微信公众号和小程序已经被南航列为核心服务平台之一。

8.3.2 酒店行业的微信营销

布丁酒店的英文名为"Pod Inn"，原意为豆荚，后来扩展成"精致而又温暖的空间"。普通的经济型酒店的客房面积是 20 平方米，布丁酒店的客房面积一般都是 8 ～ 12 平方米，最小的客房面积只有 5 平方米。在这个"胶囊式"的狭小空间中，可以放置一个单独的浴室，1.5 米的双人床，还有一个装有计算机的桌子，却省略了几乎所有的经济型酒店都会为顾客提供的牙刷、牙膏等"六小件"。随着越来越多的经济型酒店开始"向上走"，布丁酒店决定继续探索"廉价、时髦"的路线。由于成本压缩，布丁酒店的定价很低，一般是 90 ～ 150 元，但是布丁酒店没有把自己当成一个经济型的酒店。

根据布丁酒店的使用者资料，18 至 35 岁、月平均收入 2000 ～ 6000 元的年轻人普遍认为在布丁酒店居住将会是一种很好的体验。这样的"愉快"，并不仅仅来源于在布丁酒店订一间单人房的性价比，更让人惊喜的是，布丁酒店还提供了更多的增值服务，如与蘑菇街、腾讯社区、人人网等社交媒体合作，为用户提供社区的交互。朱晖说："我希望，布丁这两个字，能让人想起曾经的青春。"

基于"18～35岁，月平均收入在2000～6000元，爱玩社交媒体的年轻人"这一用户定位，布丁酒店提供了基于地理定位的服务，让用户可以在线上和线下进行互动。比起一般的经济型酒店，布丁酒店着力于加强其时尚和年轻的感觉。2012年11月12日，布丁酒店微信平台用户预订功能上线，用户可以随时在布丁酒店的微信小程序上预订，如图8-4所示。布丁酒店微信公众号的一切功能及资讯，均与布丁酒店官网及手机App一致，并且可以同步更新，用户可通过微信公众号享受各种优惠活动。布丁酒店微信公众号以获取用户的手机定位权限为基础，利用LBS技术对用户进行精准定位，收获用户的地理位置数据，基于地理位置数据进行区域化精准推荐，从而为用户提供最准确的服务，这也成了布丁酒店创收的利器。大数据时代，将酒店预订与微信结合是布丁酒店的成功之处。

图8-4　布丁酒店微信小程序

习　题

一、名词解释

微信营销　关系营销　微商模式　微信SEO　SCRM

二、简答题

1. 请简要介绍微信的功能。
2. 请简要概括微信营销的商业价值。
3. 概述在微信朋友圈中，企业深化与好友之间的关系的方法。
4. 简述微信朋友圈常用的营销方式。
5. 简要介绍微信公众平台的功能。
6. 简述微信公众平台搜索结果排名的影响因素。
7. 微信小程序营销有哪些特点，请简要介绍。
8. 简述SCRM的基本流程。
9. 简述微信SCRM的特点。
10. 与传统CRM相比，SCRM有什么不同？

三、开放性思考

1. 结合实际案例分析微信营销的商业价值。
2. 思考如何利用大数据技术手段实现微信精准营销。
3. 分析微信公众平台搜索引擎优化的影响因素和技巧。

第 9 章
微博营销

刷微博已经成为很多人的日常消遣，通过微博可以了解时事新闻、社会热点、娱乐八卦等消息。由于用户量大、活跃度高、言论多元，微博已经成为当下国内主要的网络舆论阵地。流量的高度汇聚、多层次多领域的内容交织、社交通信多功能的结合，也令微博成了大数据营销推广和新媒体运营的重要工具和平台。而洽洽作为一个传统实业公司，将微博的作用发挥到了极致。

在体育界中，世界杯可谓是全球级、影响力最大的赛事之一，很多品牌都想在世界杯举办期间打造一场精彩的营销活动，获得良好的口碑和销量上的提升。洽洽在 2014 年的世界杯营销大战中，成功用创意活动杀出重围，成为当时的营销黑马。

作为一个以香瓜子为主要产品的食品品牌，洽洽瓜子常出现在城市各个角落的小型连锁超市、便利店、杂货店，甚至高速公路旁加油站的便利超市。洽洽瓜子本身就与看球、聊天这样的娱乐休闲活动非常契合。作为瓜子界中的经典老品牌，洽洽将瓜子这一大众喜爱的食品和世界杯联系起来，发起了猜胜负赢大奖的活动。

此外，洽洽还与巴西队的比赛联动，推出了"靠巴西赢大洽洽"的活动，巴西队每赢一场比赛，洽洽就会送出惊喜大奖。而为了替这个活动宣传造势，洽洽提供的奖品为"只比姚明矮一点点"的 2 米高的"史上最大袋瓜子"，这样利益巨大而又趣味十足的奖品，让消费者难以抗拒。

除了在活动内容和玩法上别出心裁，洽洽在海报上也发挥了极大的创意性。洽洽推出的"洽洽扒西队"活动为网友们提供一个讨论世界杯的话题，并在此期间每天都推出一张漫画海报，讲述关于世界杯的趣闻。

借助微信和微博，洽洽先推出搞笑海报和视频对话进行预热和造势，然后在微博和微信上发起赛事预测，基于"两微"上的巨大流量和病毒式传播，参与活动、关注讨论的网友令洽洽的这次营销活动成了热门话题。

9.1 微博营销概述

9.1.1 概念、含义与特点

1. 微博的概念

博客是互联网时代个人的"笔记摘要"，是以超链接形式保存和传播的网络日记，代表着一种全新的生活、工作和学习方式。微博最初起源于博客，就像缩小版的博客。所谓微博，是基于用户关系的信息共享、传播和获取，并通过关注机制分享实时资讯的广播社交媒体和网络平台，允许用户通过 App、Web、Wap、Mail、SMS、IM 等方式，以及通过 PC 端、手机端等多种终端接入，其通过文字、图片、视频等多媒体呈现内容，让用户能实时分享信息并进行互动。

2. 微博营销的含义

通过微博平台为企业和个人创造价值而进行的营销活动称为微博营销，它也是企业或个人通过微博平台发现和满足潜在目标群体各种需求的一种方式。微博营销以微博为营销平台，每一个微博用户都是企业潜在的营销目标。企业通过更新自己的微博内容向网友传播企业信息和产品信息，企业在官方微博上对有趣的内容进行创作、分享和传播，并以评论、私信等方式接收目标群体的反馈和互动信息，最后实现市场调研、产品推广、客户关系维护、打造企业形象和产品形象等目的。

微博营销注重价值传递、内容互动、系统布局和精准定位，而微博的迅速发展使这种营销方式尤为有效。微博营销的范围涉及认证、有效关注者、好友、话题、名人微博、开放平台和整体运营。

3. 微博营销的特点

（1）注重服务

微博本质上是一个社交平台，企业在进行微博营销时不会功利地将微博完全转化为自己的促销平台。企业更加注重微博信息的有趣性和实用性，因为利用微博进行大量的促销宣传很可能会导致企业失去目标客户，并且很难再获得新的流量。

（2）注重长期

企业利用微博进行营销的根本目的是实现客户转化和维护，其中最主要的过程是吸引到更多粉丝，提高品牌曝光度和知名度，通过较长一段时间的微博运营，不断提升粉丝对企业的信任程度，从而将这群粉丝转化为企业的目标客户。微博能够缩短企业与用户之间沟通交流的距离，并帮助用户解决问题，让企业接收更多的来自市场的反馈，获取更多的用户偏好数据，为企业制定长期发展战略提供支撑。

（3）注重互动

企业与用户的沟通问题在传统的线下营销方式中屡屡出现。线下营销中，企业很难获得与用户直接沟通交流的机会，通过第三方市场调研或成立专门的调研团队是不少企业获得用户真实想法与建议的唯一途径，而传统营销带来的信息不对称问题可能被微博营销这一新兴方式所解决。通过在评论区和私信、留言区等模块进行互动，企业与用户可以"面对面"随时随地进行沟通交流，企业不仅能够及时地获知用户的真实想法，也能通过实时互动更快速地回应用户的疑问。

（4）注重质量

在发推文时，企业不会刻意强调发布的推文数量，而是关注如何定位能够引起目标用户兴趣的内容。企业不仅仅是出于营销目的发布推文，而是与时俱进，紧跟时事，及时发布目标用户感兴趣的话题和讨论，在留住他们的同时吸引更多的新粉丝。

9.1.2　分类

1. 个人微博营销

一般情况下，微博账号主体的知名度是个人微博营销的关键所在，如艺人或某个领域的专家，微博往往只是作为他们的传播媒介，从而让自己的粉丝更进一步地了解自己和自己所关注的领域，微博对他们的作用主要是抒发情感和记事，功利性不会很强。而粉丝对他们发布内容的自愿跟踪和转发是达到营销效果的有利途径。此外，对于知名企业家或者是社会名人，微博对于他们而言更多时候是用来宣传自己的一些思想，并且结合企业的需要，对自家企业的产品或服务进行宣传，有时也会分享一些日常并和粉丝互动。

2. 企业微博营销

企业微博营销的目的性一般更强，微博营销就是辅助他们实现盈利的。他们运用微博往往是想通过微博的传播力和粉丝的影响力来对企业进行宣传，从而提升品牌的知名度，最后达到提升产品或服务的销量的目的。因为知名度有限，往往企业在微博开展营销活动存在诸多困难，一条短短的微博推文很难让消费者对产品有一个直观的了解，而且微博内容更新快、信息量大。因此，企业应在微博建立自己的粉丝群，与粉丝多交流、多互动，多做企业宣传工作。

3. 行业资讯微博营销

行业资讯微博营销的主要创作内容是对行业最新资讯进行转发或编辑，往往能够吸引大量专业粉丝的关注。微博内容自然成为营销载体，而行业资讯微博的营销价值由其粉丝的数量和质量决定。因此，行业资讯微博营销对行业资讯微博账号的运营和管理在很多方面与运营行业资讯网站类似，在内容策划和传播方面需要付出很大的努力。

9.1.3　实施与技巧

虽然微博营销可以分成个人微博营销、企业微博营销和行业资讯微博营销，但是在实践中以企业微博营销为主，其他两种营销大部分都是围绕企业微博营销展开的，作为企业微博营销的补充，辅助企业微博营销活动的开展。因此，接下来所讲的微博营销以企业微博营销为主。

1. 微博营销的实施流程

微博营销的实施流程如图 9-1 所示。

（1）前期工作

① 微博团队。组建合适的营销团队是一切营销工作的基础，企业要想在微博平台上开展营销活动，首先要组建一支科学合理的微博营销团队。考虑到企业微博营销不同于个人微博营销，企业微博营销代表着账户发布的内容在很大程度上反映了企业的形象，企业微博营销涉及产品前期的市场调研、生产制造、分销以及后台的技术支持和售后服务等环节，涉及各类专业人才。因此，企业首先要基于自身特点和条件，组建一支分工合理的微博营销团队，这样才能保证后期营销工作的顺利开展。

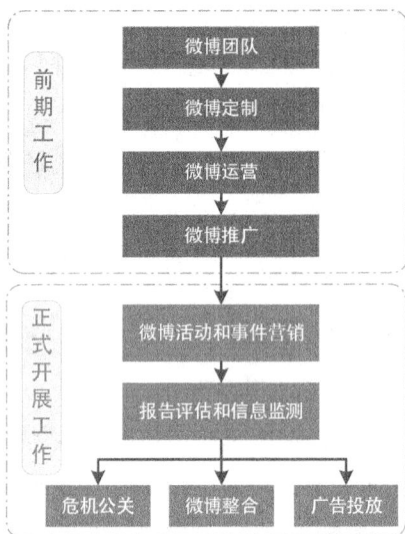

图 9-1　微博营销的实施流程

② 微博定制。企业微博的定制是在账号注册后进行官方认证加 "V"，表明这是一个官方账号，然后根据品牌类型或风格的不同设计相应的微博模板，而后建立微群、微刊、微卖场，开展微活动等，并提供客户服务等工作，为后期的微博运营做准备。

③ 微博运营。企业微博运营主要包括原创微博文章的创作、名人微博和热点微博的转发、重点宣传微博的维护、重大节日及活动的定制模板设计、重点客户的精准筛选和关注、行业信息的实时获取、行业竞争对手走向的实时追踪和分析等方面。企业应通过良好的运营提升账号的曝光度、关注度，为后期营销推广打下基础。

④ 微博推广。企业微博推广主要通过文化名人、关键意见领袖、草根达人和人气艺人等 "大 V" 的转发以及联动等方式，来获取推文和账号的曝光度和关注度。

（2）正式开展工作

① 微博活动和事件营销。开展一个微博活动或进行一次事件营销一般要经过以下过程。前期进行主题活动方案策划。中期为了提高活动或事件曝光率，会通过活动或事件亮点转发和评论来生成新的微博内容，并结合 "大 V" 转发等方式来吸引更多的新粉丝参与，同时进行活动或事件信息关键词监控。后期会进行活动或事件信息的发布和收集，如果有客户存在疑问或误会，还需要对客户的疑问进行解释说明、对误会进行澄清及声明（包括但不限于对微博内容、回复及私信等的处理）等工作。

② 报告评估和信息监测。报告评估主要通过微博 App 提供的舆情监测日报功能来实现，通过对相关信息的监控来提升微博营销的效果，主要包含以下几个流程：舆情监控——微

博账号及站内负面情绪监控；信息分析——微博站内热词监控及分析；竞品分析——同行竞争对手的监控；效果分析——评测微博营销对品牌提升和销售增长的影响；优化方案——优化微博的内容策划、互动方式、社交关系。

③ 危机公关。危机公关的开展主要有以下几个原则：危机预防、危机发现、危机及时处理；跟踪信息、迅速引导；化解误会、保留证据。企业开展危机公关的目的是通过一系列的澄清或答疑等工作，最大限度地挽回企业或品牌形象，尽可能地降低负面舆论对企业造成的损失。

④ 微博整合。微博整合主要包括对多种多样的网络媒体公关资源进行充分利用，整合新闻营销策划与发布类服务和论坛、社区的营销服务。

⑤ 广告投放。根据产品特性、活动策划和企业的发展实际，结合相关特点规划投入产出比最高的微博广告投放策略。

2. 微博营销的技巧

（1）传递价值

企业要明确微博的作用，提供更多有用的功能，提升企业微博在粉丝心中的价值。微博内容的创作是具有价值的，而赠品、优惠券等只能作为短期宣传与吸引新粉丝的手段，这些虽然能为粉丝创造一些价值，但是不能为企业带来长期利益。因此，企业微博除了提供物质奖励，给粉丝提供感兴趣的最新资讯、专业知识等，也能传递企业微博的价值。

（2）微博个性化

关系、互动是微博的优势，企业应通过企业微博让粉丝觉得企业是一个独立的个体，即将企业形象拟人化。通过微博推文将企业形象营造为有烦恼、有思考、有回应，甚至有感情和个性的独一无二的人物形象，这和品牌与商品的定位一样，既要做到功能层面的差异化，也要塑造感性层面的个性化。个性化的企业微博具有独特性和不可替代性，这样能吸引更多的粉丝关注。

（3）准确定位

从企业微博的角度看，高质量的粉丝更加重要，要想获取有价值的粉丝，企业微博就必须围绕目标用户关注的相关信息来发布微博推文，吸引目标用户的关注。同时，有明确定位的微博推文可以吸引用户的注意力，实现吸引大量粉丝的目标。

（4）强化互动性

在信息化时代，企业宣传信息的推送速度越来越快，互动性是发展的关键，而微博的互动性是企业微博营销的优势。企业微博通过增加与粉丝或推文评论区用户的互动，不仅能向粉丝或用户传递企业的态度，还能将更多的企业营销信息融入粉丝或用户感兴趣的内容中，让粉丝或用户产生共鸣。

9.2 微博营销的运营策略

9.2.1 用户运营

1. 挖掘潜在用户

企业微博营销的目的在于增加产品或服务的曝光度和知名度，从而获取更多潜在用户的关注。运营者要想对潜在用户进行更加准确的分析和挖掘，必须增加企业微博的粉丝数。增加微博粉丝主要有以下几种方式。

（1）微博活动

运营者可以通过发起与产品或企业活动相关的微博活动来吸引粉丝的关注，但是如何提升活动的参与度、吸引更多的用户关注，则需要运营者进行精心策划。对于大部分用户而言，他们更愿意参加门槛低、有趣、有一定实质性奖励的微博活动。

（2）与"大V"进行互动

当微博账号粉丝关注度不高时，运营者发起微博活动可能收效甚微。这种情况下，运营者可以选择和微博"大V"合作，借助"大V"的名气和粉丝流量提高活动曝光率，从而增加自己账号的粉丝关注度。

（3）其他社交平台导流

大部分开通微博账号的企业在知乎、QQ或微信生态内都有自己的"阵地"，如官方知乎账号、官方QQ空间、企业微信号或微信公众号。运营者对微博发布的内容进行一定的差异化编辑和排版后，就可以在其他的社交平台进行导流"吸粉"。而在知乎等问答平台上，只要运营者找到或发起符合企业或产品定位的相关问答，就能精准地曝光自己的微博账号，从而增加粉丝关注度。

（4）线下活动

运营者开展线下活动是一种很好的"涨粉"方式，活动形式主要有线下分享会、线下见面活动等，运营者可以通过举办或参与这些活动进行账号的推广，从而增加粉丝关注度。线下面对面的交流，能够进一步增加粉丝对企业的了解，通过线下渠道获得的粉丝比线上获得的粉丝更加真实、黏性更高。

2. 粉丝运营工具

（1）粉丝头条

粉丝头条作为微博平台推出的一款轻量级推广产品，其主要作用是增加指定微博内容的阅读量和浏览量，粉丝头条推广入口及功能弹窗如图9-2所示。当运营者对自己发布的某条微博内容使用粉丝头条后，在使用后24小时内，该条微博内容将出现在其所有粉丝账号或系统筛选的账号的微博首页信息流第一位。粉丝头条的投放价格与账号粉丝数、粉丝活跃度和投放频率有关。如果账号粉丝多、活跃度高、投放频率高，那么粉丝头条价格会动态上涨。企业微博的运营者可以通过这个工具来对重要的信息进行发布，以避免重要信息被粉丝错过。

图 9-2　粉丝头条推广入口及功能弹窗

（2）超级粉丝通

超级粉丝通是微博平台基于微博海量用户，把广告主想要推广的信息广泛传递给目标人群的营销工具。依据用户个人特征和在微博中的社交关系等将信息精准地投放给目标用户，能够帮助广告主高效达成营销目标。超级粉丝通广告分为"广告系列""广告计划""广告创意"三个层级。广告系列是创建广告的最大单元，主要作用是确认营销目标。一个广告系列可以包含多个广告计划，广告计划主要用于设置定向、出价和排期等。每个广告计划可以包括不同的广告创意，广告创意决定了投放广告内容和样式的选取。

9.2.2　微博互动

微博平台具有强大的传播力，要想提升微博账号的活跃度，使微博账号的互动效果最优化，运营者可以采取以下几种方式。

1. 发布优质内容

微博账号的活跃度与粉丝的增长速度、粉丝黏性以及账号的发布内容有着十分紧密的联系。要想带动用户转发内容，内容必须经过精雕细琢。运营者首先要了解用户，通过对用户群体数据的分析，挖掘用户兴趣和喜好，知道哪些内容能够吸引用户关注，再从中选择符合账号或企业形象的内容进行创作和输出。

一般来说，干货类、热点类、美图类和推荐类博文更容易促使其他用户转发，从而提高账号曝光率。

干货类博文一般为"硬核"的专业知识，主要内容为专业内容科普、实践经验分享、合集分享三类，一般以九图干货、长文干货、视频干货和问答干货等形式呈现。因其实用性和便利性两个特点受到粉丝和潜在用户的喜爱，但干货类博文一般要求运营者在该领域有一定的知识储备或大量的经验积累。

热点类博文的内容一般紧跟热点资讯和话题，借助热点展开讨论，要求运营者对热点有敏锐的嗅觉和活跃的思维能力。由于热点事件自带流量，发布这类内容，更容易获取精准的流量。

美图类博文主要通过高质量的配图来提升内容的"颜值"，好看的配图更容易吸引用户的阅读和关注。在配图时一般采用与文字相关的模特、风景、字画、手工、美食以及服饰等图片，具体根据微博账号的风格来选择。

推荐类博文也是目前微博平台"带货"能力最强的内容之一，常见的有评测推荐、教程推荐、晒图推荐三种形式。推荐类博文的出现主要是因为普通用户消费需求越来越大，但市场上信息鱼龙混杂、难辨真伪，而推荐类的内容在一定程度上节约了用户鉴别和筛选商品的时间。

2. 与"大V"互动

当微博账号关注度和流量不够高时，发布推文和活动收效甚微，但是如果和"大V"合作，通过"大V"的流量带动，则可能获取很高的粉丝关注度。普通用户发布的微博内容如果能够被"大V"转发，其微博内容被官方流量推荐的概率会增大。图9-3为与"大V"互动关键维度，可以为运营者提供一些参考。

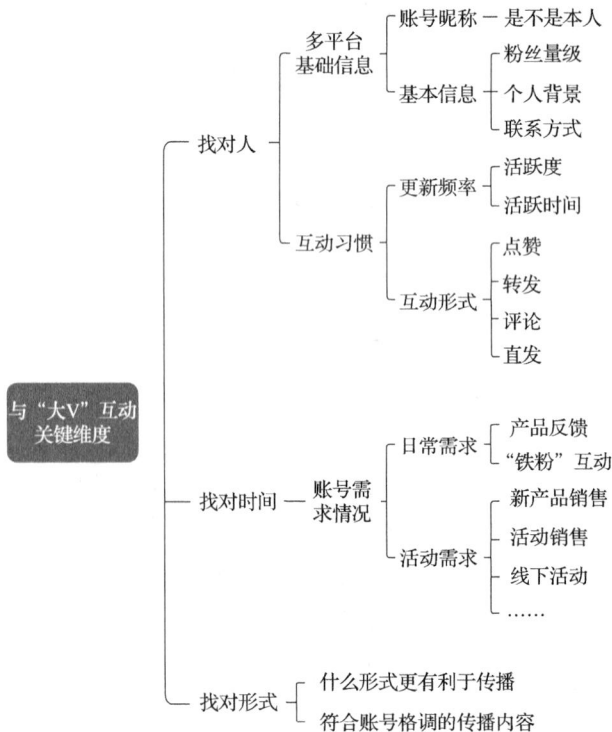

图9-3 与"大V"互动关键维度

3. 发起抽奖活动

抽奖中心是微博平台自带的营销功能，微博抽奖中心入口和微博抽奖中心设置界面如图9-4和图9-5所示。运营者可以通过这个功能进行抽奖，提升微博账号与粉丝互动的活跃度。抽奖活动由系统随机抽取中奖者，有时中奖的用户可能根本没有参与互动，甚至可能是"中奖专业户"，因此，运营者可以通过设置一些条件来对中奖者的范围进行设置。

图 9-4　微博抽奖中心入口

图 9-5　微博抽奖中心设置界面

4. 加入微博社区

在日常运营过程中，运营者可以通过找到与企业或产品内容定位相符的兴趣社区来增加内容的互动和粉丝黏性。微博超话是一个兴趣或爱好相似的人群聚集的小型网络社区，运营者可通过参加排名靠前以及专业相关的超话讨论，或创建关于企业产品讨论的超话并建立相关的社群来获取目标客户的关注。此外，在超话中讨论不仅可以增加日常内容的曝光量和互动量，也可以将超话逐渐打造成企业口碑的宣传处和处理客户意见的反馈地。

9.2.3 数据管理

企业要想使微博账号发挥最大的价值，必须使运营具有可持续性，及时通过数据发现运营问题并进行优化。

1. 微博数据

运营者可以重点关注的微博数据主要有以下几个。

（1）粉丝增长

粉丝增长能够反映出运营者运营账号的效果。判断一个账号是否有潜力或影响力，粉丝增长速度是一个重要的考察指标，有潜力的账号必须拥有稳定的粉丝增长曲线。

（2）真实粉丝数

由于微博营销的一些商业操作，微博粉丝里可能有一部分"僵尸粉"，其中也包括基于某些原因对微博仅有"三分钟热度"的粉丝。"僵尸粉"的存在对账号本身的影响力增长和变现并无实际意义，因此，运营者要将更多的注意力放到真实粉丝数上。

（3）微博阅读数

微博阅读数是直接反映账号受欢迎程度的动态数据指标，一般仅运营者自己可见。

（4）微博互动情况

微博作为目前最大的移动社交媒体平台之一，其社交性主要表现在：用户不仅能够通过转发、评论和点赞等方式进行互动和交流，还能通过关注和私信等进行进一步的沟通。互动情况是对转发数、评论数、点赞数、私信数据的综合考量，在一定程度上反映了账号的曝光度、受欢迎程度以及活跃度。

（5）微博"铁粉"数

"铁粉"能够反映粉丝和微博账号之间的亲密程度，它是微博推出的一种互动产品，微博粉丝数超过10万的微博账号，其粉丝的"铁粉"标志才会被激活。粉丝近30天与已关注的微博账号互动达5天及以上，才会获得"铁粉"标志。因此，"铁粉"标志也在一定程度上反映了粉丝黏性和账号影响力。

（6）微博影响力指数

影响力指数是衡量一个账号在平台上的影响力的综合指标。可根据微博内容的被转发和被评论的数据，以及有效的活跃粉丝的数量来综合评价一个微博账号的影响力指数。也就是说，账号影响力指数的衡量标准不只是粉丝数量，运营者还要将账号的活跃度、传播力和覆盖度三项指标纳入考虑范围。具体而言，活跃度是指运营者发布高质量的内容吸引粉丝积极转发、评论、点赞或者私信的次数；传播力是指账号发布的内容被转发和评论的次数；覆盖度是指登录账号当天的粉丝数和转发、评论、点赞的粉丝数。

2. 微博数据分析工具

（1）知微传播分析

知微传播分析是一个功能强大的数据分析平台，知微传播分析页面如图 9-6 所示。知微传播分析是分析事件传播的有效工具，可以帮助运营者分析单条微博的传播路径，找到关键节点、转发次数、地域分布、性别分布等，还可以帮助运营者了解该条微博产生的影响，以及用户接收到该条微博的情绪是积极的还是消极的。

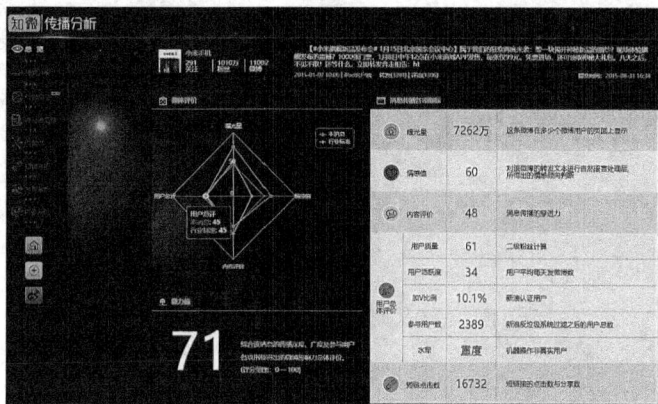

图 9-6　知微传播分析页面

（2）微热点

微热点是微博自有的数据分析平台，同样具有数据分析功能。微热点包括热度指数、微博情绪、微博事件分析、微博传播分析、全网事件分析、竞品分析、评论分析、文本挖掘等功能，还可以对某个热点事件进行数据挖掘，实时匹配热点事件与用户的微博内容。例如，在微热点搜索关键词"乡村振兴"，可以得到微博用户对"乡村振兴"这个词实时的情绪以及近期这个关键词的情绪变化走势。

9.3　微博营销应用

9.3.1　小米公司微博营销案例分析

小米（全称是小米科技有限责任公司）由雷军在 2010 年 3 月于北京创立，是一家专注于高端智能手机、物联网家电和智能家居生态系统建设的创新型科技公司，也是一家专注于智能硬件和电子产品开发的移动互联网公司。小米有精准的市场定位，比如小米手机公司精准定位了喜欢互动交流、价格敏感的时尚年轻受众，通过电商销售进行精准营销，以更好地识别和响应客户需求，从而有助于提高客户满意度并不断增加客户兴趣。小米手机本质不是做硬件，而是"软硬兼施"，为客户创造价值，提升客户体验。有了这些客户及客户的支持，小米就有可能通过提供各种应用程序和服务来实现收入来源的多样化。

1. 构建完整的微博矩阵，打好前期基础

微博矩阵是指在一个大型企业品牌下开设多个定位功能不同的微博账号，通过与各级网民进行互动，全方位地塑造企业品牌形象。小米通过建立小米公司官方微博（企业微博）、小米手机官方微博（企业微博）、小米 CEO 雷军微博（个人微博）来塑造企业微博矩阵，小米的企业微博矩阵如图 9-7 所示。

图 9-7　小米的企业微博矩阵

（1）小米公司官方微博（企业微博）

截至 2022 年 4 月，小米公司官方微博共发布 20 592 条微博，其微博粉丝数量也高达 1 381.9 万。小米公司的微博内容主要是对其产品官微发布内容的转发、公司相关有奖活动的转发、新产品的宣传等，其微博平均每条的转发量在 80 次左右，而评论的数量也在 100 条左右。同时，该账号还建立了许多和小米公司产品相关的和符合小米公司风格的讨论话题，从而提高粉丝的参与度和关注度。

（2）小米手机官方微博（企业微博）

截至 2022 年 4 月，小米手机官方微博共发布 23 629 条微博，关注小米手机官方微博的微博用户数量已达 2 850.2 万人。小米手机官方微博非常注重与粉丝的沟通交流，不仅会耐心解答粉丝的疑问，还会私信了解粉丝的具体诉求，这一行为有效地加深了企业与粉丝之间的感情。同时，小米手机官方微博也经常发布一些话题活动，不仅提高了粉丝的参与度，而且品牌在粉丝心中的印象也得到了加深。

（3）小米 CEO 雷军微博（个人微博）

截至 2022 年 4 月，小米 CEO 雷军共发布微博 14 068 条，关注雷军的微博用户数量高达 2 276 万。相较之下，雷军的微博在企业家微博中算人气较高的。其置顶微博以小米最新旗舰产品或新功能介绍为主，实时微博主要是转发或发布最新产品的宣传信息，与公司账号进行联动，此外雷军还会在该微博中分享一些工作日常和感想。

2. 精准的内容营销

小米发布的微博内容通常丰富多彩且图文并茂，十分引人注目。不仅如此，一些新鲜的时事新闻和娱乐八卦也会出现在其日常博文当中，小米的微博从不错过时事热点，不错过任何一个宣传自身的机会，并保持较高的频率与众多网友互动交流。图 9-8 所示为小米公司和小米手机联动进行的热点营销，图文并茂，既具备实时性又对产品进行了宣传。通过各种引人入胜的话题，小米用户不仅可以在小米微博上与官方积极交流，还可以与其他小米用户进行更深入的讨论。如今，年轻人不再只看产品的外观，而是更多地关注产品的性能、功能和参数，因此，产品数据也是内容营销中需要关注的一个重要方面。

图 9-8　小米公司和小米手机联动进行的热点营销

3. 高效的粉丝互动

小米公司管理层开通了自己的个人微博，并以非常具有亲和力的形象与粉丝进行互动，其中不乏小米创始人兼 CEO 雷军、副总裁黎某某等高层。

雷军利用自己的影响力，在不同的传播环节制定相应的传播策略，共同推动营销目标的实现。比如，在发布小米手机之前，雷军的微博词条仅两三条，但在小米新品发布期间，他自己的微博内容都集中在宣传小米新品上，且数量大幅度增加。除此之外，他还会频繁参加一些微博活动，如新浪专访、腾讯微论坛、极客公园等。雷军的朋友们也会加入宣传大军中，帮助雷军在微博上推广小米的相关产品。雷军等名人微博的上线，拉近了公司高层与大众的距离，满足了普通人与商界精英近距离接触的心理需求。雷军也正是捕捉到了人们的这种心理，从而利用自己的名人效应来增加小米公司微博的关注度和影响力。

小米高效的粉丝互动不仅得益于微博互动，也和"米粉"的论坛、MIUI 系统的设定有关。随着时间的推移，小米积累的粉丝群与小米保持着稳定的关系。小米持续与粉丝互动，以吸引新用户，建立并扩大良好的声誉。

9.3.2　野兽派花店——故事营销分析

说起花，你会想到什么？浪漫？诗意？曼妙？还是爱情？然而对于大多数商人来说，花是带来盈利的商品，只有明码标价，没有情感，更没有故事。这为卖花人创造了一个机会，一个打动客户的机会。其中，野兽派花店颇为有名，野兽派花店的微博主页和微博小店如图 9-9 所示。

图 9-9　野兽派花店的微博主页和微博小店

野兽派花店，想必不少文艺青年都对它十分熟悉，它也是国内第一家在微博上开张的花店。其开业时没有实体店，连淘宝店都没有，只有几张鲜花礼盒的照片和只有 140 个字的微博内容。野兽派花店自 2011 年 12 月底开业以来，已经吸引了超过百万的粉丝，甚至许多演艺界的名人都是它的常客。野兽派花店这个名字来源于店主 Amber 的一次经历。当她为朋友插花时，朋友问她插的花是什么风格，她说是野兽派，于是野兽派花店诞生了。那么，是什么让野兽派花店的微博营销策略如此成功呢？

从产品的角度来分析，野兽派花店设计的花并不仅仅来自对花艺知识的应用，还来自对生活与情感的理解和对美学的独特认知。因此，野兽派花店抓住了目标客户——爱花之人对浪漫和美的追求。野兽派花店擅长倾听客户的故事，然后将其转化为花束。每一束花都代表一个故事，从幸福的求婚到结婚纪念日，再到为父母亲朋祝福，每一个故事都引人入胜。但野兽派花店不只是卖花，它还开发了自己的产品组合。它专注于定制花卉以及与花卉相关的衍生品，如花盒、花篮、各种香水和服装配饰。在其微博上，不同的鲜花配有不同的花篮和花盒，每朵花都有一个好听的名字，并选择名人进行宣传，从而吸引客户。

从定价的角度来看，野兽派花店出售的花束通常都很昂贵，因为它们是独一无二的，并且是根据客人的故事设计的。根据生产的便利性以及定制和非定制的差异化，野兽派花店出售的产品的售价通常在 600 ～ 2 000 元，有些甚至超过 3 000 元。虽然价格昂贵，但野兽派花店的主要卖点之一是他们使用的花卉非常稀有，如粗麻布郁金香和珊瑚树。这些昂贵的鲜花，因契合当今社会的个性化需求而广受欢迎。

尽管野兽派花店的鲜花价格昂贵，但仍有许多人愿意为此买单。原因在于其鲜花可以体现一个人的情感诉求，而且因鲜花在运输过程中极易损坏，只有付出极高的物流成本才能保证鲜花的新鲜和完整。

从营销平台的角度来看，新浪微博是野兽派花店最早获得知名度的平台，野兽派花店也通过微博迎来了第一批粉丝和订单。其官方微博成立于 2011 年年底，一开始，野兽派花店只是通过新浪微博上的私信功能与客户进行沟通，完成订单。截至 2022 年 10 月，其微博粉丝数量已超过 100 万，并保持平均每天 1 ～ 2 条微博的更新频率。虽然每天发的微博不多，但几乎每条微博都有几百次转发和几百条评论，甚至一些关于客户故事的微博也有近千条转发。当一些艺人被邀请作为 "Ms.Beast" 嘉宾做客野兽派花店时，相关微博更是被转发了上千次。图 9-10 展示的是野兽派花店的三条产品推文，其在新浪微博上发布的内容以实体店近况和相关花艺产品的创作故事为主，有的是客户故事带来的灵感类故事，有的则是新制花束的花语类故事。此外，还有的是对店内产品的详细介绍，以及艺人的互动类信息。野兽派花店的微博语言风格亲切、诚恳、风趣，每条微博基本都配有图片，一般都能获得很高的转发量和评论量。

图 9-10　野兽派花店的三条产品推文

在销售渠道方面，野兽派花店经历了从微博到官网的过渡过程。野兽派花店最初只是在微博上发博出售商品，客户是花店的粉丝。客户通过微博私信向花店传达定制需求，形成订单，客服通过私信回答客户问题，完成交易。由于最初的微博营销缺乏直接的购买和支付工具，客户必须通过银行转账支付才能购买，并且没有第三方对花店的服务进行监督，这使得花店的营销和花店与客户的交易存在困难。2014年6月，花店微信支付平台正式开通。与此同时，野兽派花店的老板开通了微信公众号，账号资料上写着"关于野兽派，真实故事，重要八卦"。微信公众号上的内容与官方微博和网站上的内容基本相同，用于介绍和推广现有产品。然而，不同的是，微信公众号每天都会推出当天的生日花及其含义。

综上所述，野兽派花店的微博营销策略可以总结为：体验式消费。通过故事营销让粉丝们体会到成为故事的男女主角的感觉，让粉丝们围绕不寻常的生活、有趣的细节聚集在一起，这为鲜花赋予了更多独特的附加价值。

习　题

一、名词解释

微博　微博营销　个人微博营销　企业微博营销　行业资讯微博营销

二、简答题

1. 微博营销的特点有哪些？

2. 微博营销的类型有哪些？

3. 微博营销的实施流程有哪些？

4. 微博营销的技巧有哪些？

5. 微博互动的主要方式有哪些？

三、开放性思考

1. 除本章提到的微博营销案例，还有哪些让你印象比较深刻的微博营销案例？

2. 如果你是企业微博的运营人员，你会如何做好用户运营工作？

第 10 章
O2O 营销

绫致时装于 1996 年进入中国，经营的品牌包括 ONLY、VERO MODA、JACK & JONES 以及 SELECTED 等。截至 2019 年，绫致时装拥有超过 7000 家线下直营门店，线上 ONLY、VERO MODA 连续 3 年"双十一"成交额破 10 亿元。该品牌产品类型为流行时装和饰品，主要面向群体为都市女性、男性。在其巅峰时期业内流传的"无绫致，不商场"代表了绫致时装在我国商场的地位。但随着其他时尚快消品牌等在中国市场上的快速扩张，绫致时装遭遇了"品牌老虎"的危机。绫致时装从全渠道建设上迅速调整了经营方向。

2016 年，绫致时装完成了全国 7000 家门店的基础硬件架构建设，以及微信小程序、电商官网平台、数据仓库、大数据平台、客户关系管理等多维度的数字化架构，实现了绫致时装的数字化变革。

2018 年，绫致时装完成了门店改造，增加扫码购、人脸支付、智慧试衣间等功能，为消费者提供了新奇的购物体验，提升了消费者的到店购物体验。

此外，绫致时装实现了"导购 + 小程序"的社交电商模式，在门店由导购引导消费者注册小程序会员。同时将店内导购的编码和店铺的编码相互关联，当消费者在店内使用微信小程序下单时，应先扫描导购二维码，当消费者延迟下单时导购可及时知晓，便于公司对导购业绩进行准确统计。这种线上引流，线下服务的方式，增加了后续消费者的运营触点，极大地提高了消费者和导购的热情。

最后，通过微信生态——个人微信、公众号和小程序等对消费者进行持续运营。运营内容由公司统一生产，为全国 4 万多名导购持续输出，实现了线上线下的持续转化。

正是基于线上 + 线下的运营模式，绫致时装保持了强劲的增长模式，全品牌通过小程序直播的场次高达 203 场，有效拉动了线上 GMV 增长。可持续性的私域运营和公域获客，使绫致时装实现了线上和线下门店体系的流量联动，并通过线上直播反哺线下，扩大了获客半径，使线上和线下门店相互导流转化，有效提高了销售渠道的营销效率。

10.1 O2O 营销概述

10.1.1 内涵

1. O2O 营销的内涵

O2O（Online to Offline）是指将线上与线下商务相结合，使互联网成为线下交易的前台。

O2O 营销模式的发展主要依赖于四大要素，分别是独立网上商城、国家级权威行业可信网站认证、在线网络广告营销推广以及与顾客社交媒体在线互动。一个标准的 O2O 营销模式的流程如下。

首先，线上第三方平台（包括网站与 App 等）与线下商家洽谈，商定活动时间、折扣以及人数等，双方达成协议。

其次，线上第三方平台通过各种渠道进行活动推广，将此项活动介绍给平台的用户，用户通过网上支付，得到由平台提供的"凭证"。

然后，顾客持凭证到线下商家享受服务，线下商家对顾客电子"凭证"进行验证。

最后，完成服务后，线上第三方平台与线下商家进行结算，同时，线上第三方平台还会收取一定的佣金（一般不低于 10%）。

图 10-1 所示为 O2O 营销的交易流程。

2. O2O 营销模式与传统电子商务

传统电子商务主要包括 B2B（Business to Business）、B2C（Business to Customer）以及 C2C（Customer to Customer）三大模式。传统电子商务模式的划分如图 10-2 所示。

B2B（Business to Business）是企业与企业之间的商业关系，即企业与企业之间通过互联网进行产品、服务和信息的交换。

B2C（Business to Customer）是由商家或者企业通过互联网为消费者提供产品或服务的商业方式。B2C 模式为消费者和商家或企业节约了时间、空间，极大地提高了交易效率。B2C 电商将不同行业的不同品牌和卖家集合于同一平台，为消费者提供了多种选择。

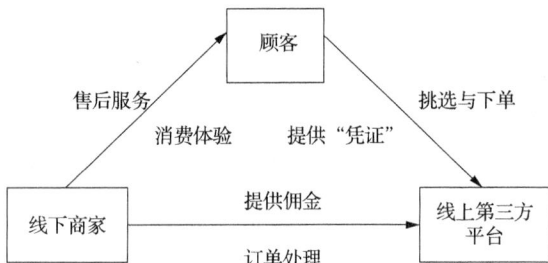

图 10-1 O2O 营销的交易流程

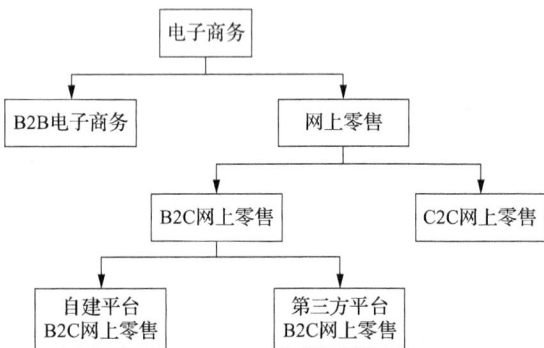

图 10-2 传统电子商务模式的划分

C2C（Customer to Customer）是电子商务平台在消费者之间的应用。消费者可以根据自己的需要选择电子商务平台的其他个体消费者进行商品交易。

但许多日常消费商品不能被快递公司用包裹的形式寄给消费者，这就是传统电子商务的局限，而这些无法寄送的日常消费商品正是 O2O 营销模式的根基。O2O 营销模式通过打折促销及打卡等方式，向网络用户推广线下店铺，使他们成为离线客户，这种模式尤其适用于那些必须在线下店铺购买的产品或服务。O2O 营销模式与 B2C 营销、C2C 模式的不同之处在于通过 B2C 营销、C2C 模式购买的商品是被打包送至消费者手中的，而 O2O 营销模式则是消费者在线上选购商品并完成支付后，凭借购后"凭证"到线下享受服务。此外，O2O 营销模式下的现金流量预测来自实际的消费者，属于生活服务消费，具有持续性。O2O 营销模式是支付模式和引流手段的结合机制，对消费者来说，O2O 营销模式增加了可供选择的商品类型和数量，为生活带来了便利。

10.1.2　特点

根据营销主体的不同，O2O 营销具有不同的特点。O2O 营销涉及三个维度，分别是平台、商家和消费者，下面从这三个维度来阐述 O2O 营销的特点。

1. 平台角度

O2O 营销与消费者日常生活息息相关，能够提高消费者生活的便利性。通过促销活动、发布优惠信息及平台消费保障等功能，吸引大量线上用户并增加用户黏性。而且，线上平台的流量可助力商家进行宣传推广，其强大和可测量的宣传效应吸引众多线下商家加入。O2O 营销具有巨大的广告收益空间与规模扩大后的利润模式。通常新商家入驻线上第三方平台或商家推出新产品时，为吸引客流会投放广告，从而带来广告收益。

2. 商家角度

利用 O2O 营销，商家可以得到更多的宣传、展示机会，吸引更多新消费者到店消费。享受较好消费体验的消费者可以在线上第三方平台通过撰写好评等方式，宣传商家优势，提高商家的线上评分，扩大流量，提高点击率，吸引平台用户体验线下服务。同时，商家推广效果可查，且每笔交易可跟踪。线上平台对商家线上运营进行监督，通过对消费者"凭证"的验证，每笔交易信息将在商家线上账号中显示，方便核对。商家通过与消费者的沟通，可更好地了解消费者心理。对消费群体特点进行调查，有助于线下商家运营和管理。商家可通过推送活动或发放优惠券吸引老客户再次消费，极大地提高了对老客户的维护效率。此外，商家还可以通过网上预约等方式进行优化操作，节约成本。线上第三方平台中商家界面通常会显示线下门店的地址和营业时间等信息，消费者可根据导航前往线下门店，降低了线下门店对商业繁华地段店铺的依赖，大大减少了租金支出。O2O 营销还可快速拉动消费者对新店或新品的消费。对于新商家或新产品而言，借助 O2O 营销，商家可通过线上平台的促销活动，吸引潜在消费者到店体验服务，相较于线下推广方式更为便捷。

3. 消费者角度

第一，在 O2O 营销模式下，线上第三方平台会对商家信息进行详细介绍，并且提供其他已完成消费的消费者对店铺环境、商品及服务的评价，帮助潜在消费者获取全方位的商家和产品信息，进而做出购买决策。第二，消费者能够通过线上第三方平台随时随地在线咨询商家，并且多数线上支付商品支持到店消费前退换货。在线上第三方平台，消费者可直接与商家进行电话沟通确认，也可发起在线对话与商家进行文字或语音交流，操作便捷。目前，很多 O2O 线上第三方平台都支持消费者在线支付后随时申请退款，超出消费时限线上第三方平台也将自动退款。而且，通过线上第三方平台，消费者可获得比线下直接消费更低的价格。通常商家在线上第三方平台会设定较线下门店更低的价格，通过团购模式实现线上引流。消费者完成团购后，向商家出示支付凭证或二维码即可享受服务，服务结束后消费者给予的好评可帮助商家提升自身在线上第三方平台的评价质量。

10.1.3　分类

随着互联网营销的发展，O2O 营销不再局限于线上支付、线下体验的单一方式，根据线上线下的流动方向，O2O 营销可以分为四种模式。第一种是 Online to Offline 模式，即"线上交易—线下体验"。第二种是 Offline to Online 模式，即"线下营销—线上交易"。第三种是 Offline to Online to Offline 模式，即"线下营销—线上交易—线下体验"。第四种是 Online to Offline to Online 模式，即"线上交易—线下体验—线上消费"。

1. 线上交易—线下体验

该模式是 O2O 商业模式的普遍形式，将消费者从线上引流到线下实体店进行消费。实体店与线上第三方平台（如网站、手机 App 等）合作，在线上第三方平台发布商品信息，消费者利用互联网在线上第三方平台搜索相关商品，进行挑选和购买，完成支付后，线上第三方平台向消费者的移动设备发送密码或者二维码等数字凭证，消费者可持该数字凭证到实体店验证消费。

"线上交易—线下体验"的 O2O 营销模式适合资金较少的企业或经营者，比较有代表性的网站有爱彼迎等。爱彼迎是一个全球民宿公寓短租平台，主要面向旅行人群，消费者遍布全球。爱彼迎平台上发布的短租信息高达万条，消费者可通过网站或 App 搜索酒店信息，根据目的地城市或景点选择酒店，设定入住及退房日期，进行在线预订操作，而后前往预订酒店通过扫描二维码即可办理入住。此外，消费者还可通过线上第三方平台咨询酒店入住、设施以及周边建筑信息等。

2. 线下营销—线上交易

线下营销—线上交易模式是在 O2O 发展的过程中逐步兴起的，又被称为反向 O2O。该模式主要是把消费者从线下引导至线上，即消费者在实体店里进行体验，进行意向商品的挑选，然后再在线上第三方平台进行交易支付。例如，可口可乐开盖礼、麦当劳支付宝付款、母婴店扫二维码加会员享下单优惠等都是反向 O2O 的典型案例。

3. 线下营销—线上交易—线下体验

采用"线下营销—线上交易—线下体验"O2O 模式的企业以中介性平台为主，包括向电商企业转化的传统型企业，以苏宁、国美为代表。采用该模式的企业实行平台战略，更加注重线下的服务体验。

　　苏宁和阿里巴巴达成战略合作，成立苏宁帮客天猫旗舰店，这意味着苏宁 O2O 营销模式由商品向服务领域进一步拓展。图 10-3 为苏宁帮客天猫旗舰店，其最大亮点是将售后服务标准化，消费者可线上预约购买服务，其中在售服务包括家庭保洁、除甲醛、洗衣洗鞋、家具拆装以及家电清洗和维修。该模式增加了苏宁品质服务的出口，将传统的消费者购买商品后商家提供配套的售后服务转变为由消费者在线上自选且根据自身情况进行在线预约的方式，从而进一步细分售后服务市场。预约服务从线下转移至线上，消费者足不出户即可享受服务，使得线上下单、线下体验的服务流程更加方便简洁。这种模式对企业和消费者而言消耗较大，既要付出时间成本又要消耗空间成本，但毛利较高。

图 10-3　苏宁帮客天猫旗舰店

4. 线上交易—线下体验—线上消费

　　"线上交易—线下体验—线上消费"O2O 模式的重点为消费者的"消费体验"。所谓消费体验，指消费者在使用产品、享受服务的过程中产生的感觉和认识。这种模式将线上体验与线下体验分开，传统企业负责线下体验部分，电商负责线上体验部分，打通线上与线下，实现虚拟世界实体化以及实体世界虚拟化，适用于"异业联盟"合作。

　　万达集团的飞凡平台为该模式的代表，飞凡 App 界面见图 10-4。飞凡是"线下物理连锁平台与线上网络平台"全面融合的网络科技平台，其核心产品为智慧场景和飞凡通。智慧场景包含智慧广场、智慧品牌、智慧观影、智慧酒店、智慧招商和智慧医疗。飞凡通是集身份认证、支付、储值、积分、理财和信贷等多种功能于一体的连通消费者线上线下行为的唯一数字通行证。飞凡平台通过整合消费者消费行为，推动实体数字化，实现实体智慧场景与互联网金融的全方位融合。消费者可在 App 上查询品牌，获取活动信息，选择商品后根据导航前往店铺购买。万达电商模式为将传统商业与电商融合的平台模式，其精髓在于"互联网＋场景化"运营，形成线上与线下的有效循环，通过线上第三方平台为线下实体引流，线下实体又为线上消费者增强体验感。

图 10-4 飞凡 App 界面

10.2 O2O 营销的策略和方法

O2O 营销连通线上与线下，借助线上平台进行营销推广，并将消费者群体引流至线下门店完成服务体验，这使企业应重点关注线上推广、线下体验以及线上线下的连通等方面。

10.2.1 O2O 线上推广

受益于数字经济的发展，采用 O2O 营销模式的企业可运用数字技术，借助搜索引擎与 App 等多种平台通过线上推广途径进行营销，实现线上至线下的引流。下面介绍目前应用十分广泛的 O2O 线上推广营销策略。

1. 自建网上商城——与线下实体店对接

企业在互联网上建立自己的官方商城或者与电商平台合作开放线上店铺，在线上对产品及服务进行宣传和推广。消费者在网上商城下单后，可以选择到实体店体验消费，也可以直接享受送货上门的服务。一般大型生活服务企业采用自建网上商城的方式，实现线上第三方平台与线下实体店的联动。

2. 创建自有 App——充分利用移动互联网

随着移动互联网的发展，营销大战从 PC 端转向手机端，各领域的各企业均在不断推出手机 App，自建 App 已成为商家营销的一种重要手段。商家可以通过在线 App 推广自己的品牌、开展促销活动以及进行社群管理，在吸引线上消费群体的同时实现线下群体引流。

3. 借势社会化营销——聚焦人气

社会化营销是集广告（Advertisement）、公关（Public Relations）及推广（Promotion）等为一体的营销手段，是一种基于精准定位、以消费者为中心的营销模式，是典型的整合营销行为。O2O 社会化营销是基于数字营销的，更加注重线上与线下资源的融合，挖掘消费者的个性化内容并发现消费群体。与其他营销方式相比，O2O 社会化营销对不同消费者的心理需求关注度更高，侧重于消费者的个性化需求，以便开展个性化营销，提高消费者的满意度。

4. 借助第三方消费点评网站——实施口碑营销

O2O 营销模式，以满足消费者的需求为导向，瞄准了服务领域中的"蓝海"——生活服务。生活服务类适合利用口碑营销的模式进行推广。第三方消费点评网站（如大众点评网、美团网等）通过商家分类、首页推荐、点评热点等向消费者推荐符合其个性化需求的商家及产品信息，利用口碑分享来帮助商家推广。

5. 返利比价——优惠拉动消费

在互联网飞速发展的背景下，消费者可以货比百家甚至千家。对于企业而言，精准的促销策略依然是具有显著成效的拉动消费的方式之一。在国内，整合多种商品信息为消费者提供购物指导的返利比价网站相继推出，如返利网、易购网、一淘网等，这些网站对优惠信息的搜集能够更好地帮助消费者决策。

10.2.2 O2O 线下体验

1. 优化消费者体验

电子商务中商家与消费者存在信息的不对称，这使消费者在购买产品或服务，尤其是价值较高的产品或服务时存在戒备心理。商家若不能提供优质体验服务，将会造成消费者的流失。商家开展体验营销，让消费者线下体验，线上购买，一方面可节约经营成本，另一方面可让消费者在体验过程中成为会员，刺激购买冲动，产生直接购买行为。

2. 会员卡应用

会员卡应用是一种长期促销活动的销售手段。商家通过积累、分析会员信息，以 E-mail、电话、短信等方式针对性地给相应消费者发送产品信息，深度挖掘消费者需求，维护消费者关系。当然，会员卡不必为实体会员卡，商家可以采用电子会员卡的形式，如扫描二维码、关注公众号、注册手机号成为电子会员等。商家通过消费者的会员信息，能够更加方便地掌握消费者的地理位置信息、到店消费信息等，利用折扣优惠活动，吸引消费者再次消费。

3. 粉丝模式

所谓粉丝模式，是品牌商家将 O2O 平台、自有 App 等作为自己的粉丝平台，通过一系列营销方式，并结合品牌传播、新品发布、内容维护等社交方式来吸引粉丝，定期向粉丝发送促销活动等信息，吸引粉丝通过手机 App 进行购物。此模式适用于中小型企业，中小型企业可利用社会化平台的粉丝聚集功能，通过在线互动提高消费者黏性，在新品发布、优惠活动或者精准推荐的作用下提升消费者在移动端的网购能力。

4. 借助事件营销

事件营销是企业为提高知名度，树立良好品牌形象，通过具有新闻价值、社会影响以及名人效应的人物或事件，吸引媒体、社会团体和消费者等的关注，从而促成产品或服务的销售。

10.2.3　O2O 线上线下的连通

1. 二维码：联结线上线下

（1）二维码简介

随着科学技术的发展，二维码应运而生。由于其具有体积小、信息量大的优势，二维码被广泛应用，为商家和企业在日常运营中节省了大量资源。二维码是 O2O 模式中的媒介和桥梁，连通线上与线下，成为 O2O 营销的主力。

二维码又称为二维条形码，是以特定的几何图形的规律排列来记录信息的工具，具有成本低、译码可靠性高、定位和监控营销效果好、编码范围广、可进行加密处理以及尺寸可变化等优势。

从技术角度而言，二维码可分为两种：一是堆叠式（行排），二是矩阵式（矩阵）。堆叠式二维码，也叫层排二维码，是在一个二维码的基础上，叠加两个或更多的条码。矩阵式二维码也称为"棋盘式二维码"，是在矩形空间内，通过黑、白像素在矩阵中的不同分配来实现的。

（2）二维码的应用

二维码是连接线上和线下的一种重要工具，时下主流的 App 应用如微信、微博、QQ 等均具有二维码扫描识别功能。

从运营角度，可将二维码运营模式划分为社交、工具、服务、购物以及媒体类型。社交类型二维码以微博、微信为主，腾讯推出微信 App 使二维码成为线上和线下的关键入口，在满足社交需求的同时也增加了企业的营销机会，企业可凭二维码完成买卖及促销。工具类型二维码分为主读类二维码和被读类二维码：主读类二维码识别各种载体上的二维码，用于查询信息、防伪溯源、购物付款以及执法检查等；被读类二维码将二维码储存在移动设备上，用作电子交易或付款的凭证，可以在电子票务和购物折扣中使用。服务类型二维码应用广泛，常见的如二维码营销，从票据检查到商品信息，为消费者提供一套完整的业务解决方案。购物类型二维码是指企业为商品制作的二维码，应用于商场、地铁、电梯、公交站等地方，消费者使用手机扫描二维码在网上购买商品。媒体类型二维码主要应用于媒体平台中，企业可通过电视、书籍等渠道将二维码展示在消费者面前。

2. LBS 推送

（1）LBS 简介

LBS 包括移动通信网络和计算机网络两部分，两个部分通过网关实现交互。LBS 具有自身的功能优势和特点，其功能优势体现为 Web 服务器和 LDAP 服务器的营销作用，具有覆盖面广、定位精准的特点。

Web 服务器即网站的服务器，其功能是在网站中放置文件，向浏览器等 Web 客户端提供文档。LDAP 服务器基于客户端 / 服务器模式，通过轻量目录访问协议，主要有两大功能。第一，可以在多个服务器中心进行分布式存储，保管所有 LBS 服务所需的信息。第二，对

LDAP 服务请求进行查找和处理之后，会重新返回给 Web 服务器。如果出现当前服务器无法找到需求的信息，请求则会转送到下一个服务器中。

在 LBS 中 Web 服务器具有三个作用。第一，Web 服务器可以接口消费者，主要包括动态的 ASP 页面以及静态的 WML 页面。第二，Web 服务器可以与定位服务器通信，当定位服务器接收到请求后会及时给予定位服务。第三，Web 服务器可以与 LDAP 服务器通信，根据位置信息和消费者选择发送 LDAP 服务请求给 LDAP 服务器。

（2）LBS 的应用模式

LBS 主要的应用价值体现在吃、住、行和娱乐购物等信息服务方面，目前主要有五种应用模式。

① SNS 社交。由于人与人之间的互动是 LBS 技术的核心，因此 LBS 也可看作一种社交网络服务。LBS 模式的 SNS 社交可分为即时通信的地点交友以及基于地理位置的小型社区两种类型。即时通信的地点交友中不同的消费者因为在同一时间处于同一地理位置，成为交友和约会的关键。基于地理位置的小型社区中同一地理位置的小区可以查看社区消费者，发布社区新鲜事、社区活动，分享社区趣事等。

② 行业应用。随着 LBS 技术的不断发展，越来越多的企业都在尝试利用 LBS。在旅游业中，利用地理位置信息进行定位，对各旅游城市、景点进行客流预测、指导，从而达到智能旅游的目的。在广告产业中，基于 LBS 技术分析广告牌所涵盖的地域和广告内容，可以使广告资源得到最大限度的利用。在公共交通领域，基于 LBS 技术可以对各线路的车辆运行状况进行实时监测，并根据 LBS 所提供的信息，自动产生最佳的行车方案，对车辆进行调度和管理。

③ 商业应用。LBS 服务网络的规模很大，网络运营商与互联网公司可以互补。网络运营商的优势在于强大的通信能力和获取消费者位置信息的能力，互联网公司的优势则是公司机制灵活，市场响应速度快。网络运营商开放位置，互联网公司进行业务开发和运营，二者资源共享，利益共享，实现共赢。LBS 营销可根据目标消费者的特点，进行精准营销。例如，LBS 定位式的 App 移动广告可拓宽商家推广渠道，精准推荐，刺激消费者的购买欲望，拉动消费者消费，还可以将商家与社交网站结合，构建消费者社区，通过打卡与分享促进购买。

④ 休闲娱乐。LBS 模式的休闲娱乐包含签到和大富翁游戏两种模式。签到模式以 Foursquare 为主，关键是培养消费者签到的习惯，实现商家或品牌的市场推广。大富翁游戏模式主要是让消费者使用手机购买现实地理位置里的虚拟道具，增加游戏的趣味性、可玩性和互动性，提高消费者黏性。

⑤ 生活服务。LBS 模式不断渗入人们的生活中，使人们的生活越来越便利和时尚。在生活服务领域，LBS 主要有四个应用：指南服务、生活服务搜索、旅游信息标注共享、会员和票务服务。

10.3　O2O 营销应用——红星美凯龙 O2O 营销平台

2016 年 3 月，"红星美凯龙"通过独创的 O2O 营销闭环，2 天创收 28 亿元，同比增长 35%。线下体验，线上下单，O2O 的本质是否就是提供线上线下相同的产品和价格、提供线上线下相同服务和相同体验的方式呢？对此，红星美凯龙给出了不同答案。

1. 消费者思维

互联网思维的核心是消费者思维。针对互联网时代的消费者行为，红星美凯龙形成了独特的营销思路，并通过"2 天来了"活动成功实现了消费者思维落地。

首先是激活消费者的兴趣。借助好莱坞大片《蝙蝠侠大战超人：正义黎明》上映的热度，红星美凯龙利用 3D 和陀螺仪技术根据电影剧情制作广告，基于多渠道传播，成功唤起消费者的"嗨点"。

其次是激发消费者的需求。在活动前早早发放出 2 亿元优惠券，让消费者有充足时间去了解活动和优惠信息，在会员权益和欧洲游大奖等多重刺激下，成功挠到消费者"痒点"。

最后是提升消费者的体验。信息繁杂是消费者难以决策的"痛点"，红星美凯龙通过建立微信服务号，基于会员数据分析将消费者标签化，根据细分产品品类进行需求匹配和定制化推荐，并提供线上预约服务，极大地提高了消费者购物的体验感。

2. O2O 营销闭环环节

红星美凯龙的营销体系是建立传播、蓄客、互动、消费的一套 O2O 营销闭环。而面向消费者端的微信服务号和面向管理者端的社会化消费者关系管理会员系统，则是红星美凯龙实现该营销闭环的两大重要工具。

① 传播环节。结合传统营销和网络营销进行多渠道宣传，包括楼盘地推、实时竞价（RTB）、搜索引擎营销（SEM）、社交 App 营销等，实现消费群体的广泛覆盖。同时打造大 IP 营销，在《蝙蝠侠大战超人：正义黎明》高热度基础上配合 H5 页面的"病毒式"传播，成功让活动成为热销点。

② 蓄客环节。在注册会员领取现金券的营销激励下，红星美凯龙通过微信服务号成功积蓄了众多消费者，实现了有效消费者的筛选和集聚。

③ 互动环节。红星美凯龙核心目标是将微信服务号积累的众多消费者盘活，激发其购买意愿。红星美凯龙通过不断抛出热销款预约、无敌券、品类券、游戏、抽奖、异业联合活动等信息，同时提供家装服务支持，免费量房和免费设计体验，激发会员的活力和黏性。

④ 消费环节。通过会员商品、会员积分、会员优惠、会员赠礼等会员优惠刺激消费者将购买意愿转化成真正的购买行为。此外还有设计咨询、VIP 导购、金融服务、延保服务、家政服务、维修服务等会员服务，保障消费者们的全场景一站式消费体验。

一次消费并非结束，红星美凯龙依托自媒体平台与消费者进行持续性互动，建立起"消费—互动—消费"的小循环，大大提升了复购率和客单价。而消费者的被传播进一步带动新的促销活动，大闭环活动开始循环运作。

3. 精准互动

在建立 O2O 营销闭环后，红星美凯龙如何令该闭环"成本向下、效率向上"呢？答案是精准互动。

在"2 天来了"活动中，红星美凯龙通过朋友圈广告、垂直曝光等方式进行精准传播；利用社会化消费者关系管理（SCRM）进行顾客需求的精准识别；借助微信服务号不断与消费者进行精准互动并推出定制化服务精准满足消费者个性化需求；基于线下一对一服务精准保证购物体验。

"打通传播、蓄客、互动、消费等环节，利用数字营销手段，打造 O2O 营销闭环，实现了高精准、强互动，提升了转化率、复购率，成就了 2 天的 28 亿元。"红星美凯龙企划管理中心总经理何兴华总结道。

通过"精准互动"，红星美凯龙显著提升了新会员的转化率和老会员的复购率，不仅新增了 30 余万名新会员，而且唤醒了 32% 的微信老会员。此次活动会员销售转化率达到 16.2%，其中第一次购买的新成员贡献了 7.18 亿元，而老会员的再购买金额则高达 8.05 亿元，贡献了近 1/3 的销售额！

4. 投资回报率的评估

O2O 营销闭环成功解决了传播环节到消费环节投资回报率（ROI）难以评估的难题。传统和新媒体广告形式、SEM 和 App 等投放方式、移动端和电脑端等传播渠道均可进行量化，指向销售转化和贡献。投资回报率可评估进一步促进了传播策略的持续优化以及营销效率的迭代，使得红星美凯龙在"互联网+"时代能够持续引领家居流通业。

5. 成立智能营销平台，强化精准营销

自 2015 年以来，红星美凯龙就建立了微信订阅号，并打造了全国上百家商场的自媒体矩阵。之后，红星美凯龙先后启用了微信服务号、微信支付、微信群/朋友圈等数字化工具，进一步打造 O2O 闭环，实现线上线下一体化营销、多场景连通消费者。

"2 天来了"活动之后，红星美凯龙运用智能化和大数据技术进一步强化企业精准营销，深化 O2O 闭环。2018 年，红星美凯龙与腾讯联手打造了一个智能家居市场的智能营销平台（Intelligent Marketing Platform，IMP）。IMP 是一个集超精准、全场景、一站式智慧营销、最大获客、智慧营销流于一身，连接商品、技术、内容、数据、媒体、服务等各方参与者的家居行业智慧营销生态。

超精准消费者数据系统解决的是消费者画像拼接的问题；全场景流量系统解决的是消费者与所有场景连接通路的问题；一站式内容系统解决的是内容生产方、商品方和千人千面的内容与个性化的消费者需求之间连接的问题；数字化工具系统本身就是连接工具；智能化管理系统其实是利用 AI 技术对连接效率进行评估和提高的系统。

红星美凯龙通过微信小程序，实现了 C 端、B 端、E 端三位一体，打造了精准锁客系

列工具。将腾讯云 DMP 与红星私有 DMP 结合，建立精确的消费者画像，形成一个精确的数字营销体系。而腾讯云优 MALL，则是将线上线下的数据，都进行了智能化的处理，从而扩大了数据的收集范围，提高了销售的闭环效率。

在红星美凯龙自有家居消费者 164 类的高能标签的基础上，作为腾讯数据系统中枢的 TDC（腾讯数观），通过消费者基本信息属性维度、社交、媒介使用、内容偏好等行为维度以及 LBS 定位等空间维度，结合包含微信数据在内的腾讯系全域数据打通，助力 IMP 360 度刻画家居消费者画像。

腾讯的 AI 技术加上红星美凯龙的智能营销，IMP 上的智能化市场营销管理系统逐渐实现了人与人的互动营销预测和决策，实现了自动化＋智能化的营销任务发布、运行、管理与评估，极大地提高了市场推广的准确性，在不断完善市场营销的同时，也在不断提升潜在消费者的体验感，提高了消费者的转化效率。

习　题

一、名词解释

O2O　O2O 营销模式　粉丝模式　LBS

二、简答题

1. 什么是 O2O 营销？简述 O2O 营销模式的优点。
2. 简述 O2O 营销的要素和流程。
3. O2O 营销模式与传统电子商务模式的区别是什么？
4. 简述 O2O 营销的四种模式。
5. 概括 O2O 线上推广的方法。
6. 简述 LBS 的应用模式。

三、开放性思考

1. 结合实际案例说明 O2O 营销的优势是什么。
2. 分析 O2O 营销模式的现状及发展趋势。

第11章
短视频与直播营销

如果消费者记住并认可某一品牌的文化，甚至成为该品牌的粉丝，则有利于提升品牌的知名度。但是，在品牌文化传播过程中，人们通常不愿意接受说教性的传播内容。若将品牌文化平铺直叙地传递给消费者，消费者会认为这些内容过于枯燥和单调，可能无法对其产生任何情感共鸣。而使用包含了声音、文字、图像等各种形式信息的短视频来讲述品牌文化故事，会更容易被消费者所接受。

New Balance 是在美国波士顿成立的运动品牌，其鞋类产品一直深受大众喜爱。New Balance 跑鞋除了让人惊艳的限量设计外，其手工制作也是令人敬佩的一点。为了传达这一工匠精神，该品牌在 2014 年找到手工吉他品牌 Lee Guitars 的创始人，合作创作了一支短视频广告——《致匠心》（见图 11-1）。该短视频一经播出，立刻引起众多观众的共鸣，使 New Balance 想要传递的品牌文化被更多人了解和认可。这支短视频将 New Balance 鞋匠潜心制作跑鞋的镜头与创始人仔细雕琢吉他的过程穿插结合到一起，展现出匠人独有的专注、沉静与对完美的追求，通过创始人的旁白，讲述了一个用"工匠之心"来制作好产品的故事。创始人在短视频中说道，工匠往往意味着固执、缓慢，但这隐含的却是专注与追求完美。

图 11-1　《致匠心》短视频内容截图

这个短视频广告的广泛传播，让人们记住了 New Balance 品牌所主张的精益求精的工匠精神，也让人们记住了 New Balance 这个独特的品牌，New Balance 的知名度因此获得了极大的提升。

11.1 短视频营销

11.1.1 短视频营销概述

1. 短视频营销概念

（1）短视频营销定义

短视频是一种基于移动终端的内容传播方式，短视频营销以故事、采访、科普以及段子等形式将产品或品牌融到短视频中并进行推广。短视频时长通常在 5 ~ 15 秒，涵盖了生活分享、时尚潮流、搞怪创作、社会热点、好物推荐、街头采访、心得交流、创意广告等方面的内容。短视频内容较短，既可以单独发表，也可以以系列形式发表。短视频营销相比于广告营销而言，更具有感染力及传播力，能在较大程度上引起用户情感共鸣并让用户主动分享视频及下单相关产品。

短视频主体类型多样，包括出于个人兴趣的非专业个体，他们制作的短视频被称为用户生产内容（User Generated Content，UGC），此外还有专门从事短视频行业的用户所发布的专业生产内容（Professionally Generated Content，PGC），以及结合前两者的专家生产内容（Professional User Generated Content，PUGC）。随着短视频行业对创作者的逐渐重视，多频道网络（Multi-Channel Network，MCN）内容生产方式也日渐盛行。

① UGC 是指用户生产内容，其生产者通常无相关专业知识及资质，这类用户出于自我表达、传递信息等需求进行短视频制作及发布。由于 UGC 门槛较低，以及出现了抖音、快手等便捷的短视频生产平台，越来越多的用户参与到此类内容生产中来。

② PGC 指专业生产内容，其内容生产者通常具有相关专业学识或者工作资质。PGC 具有强媒体属性特点。

③ PUGC 是指专家生产内容，其生产者通常拥有一定流量基础或是某一专业领域的关键意见领袖。PUGC 是一种 UGC+PGC 的内容生产模式，这类模式主要依赖于流量盈利，梨视频便采用了经典的 PUGC 内容生产模式。

④ MCN 为多频道网络，这一模式的核心是平台挖掘培养各类优秀的 UGC 生产者，从而形成不同板块的平台化运作模式。MCN 机构可以为他们提供运营、商务、推广等服务，使双方实现共赢。

（2）短视频营销发展现状

2021 年年底，我国网络视频用户数量达到 9.75 亿，其中短视频用户规模达 9.34 亿，占整体互联网用户的 90.5%。目前，短视频行业具有一套较为成熟的产业链体系（见图 11-2），主要参与主体包括内容生产者、内容分发者、电商平台、品牌商、用户及监管部门。

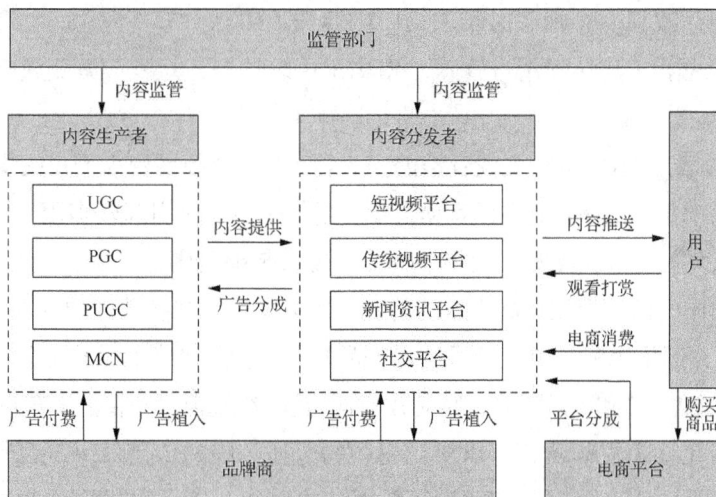

图 11-2　短视频行业产业链体系

（3）短视频营销逻辑

短视频能成为现象级产品，与产品的设计逻辑分不开。短视频通过较低的学习成本，不断吸引用户刷新观看感兴趣的内容，同时也为用户带来精神上的满足感。此外，短视频平台也会使用社交激励、探索激励以及平台推广奖励等机制让用户对产品产生依赖。

① 满足用户精神需求。短视频内容生产者所发布的内容通常为身边趣事或是专门设计的吸人眼球的剧情，这些新奇的内容可以为用户带来快乐、舒适或者惊奇的积极情绪，从而满足用户的精神需求。

② 较低的产品使用成本。在学习成本方面，许多平台在产品功能上做到了简单易上手，用户无论是注册观看还是拍摄上传作品都不需要花费太多学习成本。在时间成本方面，短视频作品时长较短，用户可以在碎片化的时间，如排队中或睡前观看。

③ 持续激励让用户产生依赖。短视频平台通过社交激励、探索激励等方式使用户对产品产生依赖。社交激励是指用户通过点赞、评论、作品发布等功能与他人互动，从而产生被认可、被尊重、被喜欢的满足感。探索激励是指让用户不断地在产品界面中刷到自己感兴趣的内容，不舍得离开平台。

④ 培养用户的产品使用习惯。要让用户对短视频产生依赖，最重要的措施就是提高短视频的内容质量，并根据用户兴趣进行精准推送。短视频内容符合用户偏好，用户才能经常性地主动打开短视频平台并使用有关功能。

2. 短视频营销的特点及优势

（1）短视频营销的特点

由于短视频时长短、传播便捷，用户可以较轻易地进行短视频创作，同时短视频营销也能获得理想的传播效果。此外，依赖于互联网平台的创新发展，短视频营销还具有高互动、低时限以及数据可视化的特点。

① 病毒式传播效果。短视频时长较短，内容抓人眼球，节奏感强，易于传播。因此，在快节奏生活方式下尤其受到用户青睐，相比于传统营销，短视频营销具有病毒式的传播范围与传播速度。

② 高互动性。高互动性是短视频营销的一大特点，短视频平台为用户提供了评论、点赞、转发等功能，用户相互之间可以进行互动交流。当某一短视频引起较多用户的情感共鸣时，高互动性可以较大程度地提高短视频传播速度和增大传播范围。

③ 低内容创作门槛。相较于高投入的传统营销方式，短视频营销的进入门槛要低许多，甚至有时只需要一部手机和一个人即可完成作品拍摄、上传及发布。作品发布者不需要掌握太过复杂的专业技能与知识，只要有视频制作意向，就能在短视频平台上发布自己拍摄的作品。

④ 数据可视化。短视频营销可以对短视频的传播范围和传播效果进行数据化分析，包括关注量、浏览量、评论量以及转发量等数据，内容生产者可以根据这些数据反馈对作品进行调整。

⑤ 低传播时限性。短视频营销与传统营销不同，企业发布的宣传视频较少受到资金投入的影响，若某一视频内容得到了大众的认可与追捧，该短视频就可能在任何一个恰当的场合被反复转发，传播时效性低。

（2）短视频营销的优势

短视频作为传播工具的良好效果已经得到了大众的认可，其高效便捷和高曝光低成本等优势使得短视频营销在众多营销方式中脱颖而出，对企业的市场推广、渠道建设以及用户忠诚度建立都具有一定的促进作用。

① 在信息传播方面，短视频传播具有高效、便捷、范围广以及低成本的特点。首先，结合了图片、声音、文字等信息的综合性阅读正逐渐受到人们的青睐，短视频表现形式多样，表达直白且易于理解，适用人群广泛，极大地满足了用户的阅读需求。其次，短视频平台为用户提供了一键式登录和分享功能，使得互动更加便捷。最后，短视频营销成本相对较低，大多数短视频平台本身可免费使用，内容生产者只需关注人员、道具、场地等成本即可。

② 在企业运营方面，短视频营销给企业提供了产品展示、营销推广、知识传播以及情感交流的渠道。首先，短视频的优势在于以最短的时间、最方便的方式将产品展示给用户，尽管只是利用了用户的碎片化时间进行传播，但在这种潜移默化下的反复影响具有更好的营销效果。其次，短视频可以通过多元化的展示方式将视觉享受与购买行为结合，引起用户兴趣，从而促进产品的营销推广。最后，短视频还为企业提供了知识分享和与用户沟通的渠道，但企业需要平衡好短视频营销的社交属性与营销属性，以做到营销价值的最大化。

11.1.2 短视频营销的模式和评价

1. 短视频营销的模式

企业需要将短视频真正运用到营销实践中以实现发展目标，可以通过以下 5 种模式来实现短视频的商业价值。

（1）广告植入营销

短视频广告植入是指把产品或具有产品代表性的元素融入短视频中，从而向用户传达产品信息，实现营销目的。内容生产者在植入广告时通常采用的方式包括内容植入、道具植入、背景植入以及硬性植入等。

（2）场景沉浸式体验营销

这一新型的线上营销模式改变了销售人员直接向用户讲解、推销产品的传统方式，场景沉浸式体验营销主要围绕用户所关注的产品特性，在具体场景中将这一特性展示出来，进而消除用户对产品的顾虑，激发其购买欲望。例如，在推广游戏手机的视频中展示使用该手机玩某款游戏时手机的性能表现，见图 11-3。

（3）情感共鸣营销

情感共鸣类的短视频营销通常会紧密结合时事热点，引起用户的情感共鸣及思考，从而达到传达企业价值的目的。例如，一些助农产品卖家呼吁人们帮助滞销农民，激发用户的互助情感，从而提高用户对产品的支持度。

（4）病毒式营销

如果说情感共鸣营销是顺应热点，那么病毒式营销就是创造

图 11-3　抖音平台某手机
场景沉浸式体验营销

热点。这类短视频的内容与用户心理密切相关，具有足够的吸引力，能够打动用户。此外，病毒式短视频传播速度快，内容简单且节奏感强，发酵后容易引起大范围的传播。

（5）信息流营销

信息流类短视频广告是指出现在社交媒体中的短视频广告，如常在微信朋友圈中出现的京东、瑞幸等各大品牌的视频广告。其中较为经典的是 QQ 空间中的小说信息流广告，这类广告通过将小说中高潮、最有趣的剧情拍成短视频投放到社交媒体中，迅速引起用户兴趣并刺激用户点击查看。信息流类短视频广告可自然地出现在好友动态中，拥有较高的用户触达率。

2. 短视频营销的评价

（1）短视频内容效果评价指标

数据对于平台优化运营具有重要意义，但并非所有数据都具有价值，运营者需要明白关键指标的意义才能从数据中得到有用信息。在短视频内容效果的评估中，有 8 类关键数据值得运营者关注。

① 推荐量。推荐量表示用户发布的短视频被推荐给了多少个用户，推荐量越高说明短视频的热度越高，也表明大众对短视频内容质量的认同度越高。推荐量是由短视频平台经过一定算法机制得出来的评估结果，不同的短视频平台有不同的评估机制，同一个短视频

在抖音、西瓜视频、快手等短视频平台上的推荐量可能会有较大差异。

② 播放量。播放量指短视频被用户点击观看的次数，播放量可以根据运营者不同的关注重点细分为昨日粉丝播放量、昨日播放量以及累计播放量等。昨日粉丝播放量及昨日播放量反映了某一个短视频在前一天的单日播放量，累计播放量则反映了每日播放量的累计总和。内容发布者可以在自己的账号中查看短视频的各项播放量数据，若发布者所发布的短视频不够吸引人，自然无法得到较高的播放量，即播放量是衡量短视频内容受欢迎程度的直观指标。

③ 完播率。完播率指完全观看完某一个短视频的用户占总点击观看用户的比例。在观看短视频的过程中，用户存在跳出行为，当用户觉得该短视频没意思或者不符合自己的偏好，就会退出观看界面，停止观看行为。完播率可以较好地衡量一个短视频的质量，一个具有优质内容的短视频，通常可以吸引用户看完。

④ 播放时长。播放时长指播放观看视频的时间长度，可以细分为累计播放时长、具体视频的播放时长等类型。累计播放时长是针对平台发布的全部视频，反映用户在该平台上观看视频所花费的时间，反映平台视频对用户的吸引力。具体视频的播放时长则指用户观看某一短视频的时间长度，反映了某短视频对用户的吸引力。运营者可以结合播放时长及完播率，找出用户跳出的原因及时间，从而有针对性地改进短视频内容。

⑤ 收藏量。收藏量反映了某短视频被放入收藏夹的数量。收藏行为通常以个人喜好为主，当用户收藏了某一短视频，说明用户觉得该短视频在某种意义上具有一定价值，想收藏起来以后再看。某个短视频的收藏量越大，说明该短视频的内容越吸引人。

⑥ 转发量。转发量指有多少个用户将短视频转发分享给好友。转发行为多基于短视频内容价值的普适性，转发对短视频的传播具有重要意义。

⑦ 点赞量。点赞量反映了用户对短视频内容的喜好及认可，点赞量可以体现出内容生产者的视频质量以及路人缘。点赞行为通常源于短视频观看者与发布者具有相似的观点和偏好，或是观看者表达自己对短视频主张的支持态度。发布者可以通过对比不同短视频的点赞数来挖掘用户的兴趣点，从而优化短视频内容。

⑧ 互动量。互动量主要指短视频被多少个用户评论过，互动量可以体现用户发布视频的话题热度以及用户粉丝活跃度。互动量越大的短视频通常也具有较大的流量及较高的人气。值得注意的是，评论既包含正面评论也包含负面评论，发布者需要同时关注二者中的热评和最新评论，从中分析出用户的主流意见及态度。

（2）短视频平台推荐算法

短视频平台通过一定的推荐算法来进行内容分发，不同平台的推荐算法会根据平台的经营战略有所不同。发布者在发布短视频后会收到平台推荐算法产出的数据反馈，这一数据将影响短视频的曝光率。了解平台的推荐算法机制，以此优化短视频内容，就有可能获得更多的推荐量。各平台的推荐算法虽各有重点，但在基本流程上大同小异。

步骤一：内容审核。系统会对发布者上传的短视频的内容、文案和标签等进行审核，剔除违法、敏感以及不符合平台要求的部分，这样筛选修改过的短视频才能在平台中公开展示出来。

步骤二：少量推荐。经过审核后的短视频会被平台随机推荐至带有符号标签的部分用户的推荐界面上，这些用户点击播放后就会形成部分反馈数据，包括播放量、点赞量、评论量、转发量。根据这些数据，平台可以使用推荐算法来决定对该短视频下一步的推荐力度，数据表现良好的短视频可以被平台再次推荐，数据表现不好的短视频，则会迅速沉没在海量的短视频中，难以被大部分用户看到。

步骤三：大量推荐。少量推荐类似于一个小范围的预测试，以判断该短视频是否能受到大众的欢迎和认可。少数在少量推荐中表现优异的短视频可以进一步得到大量推荐的机会。大量推荐意味着平台可以为发布者的短视频提供更高的曝光率和更多的播放量，"热销款"短视频正是由此而生的。

步骤四：重复步骤一至步骤三。平台在获得短视频更多的相关数据后，会进一步完善自己的推荐算法机制，然后重复循环上述三个步骤，寻找更多适合大量推荐的潜在"热销款"短视频。平台推送也可以被人工干预，平台会考虑给头部账号优惠政策，其发布的短视频只要通过审核与筛选就能直接获得大量推荐机会。

（3）提高关键指标权重的方法

数据分析是短视频数据运营中不可或缺的一步，基于推荐量、播放量、完播率、播放时长、收藏量等内容效果的关键评价指标表现，内容生产者可以通过以下方法有针对性地提高短视频推荐权重。

① 内容生产者可以通过各类渠道发动朋友帮忙点赞、评论和转发，使短视频能够满足平台叠加推荐的要求。

② 内容生产者可以考虑让标题更具有趣味性，在标题中设置一些具有趣味性或针对性的关键词，如光剑变身或空气炸锅测评，激起用户的观看兴趣。

③ 在评论区进行自评，同时对他人的评论风向进行引导。

④ 积极认真地回复用户给予的评论，解答用户疑惑，吸引用户对短视频进行评论。同时，良好的互动也能使用户对内容生产者具有更高的忠诚度。

⑤ 内容要具有创意，可以结合时下流行的词语、社会热点和各类梗来激发用户的兴趣与共鸣，良好的内容策划能激发用户的点赞和评论欲望。

11.1.3　短视频营销的应用

由于各平台的推荐算法不同，因此在不同平台上增加短视频曝光量的方式也有所不同。下面介绍两个主要短视频平台的推荐机制。

1. 抖音平台的推荐机制

（1）抖音平台的短视频推荐逻辑

步骤一：智能分发。抖音平台先随机为每个短视频分配较小的流量池，即使发布者没有任何粉丝也能够获得初始的分发流量，这部分流量以附近用户和关注用户为主。然后，根据该短视频的播放量、点赞量、转发量等数据筛选出关注度较高的短视频进入更高一级的流量池。经过多次筛选得到精品内容池，并根据用户观看记录从内容池中筛选用户可能感兴趣的内容进行推荐。

步骤二：叠加推荐。智能算法会结合大数据和人工运营的双重算法机制对不同数据进行加权计算，当某一短视频的互动率、点赞量、完播率等指标达到一定标准，抖音平台会将该短视频叠加推送给更多的用户，从而使该短视频获得成为"热销款"的机会。

步骤三：热度加权。当短视频内容的热度加权到一定量级，抖音平台就会将其纳入推荐板块，从而获得数十万至数百万的曝光，此时用户标签被逐步弱化，几乎每个用户都能刷到这一精品短视频。抖音平台采用的循环排名算法，就是根据短视频热度进行排名的，其算法基础公式为：视频热度 = 点赞量 + 播放量 + 评论量。

（2）抖音推荐机制的特点

抖音平台推荐算法具有"去中心化"的特点。一般来说，一个粉丝不多的发布者在微信及微博等平台上发布作品时，很难产生播放量，而拥有一定粉丝量的账号则能轻易获得较大的流量。但抖音平台不同，无论账号粉丝基础如何，只要短视频内容符合抖音平台审核标准，就能在发布后获得一定的初始流量，这给大部分新进入抖音的内容发布者提供了一定的曝光机会。

简言之，抖音平台的推荐机制就是通过算法给每个发布者分配一个流量池，然后再根据点赞量、互动率和完播率等指标来进行叠加推荐及曝光。只要短视频在这个流量池中拥有出色的数据表现，就能够被推荐给更多的用户。因此，抖音平台的内容发布者在进入平台的初期，可以发动亲友帮忙转、赞、评，以较快地获得更大范围的推荐。

2. 快手平台的推荐机制

快手平台的推荐机制与抖音截然不同，通过发动旁人来提升互动数据并不能帮助快手用户的短视频作品成为热门，快手也正是通过这种方式来遏制购买水军刷流量的作弊手段。

在快手平台，短视频作品能否被推荐给更多用户主要是由短视频的播放量和完播率决定的，其推荐机制关注筛选出让用户认可的短视频内容。快手的推荐机制包括 3 个关键点：用户与短视频匹配度、短视频热度及发布时间。快手平台的推荐机制着眼于覆盖用户不同需求，通过各个维度数据来进行精准的用户画像，并针对性地对用户进行个性化推荐。此外，快手的热度权重及时间权重起到"择优去劣"及"择新去旧"的作用，给新进入的用户平等的展示和被关注的机会。

相较之下，抖音平台更倾向于推荐被大量用户检验及认可的优质短视频，而快手平台仅经过初步检验后就根据用户偏好开始推荐，因此会产生更多"小众"的内容。

11.2　直播营销

11.2.1　直播营销概述

2016 年被大众称为"互联网直播元年"，在这一年直播平台及其用户数量激增，传统秀场直播、游戏直播、"带货"直播等形式丰富的直播内容以及高临场感与互动性给直播间用户带来了良好的体验，越来越多的企业与自媒体从业者涌入互联网直播行业。

1. 直播营销的概念

（1）直播营销的定义

直播营销是指直播主体依托于互联网及智能移动端，在互联网直播平台上进行实际情况播送以及多元化展示的网络内容服务形态。在直播间中，用户能够通过发送弹幕与主播互动，主播通过弹幕内容及时满足用户需求或解答疑问。通过主播的语言刺激与全面的产品展示，用户的购买欲望会大大增强。

根据不同的直播内容，直播可以分为引流类直播与"带货"类直播。引流类直播主要是与用户进行互动交流，加强用户与主播之间的情感联系，并吸引更多用户成为粉丝，这类直播内容通常包括生活分享、才艺展示以及知识传播等；"带货"类直播以销售产品为目的，主播在直播间中通过专业的话术引导用户产生购买欲望，并为用户提供全面的产品展示。

（2）直播营销发展现状

截至 2021 年 12 月，互联网电商直播用户规模达 7.03 亿人，占整体互联网用户的68.2%，相比 2020 年占比增长 29 个百分点。在各类直播中，电商直播用户数量占比最大，为 44.9%，规模达 4.64 亿，其次为游戏直播（用户数量占比为 29.2%，规模达 3.02 亿）、体育直播（用户数量占比为 27.5%，规模达 2.84 亿）、真人秀直播（用户数量占比为18.8%，规模达 1.94 亿）和演唱会直播（用户数量占比为 13.8%，规模达 1.42 亿）。

在各类专业直播平台中，一线直播平台主要包括虎牙直播、斗鱼直播，以及 YY 直播。二线直播平台主要包括花椒直播、映客直播。三线直播平台主要包括快手、企鹅电竞以及酷狗直播等平台。电商直播行业的平台主要有淘宝、小红书、抖音、快手等。近年来网络直播行业实现了高速发展，其中电商直播发展最为迅猛。电商直播为乡村振兴提供了有效途径，为企业拉动营收提供了技术支撑。

2. 直播营销的特点及优势

（1）直播营销的特点

与传统传播媒介相比，网络直播具有独特的跨时空性，通过移动互联网实现与用户的高度互动，打破了传统传播媒介的时空局限，同时也为用户与企业之间互动方式的多样化发展提供了基础。具体来说，直播营销具有以下特点。

① 实时互动。直播的实时互动特性使用户在场域内也拥有了话语权，用户能够和主播处在平等交流的位置。用户可以通过实时弹幕提出诉求或发表产品评论，主播可以针对这些诉求及时做出回应和展示。直播营销属于互动的共同场域，具有类似偏好的用户聚集在一起会相互感染，产生较多的共同话语与较大的情感共鸣，从而实现用户之间以及用户和主播间弱关系向强关系的转换。

② 场景触发。不同类型的直播往往会吸引不同偏好的用户，也就是说，特定的直播场景能触发用户的一些潜在需求。在直播过程中，主播的具体行为或身上穿戴的服饰都有可能触发用户的某些需求，这些都是潜在的营销机会。

③ 过程式消费。直播营销属于过程式消费，用户在直播间持续观看主播展示产品时会受到主播话术及直播间氛围影响而产生下单欲望，并且在消费后也更容易获得持续的心理满足感。具体来说，用户一旦进入直播间，主播会不断引导和鼓励用户与其互动，直播间的购物氛围也会进一步刺激用户的消费行为。在观看直播过程中用户基本一直处于兴奋状态，对价格的敏感度降低，在"边看边买""边玩边买"中完成交易。

④ 用户在场感。直播营销具有独特的真实感，因为主播可以进行试穿、试吃，用户会产生自己在实际购物的感觉，这是其他任何线上营销活动无法做到的，并且直播营销不受场地限制，用户规模往往远超线下营销。用户可以实时观看直播过程，甚至可以通过弹幕要求主播进一步展示各种细节。直播营销对产品或服务的立体化展示会比后期精心编辑的照片或短视频更具有认可度。

（2）直播营销的优势

考虑到直播营销对场地、人力和物力的需求较小，同时还能够聚集相当体量的观众群体，直播营销相较于其他营销渠道具有不可忽视的优势。此外，依托于互联网平台，直播营销也具有高互动、高体验和数据反馈的优势功能。

① 更低的营销成本。直播营销成本主要包括直播间装修成本、主播成本、团队成本以及营销成本，而对场地、物料等的需求较少，是目前成本较低的营销形式之一。

② 更好的用户场景体验。主播在直播间中可以展示产品的试吃、试玩、试用等过程，用户还可以通过弹幕提出想要了解的产品特性，主播进行即时的互动与反馈，这一形式能够快速地将用户带入产品体验的真实场景。

③ 更精准的用户定位。直播间开播都具有时效性，需要用户在特定时间进入直播页面，而这与互联网用户的碎片式阅读习惯是相冲突的。因此，能够在特定时间里进入直播间观看产品讲解的用户通常对主播或该场直播销售的产品具有较高忠诚度，即直播营销所吸引到的用户都是较为精准的目标用户。

④ 更有效的营销反馈。直播营销可以为品牌主提供即时的用户规模数据及粉丝增长数

据。另外，由于用户可以边看边买，品牌主可以通过配合促销活动引导用户到相应的电商平台购买，实现从关注到转化的营销目的。

11.2.2　直播营销的模式和方法

1. 直播营销的模式

直播天然的高互动性给用户带来更加丰富、真实的实时信息，这也催生了新型的营销模式。对于直播运营者而言，通过直播进行有效变现是最终目的，在直播平台，企业通常有以下 3 种营销模式，包括直播"带货"、直播打赏以及粉丝运营。

（1）直播"带货"

"带货"主播通常背靠品牌或本身就具有一定流量，他们借助这些流量进行产品展示与互动，从而吸引用户在直播间边看边买。"带货"主播可以分为专业类主播、形象类主播与店铺类主播 3 类。专业类主播主要包括专门从事直播行业的头部主播；形象类主播通常以艺人为主；店铺类主播则是店铺雇用的普通员工，在店铺账号下进行直播。在直播"带货"中，主播需要营造一种良好的直播间购买氛围，刺激用户进行购买。

（2）直播打赏

直播间具有礼物打赏功能，打赏模式主要是鼓励用户购买平台提供的虚拟货币，从而获得相应的虚拟礼物和会员服务。通过不断地赠送虚拟礼物给主播，用户的礼物排行榜名次会持续上升，引起主播和直播间其他用户关注。为了持续获得这种瞩目的感觉，用户甚至会持续打赏，从而不断为平台创收。此外，与主播的高频互动使用户感受到较强的参与感，因此，用户更容易对主播产生信任及依赖感。

（3）粉丝运营

部分主播开播的目的不在于从当场直播中获取收益，而是通过个人表演或闲聊等方式提高粉丝黏性，维持用户关系甚至吸引新粉丝，为之后"带货"储存更大流量。主播流量是主播与货品的品牌方议价的资本，主播流量越多，主播在与知名品牌合作中议价能力就越强，从而吸引更多的粉丝进入直播间消费，对于主播而言这是一个良好的运营循环。

2. 直播营销的方法

（1）直播间流量增长逻辑

直播间的流量增长逻辑一般包括 6 个部分：平台推流 / 叠加推荐、用户停留、用户观看、用户互动、用户下单，如图 11-4 所示。

① 平台推流：平台首先会给每个直播间分配基础流量，主播也可额外付费获取更多流量。

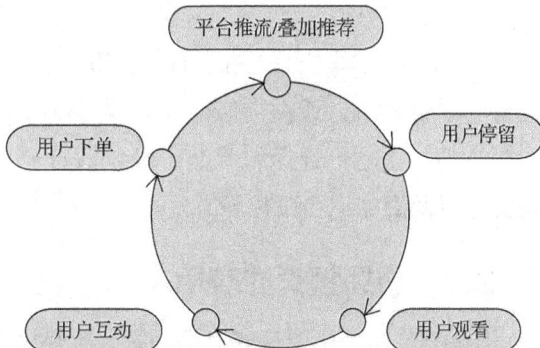

图 11-4　直播间流量增长逻辑

② 用户停留：用户在平台推荐中被吸引，进入直播间并停留。

③ 用户观看：用户在直播间受到直播活动或氛围的吸引，产生观看行为。

④ 用户互动：用户在直播间产生评论、点赞、送礼以及分享等互动行为。

⑤ 用户下单：在主播的介绍下，用户受购买氛围、活动力度或产品功能等因素的影响，从而产生下单行为。

⑥ 叠加推荐：直播平台会根据直播间的数据表现对直播间进行叠加推荐，拥有较高人气的直播间或许能够被平台推送给上万个用户。

（2）直播间核心参数与流量增长方法

① 直播间核心参数。直播间营销需要明确 3 个与数据指标相关的基本原理：首先，直播间要先有转化率，才有流量；其次，平台只负责推送，不能保证点击率与转化率；最后，直播间流量排名有一定规则，以抖音为例，某直播间的流量池排名 = 预期点击率 × 预期转化率 × 出价。

通常来说，主播团队需要关注的核心直播数据包括：点击率、转化率与付费推广价格。直播间点击率与直播间付费推广价格较易理解，而所谓的直播转化率，是评判主播将直播观看用户转为忠实粉丝的能力的指标，具体包括用户在直播间停留时长、用户互动率、用户关注率、商品浏览率、下单率以及成单率。

② 流量增长方法。根据用户在直播间的行为路径（见图 11-5），运营方应重点关注互动率与转化率两个指标。互动率能够体现直播间的吸引力，而转化率体现了主播的销售能力。

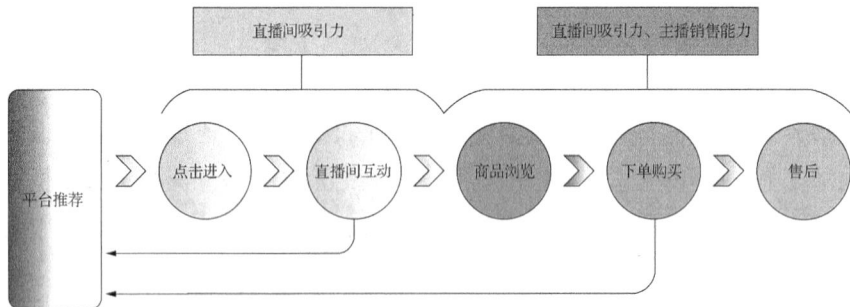

图 11-5　用户直播间行为路径

在提高互动率方面，主播可进行相应的话术训练，如"想要的扣 1""弹幕刷一波 666"等。此外，主播还可以通过类似"弹幕刷口令参与抽奖"的活动来提高直播间互动率。在促进购买方面，主播可选择的营销手段包括营造直播间购买氛围、详细展示商品优点、提供促销优惠以及商品组合销售等方式。

11.2.3　直播营销的应用

斗鱼 TV 是一个弹幕式直播网站，拥有较为成熟的大数据体系，在数据仓库、数据应用、数据产品以及大数据风险控制板块都已形成基础架构。斗鱼 TV 的 App 首页是完全个性化的推荐页面，其推荐的不同分区与直播间均源自用户的历史行为数据以及斗鱼的偏好预测功能。一个优质的网络直播 App 需要重视大数据技术在用户参与、用户与主播互动以及转化率方面的应用，因此，本小节将以斗鱼 TV 为例，对其大数据定位与价值创造进行分析。

1. 斗鱼 TV 的概况

斗鱼 TV 由 ACFUN 生放送直播衍生而来，继承了 ACFUN 的视频弹幕特色，是一个弹幕式直播网站，主要为用户提供游戏、体育、综艺等直播服务。斗鱼 TV 在直播行业不断探索商业模式的创新，把握住了直播行业的发展，成为国内率先进入 D 轮融资的直播企业，同时斗鱼 TV 也是国内较大的以游戏为主要直播业务的发展先锋。2019 年 7 月 17 日斗鱼 TV 于美国纳斯达克上市，IPO 发行价为 11.5 美元，市值超 250 亿美元，斗鱼 TV 的上市给直播行业的规范发展带来了不可忽视的作用。尽管 2020 年 10 月 12 日虎牙直播宣布与斗鱼 TV 合并，并收购斗鱼 TV 所有流通股份，但斗鱼 TV 在直播行业的商业模式路径仍有巨大的研究及学习价值。

2. 大数据定位与价值创新

2013 年以前，斗鱼 TV 主要是一个分享式的、可以实时交流的直播平台，其直播业务所涵盖的领域广泛，并未考虑对直播市场进行细分并做出具体的市场定位。直至正式更名成形后，斗鱼 TV 开始使用大数据技术来对用户群体进行细分。斗鱼 TV 的数据仓库中包含了 ODS（Operational Data Store）层、External 层、DIM（Dimension）层、DW（Data Warehouse）层、DWD（Data Warehouse Detail）层以及 Archive 层，一方面这些数据仓库提供了用户主播行为、特点等维度的汇总以及直播间维度信息等；另一方面这些数据仓库还可以根据业务和数据类型做域的划分。通过明确"直播 + 游戏"的价值主张，斗鱼 TV 迅速抓准游戏市场，吸引了大量的游戏玩家进入该平台。在之后的几年，斗鱼 TV 进一步尝试扩大目标用户群体，在几年的时间中开发了户外、娱乐、二次元、体育、科技等新的直播业务板块，逐步成为一个体系化的综合性直播平台，实现了价值定位的再次创新。

3. 大数据下的价值创造与传递创新

除了在直播业务品类上的创新，斗鱼 TV 还致力于为用户带来体验方面的创新。斗鱼 TV 通过与专业主播、推广平台及广告主的合作实现资源互补，并且在带宽服务商、支付服务商以及移动运营商等合作商的协同作用下，进一步完善了其商业机制，并且可以支持更多创新业务的开展。个性化大数据推荐算法给斗鱼 TV 提供了用户反馈结果，通过推荐系统的推荐服务层、数据维护层和监控层三个模块，斗鱼 TV 能够为用户提供实时的个性化推荐并且让直播间成为不同的网络社群。在单个社群中，主播、用户以及平台的关系变得更加紧密，斗鱼 TV 的交友、分享、参与以及全民的价值主张也得以被识别。这种价值传递以直播为载体，从后端的供应网络传递到前端的用户网络。

此外，斗鱼 TV 还为主播和用户提供了一个交流社区——鱼吧。主播在社区中发起话题，用户则可以参与该话题的讨论，并且分享该话题或对主播进行打赏。最后，斗鱼 TV 所设置的收入分配机制实现了流量变现，实现了盈利模式的闭环。斗鱼 TV 通过对业务、关系、用户体验、资源补充的创新，有效地完成了前、后端网络的对接以及价值传递的过程。

4. 大数据下的价值实现创新

斗鱼 TV 曾尝试拓宽流量变现的渠道，改变对用户打赏及投资方式的过度依赖，通过结合线下线上来增加新的收入来源，吸引了苏宁易购、英特尔以及京东等企业的加盟。在成本管理上，斗鱼 TV 通过 Redis 的实时流计算功能，可以有效监控后台服务器的响应速度及用户访问量等指标，从而减少服务器带宽费用。此外，斗鱼 TV 还对直播平台的主播进行了分类管理。例如，若直播间热度不够，用户将无法调节其清晰度。这一措施可以大幅降低服务器转码成本，同时还能刺激用户的消费心理以获取更多收益。

习 题

一、名词解释

短视频营销　UGC　PGC　MCN　病毒式营销　信息流营销　直播营销　过程式消费

二、简答题

1. 请简要介绍短视频营销的逻辑。

2. 请简要论述短视频营销的特点。

3. 请从信息传播和企业运营两个方面简述短视频营销的优势。

4. 常见的短视频营销模式有哪些？请举例说明。

5. 常见的短视频内容效果评价指标有哪些？

6. 请简要介绍短视频平台的推荐算法的基本流程。

7. 提高关键指标权重的方法有哪些？

8. 直播营销具有哪 4 个特点？请简要论述。

9. 简要介绍直播营销的优势。

10. 常见的直播营销模式有哪些？请举例说明。

11. 请简述直播间流量增长逻辑。

12. 请描述用户在直播间的行为路径，并针对这一路径给出增加直播间流量的建议。

三、开放性思考

1. 抖音与快手平台的推荐机制决定了它们各自适合什么样的品牌推广？

2. 根据短视频平台推荐算法，怎样从 0 到 1 打造一个"热销款"视频？你有什么想法？

3. 短视频观看用户与直播观看用户的行为数据有什么共同点和差异？各自的侧重点是什么？

第 12 章
跨界营销

引入案例——稻香村 × 王者荣耀："峡谷月明"中秋礼盒

在当今"万物皆可联名"的时代，品牌跨界合作的创意越来越丰富，联名的跨度也越来越广，不仅增强了消费者关于品牌的记忆效应，同时也展示了多面的品牌形象。

2020 年春节期间，稻香村与王者荣耀合作推出"荣耀稻香"的新年礼盒，这个创意无限的组合瞬间引起了消费者强烈的共鸣。在中秋佳节之际，稻香村与王者荣耀再次合作，联手推出"峡谷月明"的中秋礼盒，如图 12-1 所示。该礼盒将中秋传统习俗，如赏月、思乡、品酒等融入到精美的图案设计中。此外，礼盒中还蕴含着中秋佳节的独特氛围，包括专属的联名印章、玉兔月饼的精美模具以及中秋祝福卡片等。

图 12-1　稻香村 × 王者荣耀中秋礼盒

一方是当今年轻人钟爱的手游之一，而另一方则是中国糕点行业历史悠久的企业之一，二者的跨界合作看似令人惊叹，但却是理所当然的。在月饼礼盒中，双方巧妙地融入了游戏元素，不仅为传统文化注入了新的活力，同时也为游戏 IP 注入了独特的文化内涵，这是两个时代的碰撞，也是两种情怀的交融。

12.1 跨界营销概述

12.1.1 跨界营销的内涵

1. 跨界营销的起源

跨界营销来源于合作营销（Co-Marketing）。合作营销是两个及两个以上的企业或品牌联合建立渠道、研发、生产、促销等资源或行动联盟，以利用市场机会、降低成本和提高市场竞争力等。合作营销分为水平合作营销、垂直合作营销以及交叉合作营销。水平合作营销指企业在某一特定营销活动内容上的合作；垂直合作营销指企业在不同营销活动内容上的合作；交叉合作营销指不同行业的企业之间的合作。合作营销延伸出营销联盟（Marketing Alliances）、协同营销（Joint Marketing）以及共生营销（Symbiotic Marketing）等概念，含义大致相同。

2. 跨界营销的概念

学术界目前并没有准确地界定跨界营销。学者杜永利等人（2008）认为跨界营销是两个及两个以上被消费者高度认可的品牌保留各自名字进行合作营销的一种方式，让原本毫无关系甚至对立的元素相互渗透，从而赋予品牌纵深感。甘勇等人（2010）认为跨界营销基于不同产业、产品、偏好的消费者之间的共性，将原本无关联的要素融合、延伸体现出独特的态度、审美及价值，以获取消费者好感从而实现利润最大化和市场最大化。陆朦朦等人（2018）认为跨界营销是非竞争企业或品牌基于共性体验特征实现营销协同和品牌效应叠加。黄春萍等人（2021）指出跨界营销是不同行业品牌以消费者需求为核心强强联合，在价值链各环节中共享资源，以达到降低交易成本、发挥协同和创新效应、促进企业发展的目的。雷良（2022）认为跨界营销依据不同行业、品牌、环境、类型、偏好的消费者之间的一致性或相关性，使不相关的元素相互渗透、融会贯通，诠释新的生活态度、审美方式及服务意识，从而帮助企业扩大市场份额。

基于此，本书认为大数据时代的跨界营销是两个及以上的品牌，利用数据分析将相似的消费群体和商品特征相互融合、渗透，发挥协同和创新效应，以达到更加精准地满足消费者需求、促进企业发展的目的。

12.1.2 跨界营销的原则

很多企业在进行跨界营销时并未达到期望效果，甚至失败，主要原因在于一方面忽视了双方品牌、产品、目标人群等要素之间是否契合，另一方面将跨界营销错误地理解为不同行业品牌联合促销。因此，企业要实施跨界营销需要遵循下列原则。

1. 资源匹配原则

资源匹配指企业在进行跨界营销时双方在品牌、战略、市场地位等方面具有对等性，这样才能更好地发挥协同效应。

2. 品牌效应叠加原则

品牌效应叠加指不同品牌优势互补，将自身品牌内涵与影响力转移到对方品牌，或是实现传播效应的相互叠加，进而丰富各自品牌的内涵并提高品牌的影响力。

3. 消费群体一致性原则

由于企业所处行业不同，目标消费群体也会有所不同。要保证跨界营销的成功，双方企业必须具备相似或重复的消费群体。

4. 品牌非竞争性原则

品牌非竞争性指跨界合作企业在品牌推广上为互利共赢的合作关系而不是相互对抗的竞争关系。跨界营销的目的是通过合作丰富各自品牌的内涵、提高品牌的知名度以及提升产品的销量，达到共赢。

5. 非产品功能互补原则

非产品功能互补指跨界合作企业在产品属性上要具备相对独立性。跨界合作不是对各自产品在功能上进行相互补充，而是产品能够相互独立存在、各取所需，是基于一种共性和共同的特质。

6. 品牌理念一致性原则

品牌理念一致性指合作双方品牌内涵具有一致或相似的诉求点，只有品牌理念保持一致，消费群体才会认同二者的跨界营销，将两个品牌关联起来，由 A 品牌联想到 B 品牌，由 B 品牌联想到 A 品牌。

7. 以消费者为中心原则

现今企业的营销策略发生了巨大转变，从以产品为中心到以消费者为中心，关注与满足消费者需求才是企业营销的最终目的。因此，跨界营销也应以消费者为中心开展。

12.1.3　大数据时代的跨界营销

大数据时代的到来，解决了企业遇到的用户数据收集难度大、样本小等问题。用户在互联网中的任何一个行为，都能被观察并记录。企业通过精细化数据分析等行为，为用户打上众多的标签，生成用户画像，用户的个人属性、兴趣爱好、相关消费习惯和偏好等数据让企业能更好地规划营销策略。另外，随着用户自我意识觉醒，决策链路逐渐变得更加复杂，新的营销触点随时可能发生，并影响决策行为。大数据为跨界营销提供了很好的技术支撑，不论是在信息数据收集、用户洞察，还是在传播和互动上，大数据时代的跨界营销都具有传统跨界营销所不能企及的优势。

大数据时代的跨界营销有以下特点。其一，在跨界合作伙伴的寻找上，基于用户数据信息，企业识别与自己目标用户群体重合、具有共性的企业，以期匹配到最优合作伙伴，助力双方突破圈层，发挥协同效应；同时基于合作双方用户对品牌的理解，双方在保留自身特色的同时达到有效融合。其二，在跨界策略的制定上，企业根据用户画像洞察用户心理，使企业的跨界理念能够打动用户，激发用户对跨界理念的认同，从而深化用户对品牌的记忆点，帮助品牌跨界获得良好口碑。其三，在跨界营销的传播推广上，大数据使企业投放广告实现精准触达，针对用户开展个性化、定制化营销，即使用户关注同一媒体，广告内容也不尽相同。另外，相较于传统跨界营销，大数据时代的跨界营销可以实现实时反馈与及时调整。当用户接触到营销内容时，用户在内容页面的停留时长、互动行为及互动内容都可以通过数据后台进行实时监控并加以统计，用来评判跨界营销话题、内容和产物是否具有吸引力，判断哪种内容用户的互动意愿高或者低，是否要进行相应调整，以获得更好的效果。

12.2 跨界营销成功的关键

大数据时代，企业可根据消费者反馈数据，观察消费者反应，输出分析结果，实施精准有效的营销策略。在这个背景下，要使跨界营销取得成功，企业除了遵循跨界营销的基本原则之外，还需要做到数据联通、深度融合、价值落地以及杠杆传播。

12.2.1 数据联通

在大数据时代，数据就是生产力。企业通过数字化进行智能决策，实现对市场需求变化的精准响应，为跨界营销提供支持。

在当下的营销环境中，企业获取数据已经不再是难题，合理有效地使用数据才是根本目标。现阶段，用户数据分布渠道广泛，格式也越来越复杂，数据碎片化、重复、无效、格式不统一，数据孤岛，数据归类不合理等问题突出。很多企业拥有庞大的数据资产，却苦于无法使用，因此，企业需要实现数据联通。数据联通是指将原本分散的用户数据统一汇聚和拼接起来，形成完整的用户信息视图。具体来说，一方面，通过数据联通，企业将用户在不同渠道上的标识联系起来，以此来识别同一用户，从而消除数据孤岛，建立更完整的用户画像，对用户行为模式进行深入洞察。另一方面，通过数据连通，企业从横断面全方位了解用户在各个渠道和触点上的活动轨迹与行为特征，有助于在制定营销策略时合理分配营销资源，避免对同一用户在不同渠道的重复营销，从而减少资源浪费，同时还能消除营销盲区，提高营销资源的利用率。另外，在提供个性化服务方面，数据联通后可以输出更完整的用户画像，企业可据此为用户制定个性化的服务策略，提供更精准有效的服务。因此，数据联通可以帮助企业更好地定位目标用户，对用户进行画像，洞察用户的潜在需求，在传播中更加智能地实现资源优化配置，使跨界营销取得成功。

12.2.2 深度融合

跨界营销让原本不同种类与不同领域的品牌相互融合渗透，从而使品牌具有立体感与纵深感，用更新颖有趣的方式来吸引用户目光。由于目标用户、传播方式、渠道流量的变化，选择跨界合作的品牌之间可以实现资源互换，包括营销渠道的互换、用户的互换、媒体广告的互换等。因此，跨界营销要把品牌内涵、渠道资源、媒体资源等深度融合起来，以适应新环境下的不同营销需求。

企业可利用大数据等技术充分洞察用户，寻找具有共性的品牌，将品牌内涵、营销资源等深度融合，进而促进跨界营销的实施。例如，企业可以从海量用户行为数据中分析、洞察和预测用户的习惯偏好，找到具有相似用户群体的品牌，并通过跨界合作为用户提供最能够满足他们潜在需求的产品、信息和服务。

12.2.3　价值落地

跨界营销是一种价值营销，成功的跨界营销从洞察用户开始，关注用户的消费习惯和偏好，并在营销过程中整合资源为用户带来新的体验、新的价值。

借助大数据技术，企业可以实时收集用户的海量行为数据，在此基础上分析、洞察和预测用户偏好，绘制出用户画像，与进行跨界营销的企业围绕用户的场景需求，把握用户痛点，通过"强强联合"解决这些痛点，为用户创造新的价值。

同时，跨界营销能够通过产品组合或融合来满足用户多方面的需求，为其带来更加个性化的体验和服务。

12.2.4　杠杆传播

跨界营销传播的理想效果是杠杆传播，即让目标受众感受到数字媒体上呈现的信息内容密切相关时可能产生的自发性扩散传播。

首先，跨界营销需要找到"支点"与"杠杆"。确定"支点"是企业根据跨界营销的核心主张，确定一个既清晰又简单的传播点。传播点需有密度且有张力，要具备可扩散的潜质，即跨界的传播点要能够承载高密度、高强度的信息核，具备大规模扩散的能量。"杠杆"则可利用数字媒体平台的开放、互动、扩散等特性，与"支点"相互协同，达到杠杆传播的效果。

其次，推动二次传播。所谓的二次传播，即利用相对可控的各种传播资源，让传播点的主张能够被有意识地引爆，并形成层层扩散的趋势。二次传播的方法主要是通过具有一定声量的广告和公关报道，或是邀请有影响力的人，如艺人、关键意见领袖等协同扩散，在短时间内有效扩大信息的影响范围。

最后，完成三次传播。所谓的三次传播，即充分发动受众力量，激发每个自觉参与的受众再度成为信息源，利用口碑相传的力量，层层扩散形成更大规模的传播影响力。在数字传播时代，人人皆媒体，受众作为信息发布主体向他人分享信息。在跨界营销传播中，品牌传播者不能只向受众进行单向灌输，还应引导受众成为新的传播者，这在杠杆传播中也是非常重要的一环。这一阶段的传播趋势一旦形成，传播影响力就可以呈几何倍数增长。

12.3 大数据跨界营销的模式

12.3.1 品牌跨界

1. 品牌跨界的定义

品牌跨界是指在品牌内涵、产品、目标消费者等方面相关联的不同品牌通过合作与深度互动，实现品牌内涵、品牌形象、品牌关注度等的提升，进而促进产品销售的一种跨界行为。

选择合适的合作品牌是跨界营销中品牌跨界的第一步，也是最为关键的一步。从图 12-2 中可以看出，选择合作品牌时，识别其价值元素十分重要，价值元素包含产品、服务、市场、媒介、价格、资源、客户、时间、空间以及信息等。在大数据时代，可以通过用户场景分析来选择合适的合作品牌，利用用户的行为数据建立一个清晰的用户画像，分析典型用户的行为轨迹与细分生活场景，罗列出各种轨迹与场景下用户可能接触到的品牌，最后以价值元素为导向一一筛选。

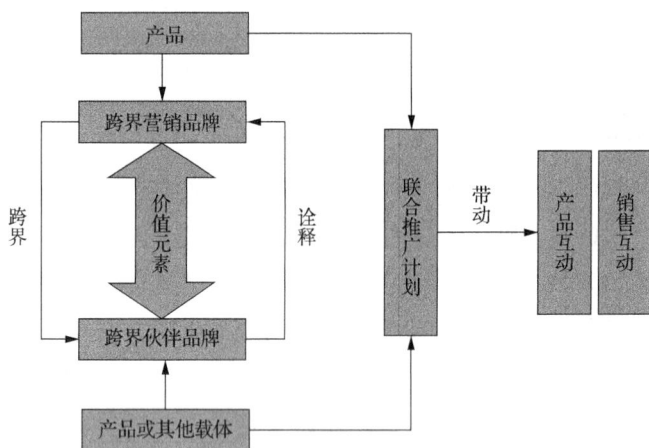

图 12-2 品牌跨界

2. 品牌跨界的方法

品牌跨界并非两个品牌简单的组合，而是要找到彼此之间的一些共性，这样品牌间的跨界才有成功的可能性。

（1）品牌嫁接策略

品牌嫁接策略是指转移具有内在价值的标志性品牌元素至另一品牌的产品，合作双方在充分利用过剩产能的同时也可扩大目标受众。将具有特色的品牌元素嫁接到另一品牌中，可以有效减少企业资源浪费，并产生互利互惠的结果。跨界新产品的出现既增加了产品销量，又提高了双方品牌的知名度。例如，2019 年春夏纽约时装周上出现的带有老干妈标志的卫衣，将老干妈标志放到卫衣上，既新颖又独特，引起了人们的广泛关注。但品牌嫁接也存在着一定的风险，由于跨界品牌之间的联系紧密，任何一方被发现问题，将导致另一方一起承担不利后果。

（2）品牌联合策略

品牌联合策略是指在不改变自身产品特征的基础上进行品牌价值、资源、市场的互换与联盟，是双方独立的品牌合作。品牌联合策略可以分为同行业联盟与跨行业联盟。同行业联盟指企业通过与同行业其他企业的合作，充分发挥市场的聚集效应，占据更大的市场。企业跨行业联盟合作对象为其他行业的企业。不同于同行业联盟，跨行业联盟成员企业不存在竞争，成员之间是资源相互利用和供给的关系，可实现企业间资源共享。例如，2018 年，喜茶和百雀羚曾以"致敬经典"为主题进行了联名（见图 12-3），以老上海为核心元素，打造阿喜与阿雀两个虚拟角色，推出喜雀礼盒、上海限定款特别菜单以及茶饮杯套等一系列联名产品。此次跨界联名历时一个多月，吸引了不少消费者的关注，进一步提高了喜茶和百雀羚的知名度和影响力。

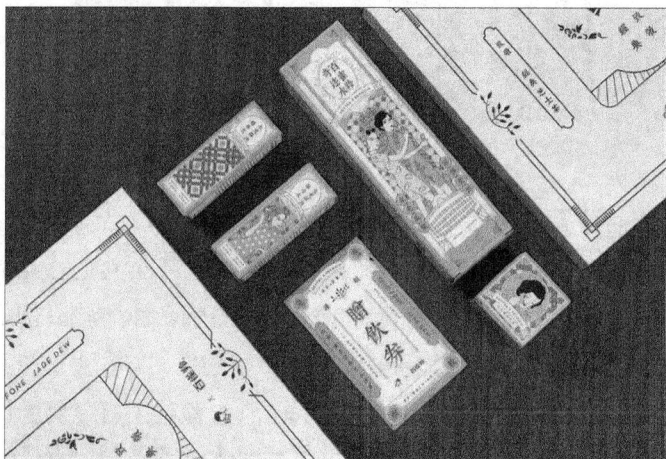

图 12-3　喜茶 × 百雀羚

（3）品牌创新策略

品牌创新策略是指合作双方共同创造新的产品或理念，创造出新的品牌。一般来说，品牌创新策略适用于强强联合。创造的新品牌可能会面临知名度低、用户信任度不高等问题，同时，新产品也可能会存在知名度低、市场规模小等问题，这需要合作双方企业整合各自的渠道、推广、传播等资源优势，树立新品牌形象，带来收益增长。

12.3.2　产品跨界

1. 产品跨界的定义

产品跨界已经成为产品颠覆式创新的主要方式，越来越多的企业在进行跨界产品的开发。产品跨界不是两个品牌随意进行合作生产新产品，而是品牌在结合自身产品特性的基础上，基于对用户需求的洞察，合作开发新产品，让用户从不同的视角和场景获得全新的产品体验。

第一种常见的产品跨界方式为改变产品的价值属性。基于这种理念研发出来的产品主要是在原有产品的基础上强化或附加某一种或多种属性，使新产品焕然一新，从而实现在不同领域的市场拓展。例如，马应龙以痔疮膏出名，却推出了马应龙八宝口红（见图 12-4）、眼霜、唇膏等化妆品。这种突破性的跨界实际依托于马应龙大型医疗产业链，其医疗产业方面的优势助力该品牌下的功能性化妆品取得较大成功。

图 12-4　马应龙八宝口红

第二种常见的产品跨界方式为不同企业合作开发出新的产品。现在，单一功能产品可能难以满足年轻消费者的需求，因此，企业可以与同行业甚至其他行业的企业进行合作，开发出具有全新理念的产品，从而为消费者带来全新的感受和体验。例如，大白兔品牌与气味图书馆跨界合作，推出大白兔奶糖味的香水、沐浴露、身体乳、护手霜等快乐童年香氛系列产品，在满足各种使用场景的同时唤醒年轻消费者对大白兔奶糖的记忆，为年轻消费者带来全新的香氛体验。大白兔 × 气味图书馆如图 12-5 所示。

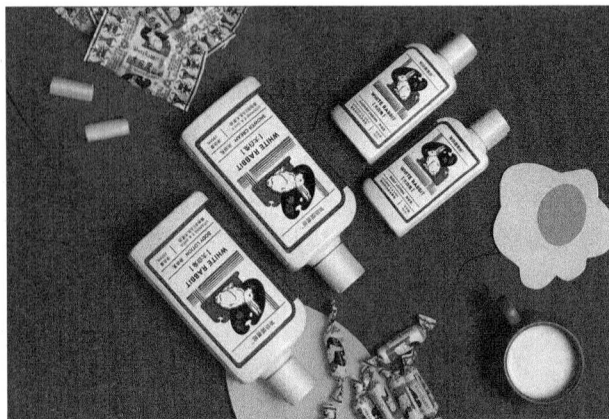

图 12-5　大白兔 × 气味图书馆

2. 产品跨界的方法

（1）精准定位

跨界定位同传统定位一样，既需要分析行业环境，又需要寻找区隔概念，进而找到支撑点并进行传播。跨界定位既包括在既有产品下的人群、价格、档次、诉求等界限性上实现一体化突破，也包括对产品的研发型跨界创新。要实现产品的跨界精准定位，可以借助大数据相关技术，在跨界之前通过大数据用户画像了解自身与合作者目标消费人群的特征、消费习惯和品牌应用。例如，2018 年天猫成立天猫创新中心，对阿里巴巴全渠道用户数据进行大数据分析，通过精准样本调研，协助品牌洞察市场机会，满足消费者升级需求。基于此，天猫联合六神及 RIO，通过精准的消费者洞察，历时 3 个多月开发出销售火爆的六神 RIO 鸡尾酒。之后，天猫平台掀起了一波跨界联名的热潮，在"双十一"潮流盛典设立了专门的跨界单元展出跨界产品，包括 GXG 与回力的联名、太平鸟与凤凰自行车的联名、Stuart Weitzman 与施华洛世奇的联名等。天猫平台联动这些品牌的跨界，都是借助天猫大数据，基于对消费人群行为变迁、消费趋势的洞察。

（2）颠覆传统

跨界营销采用颠覆式的创新思维致力于攻破消费者的心灵壁垒，利用产品的反差特性收获消费者的关注。发现需求、制造需求、满足需求，让具有"另类"特点的品牌从经济市场中脱颖而出，这就是反差感。产品跨界越具反差感，跨界碰撞在一起产生的反应越强烈，越能引起消费者的广泛讨论。因此，产品跨界要颠覆传统、出其不意。例如，六神与 RIO 合作推出鸡尾酒，其外包装和酒的颜色还原了六神花露水的经典绿色，让人好奇鸡尾酒的口感如何。开售仅 17 秒，5000 瓶联名鸡尾酒便售罄，当天话题增量达到 6000 万次。同样的案例还有拉面说 ×999 感冒灵的"暖心鸡汤"礼盒、马应龙八宝口红……这些脑洞大开的跨界产品一次次激发了消费者的猎奇心理和购买欲。

12.3.3　渠道跨界

渠道跨界是指品牌或产品在营销过程中突破原有渠道限制跨越到不同渠道，或者合作双方相互借助对方的渠道优势开展营销推广活动，包括渠道共享、捆绑销售、场所共享和服务体系共享等形式。企业进行渠道跨界，意味着可以利用更多的方式来推广自己的品牌和产品，同时也意味着用户可以通过更多方式获取所需的商品。

互联网营销下的渠道形式变得多样化，从线下的实体店、快闪店、体验店等到线上的社交媒体、手机 App、搜索引擎等，每一个新的渠道都充满了无限的潜力。在信息化时代，这些渠道都是畅通的，为渠道的跨界提供了基础。另外，这些渠道将企业和用户连接在一起，当这些渠道融合时，可以为用户提供更多的便利服务。如今的"渠道"不仅是产品销售的通道，还是立体化、全方位的"渠道空间"。通过这个空间，企业可以销售产品、推广品牌、传播企业的理念和文化，还可以将自身打造成社会关注的焦点，从而获得用户的关注。

12.3.4　传播跨界

传播跨界是综合性的跨界营销模式，合作双方借助独特的事件营销、体验营销、内容营销等形式，联合进行活动策划与品牌宣传推广，通过对产品的用户群体进行再定义和重新分类，实现品牌升级与市场扩张。

跨界企业在传播中越来越多地采用事件营销、体验营销、内容营销等形式，使用户在与品牌沟通交互的过程中沉淀对品牌的好感与认同感，从而自主传播信息。具体而言，其一，企业在跨界中可以通过策划组织具有影响力的事件或者利用名人效应，引起大众的关注与传播，达到广而告之的效果。其二，跨界活动要引发裂变传播，优质内容是关键，当传播的内容让用户认同并产生共鸣时，用户才会主动分享信息，而不只是单纯接受信息。其三，企业可以组织开展品牌体验活动，让用户通过看、听、用、参与的沉浸式体验感知产品或服务，调动用户的感官、情感、思考、行动等，引发内容自传播。

12.4　大数据时代跨界营销的应用——大白兔的跨界营销之路

大白兔品牌归上海冠生园公司所有，2011 年注册商标"大白兔"被商务部授予中华老字号称号。大白兔奶糖源于"爱皮西糖果厂"，包装图案原是红色米老鼠图案，1950 年该厂收归国有并入上海冠生园，冠生园特邀上海美术设计公司设计产品包装，"大白兔"形象横空出世。大白兔伴随了几代人的成长，成为当之无愧的"国民奶糖"。承载着甜蜜与幸福理念的大白兔奶糖也作为必不可少的喜糖出现在结婚、生子、过年的场景中，构成集体记忆的一部分，大众也逐渐形成对大白兔品牌的印象——老字号、复古、经典、甜蜜、纯、亲民。

但大白兔作为已经诞生超 50 年的奶糖品牌，正面临着品牌老化的风险。其销量一直处于停步不前的状态，2012—2018 年营收一直徘徊在 15 亿元。目前"80 后""90 后""00 后"成为糖果市场消费的主力军，其消费需求和场景也有所不同，相比大白兔，他们更愿意选择悠哈、旺旺等品牌。

为了应对外部竞争，实现品牌年轻化的目标，大白兔品牌从 2015 年试水跨界营销，以输出品牌 IP 形象跨界的方式，从浅层次的视觉元素到味觉、嗅觉等元素，触达消费者心智，促使其进行社交分享和口碑传播。

2015 年，大白兔与法国时尚轻奢品牌 Agnes b. 跨界合作，推出限量版"大白兔 -Agnesb."礼盒装粉蓝经典奶糖和粉红红豆奶糖。

2016 年，大白兔与中国国家博物馆跨界合作，推出国宝级文物"四羊方尊"的文创糖果礼盒。

2017 年，大白兔与太平洋咖啡联名，开展"致敬经典，回味童年"主题活动，推出大白兔拿铁、大白兔牛奶其乐冰、大白兔咖啡其乐冰三款饮品，庆祝太平洋咖啡成立 25 周年。同年 10 月，大白兔与国内人气休闲鞋品牌 LaberThree 跨界合作，推出 18 款单鞋，并在上海时装周举办 2018 春夏鞋履系列发布会。同年，大白兔与巨人网络旗下知名游戏"球球大作战"跨界合作推出联名款奶糖包装。

2018 年，大白兔与美加净合作，推出联名款——美加净牌大白兔奶糖味润唇膏，限量发售的 920 支唇膏，在美加净天猫旗舰店，仅开售半秒钟就被卖空。

2019 年 5 月，大白兔携手快乐柠檬在上海开办首家奶茶店，限时 3 个月，共推出 6 款饮品，包括大白兔爱柠檬、大白兔奶茶等，价位在 20 元左右。奶茶店开业首日就引发排队热潮，平均日销售量约为 2000 杯。一时间，"买到大白兔奶茶"的信息在微信朋友圈、微博、小红书、抖音等社交媒体上疯狂"刷屏"，继而引发了更多人来到现场打卡。

同年 5 月，大白兔与太平鸟旗下品牌乐町联名，提出"BEANOTHER 无乐不作"的全新品牌概念，将大白兔的图案、标语及经典红白蓝三色元素运用到服装设计中，庆祝乐町成立 10 周年。此外，大白兔还与气味图书馆联名，推出大白兔奶糖味的香薰和洗护用品。依据大白兔官方提供的数据，在其天猫旗舰店开售的 10 分钟内，就卖出了 14 000 余件产品；其专门为儿童节打造的 610 套售价 610 元的大白兔潮包开售 3 秒就宣告售罄；新品发布后两天时间内，其天猫官方旗舰店流量增长了 15 倍，销量增长了 3 倍。

同年 7 月，大白兔与光明乳业联手打造"奶's兔 meet u"光明大白兔奶糖风味牛奶，沿用大白兔奶糖经典品牌形象和味道，用新形式重拾大白兔奶糖的甜蜜。

同年 9 月，大白兔与比利时巧克力品牌 GODIVA 联名，限时 20 天推出两款不同口味的大白兔冰激凌。此消息发布一周后，微博上 #正版大白兔冰激凌来了# 等相关话题已收获 3.3 亿阅读量，6 万讨论量；抖音上与"大白兔"相关的视频播放量超过 2000 万次，并且多次登上热搜榜，引发继大白兔奶茶后的新一轮排队打卡风暴。

大白兔跨界营销如图 12-6 所示。

图 12-6　大白兔跨界营销

从大白兔选择的合作品牌来看，气味图书馆、乐町以及快乐柠檬等的主要消费群体都是"90后"消费者，咖啡、香氛以及奶茶等跨界产品一般为年轻人喜好的产品，大白兔通过跨界营销将自身更多地暴露在这些年轻消费群体的视野中，增加活跃度。"来点孩子气""唤醒你的孩子气""奶's兔meet u""快乐加倍""无乐不作，快乐分享""对兔当歌，快乐非梵"等无一例外都与合作品牌的理念找到了契合点，并传递了同一个声音——快乐分享，这正是大白兔的品牌诉求。在渠道传播过程中，线上线下联动，品牌门店、快闪店以及展览现场等开展线下活动，通过社交媒体引发事件话题广泛传播。例如，跨界联名气味图书馆时，设置抖音挑战赛、微博话题和线下11个城市抓糖机互动装置，最终抖音挑战赛获得10.6亿曝光人次，微博话题超4.6亿阅读量，抓糖机互动参与人数达10万多人次。

一次次的跨界营销使得用户对品牌的好感度上升，品牌口碑上升。对"70后""80后"甚至"90后"消费者来说，这些跨界营销活动激活了其对品牌的记忆和联想，大白兔"快乐、甜蜜、幸福、奶香、童年"等相关的品牌印象得到进一步强化；而对"Z世代"消费者群体，大白兔在用年轻人喜欢的思维方式和文化符号，拉近与其的距离，培养塑造新的大白兔品牌形象，"新潮、流行"等标签也融入大白兔的品牌内涵中。

2020年9月"大白兔"词云见图12-7。

图12-7　2020年9月"大白兔"词云

习　题

一、名词解释

跨界营销　品牌跨界　产品跨界　渠道跨界　传播跨界

二、简答题

1. 简述跨界营销内涵。

2. 跨界营销的原则有哪些?

3. 简述跨界营销成功的关键。

4. 简述跨界营销的模式。

5. 如何选择跨界伙伴品牌?

6. 简述品牌跨界的策略。

三、开放性思考

1. 在大数据时代,企业的营销模式发生了变化,在该背景下,企业如何更好地实施跨界营销?

2. 运用所学知识为你熟悉的企业策划一次跨界营销活动,内容包括活动目标、选择的跨界对象、具体形式以及如何运用大数据分析达到预期目标。

第 13 章
其他大数据营销方式

2018 年年底,京东白条在北京朝内 81 号开了快闪店,并成了一家网红店,吸引众多时尚潮人前来打卡。京东白条精准洞察年轻人现实痛点和情感需求,抓住了他们的猎奇心理,将有无数传说的冒险胜地——朝内 81 号,改造成京东白条"一点当典行"(如图 13-1 所示),为大众提供了全新的刺激潮玩体验。让年轻人通过"当与换"的仪式感,把负能量、情绪、杂念统统"分期"丢掉,切身感受"一点改变,好过一成不变",在 2019 年开始更好的人生。

图 13-1　京东白条"一点当典行"

13.1　体验式营销

13.1.1　体验式营销的内涵

体验式营销是通过看(See)、听(Hear)、用(Use)、参与(Participate)的手段,充分刺激和调动消费者的感官(Sense)、情感(Feel)、思考(Think)、行动(Act)、关联(Relate)等感性因素和理性因素,重新定义、设计思考方式的营销方法。其宗旨是向消费者提供有价值的体验,通过实现消费者在体验方面的需求来获取利润。大数据时代的体验式营销以消费者需求为主要着力点,通过大数据分析,建立消费者体验需求的数据模型,突出"以人为本"的服务理念,有效增加产品销售量,提高营销业绩和企业的经济效益。

1. 感官营销

感官营销的目标是创造知觉体验,它由视觉、听觉、触觉、味觉与嗅觉体验所组成。感官营销内容可分为推广公司与产品(识别)、引发消费者购买动机与增加产品的附加价值等。例如,苹果公司基于听觉体系推出了语音助手 Siri。Siri 的功能绝非简单的语音输入,而是一种"语音 + 探索"的智能系统。Siri 几乎可以与任何功能相连,比如 Siri 与地图导航功能相连便可实现智能语音导航。此外,某公司利用视觉功能,推出了一款眼镜。这款眼镜的产品理念是实现视觉中枢神经的延伸,其"视觉 + 探索"功能让用户可以轻松"解密"看到的一切,而"视觉 + 翻译"系统,可以让两个都不懂对方语言的人利用翻译字幕轻松地实现自由交谈。

2. 情感营销

情感营销的目标是创造情感体验,它可以是一种轻松愉悦的心情,也可以是一种激动、刺激的情绪。情感营销的运作需要将消费者的情绪与产品相结合,刺激或感染消费者产生某种情绪,让其融入产品使用情景。例如,瑞幸咖啡作为国内首家入驻故宫的连锁咖啡品牌,打造了首家主题店——故宫箭亭店。故宫箭亭店在装修上充满了宫廷特色(如图 13-2 所示)。瑞幸咖啡在整个店面设计上精益求精,十分讲究,从主视觉 Logo 到软装设计,每一处都独具匠心。除此之外,瑞幸咖啡还曾打造唐诗主题、NASA 太空主题、QQ 怀旧等主题门店。每一个主题门店的设计都极具视觉性和互动性,让消费者产生情感共鸣,给消费者极佳的特色体验,不仅拔高了品牌形象,还大大提高了品牌的用户黏性。

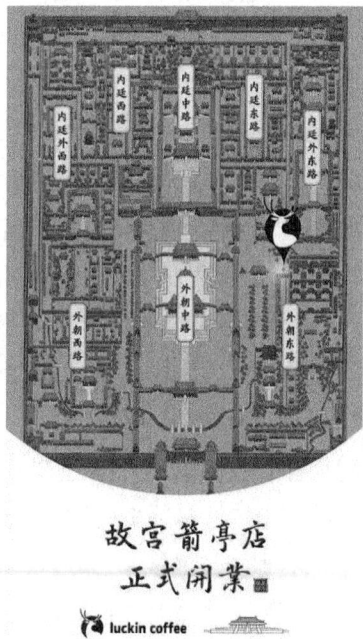

图 13-2 瑞幸咖啡故宫箭亭店

3. 思考营销

思考营销是指以一种新颖的方式引起消费者对当前问题的思考,为消费者创造产生认知和解决问题的体验,它被广泛应用于高科技产品。例如,1998 年苹果公司推出的 IMAC 被《商业周刊》评为年度最佳产品,其在上市 6 个星期之内就销售了 27.8 万台。IMAC 的营销思路就是通过设定"与众不同的思考"标语,并配以许多不同领域的"创意天才",包括爱因斯坦等人在内的黑白照片,刺激消费者思考 IMAC 的与众不同。让消费者体验到自己也如同这些"创意天才"一般,拥有和使用着 IMAC。

4. 行动营销

行动营销的目标是影响消费者的生活形态,丰富消费者的生活体验。消费者生活形态的改变可能是外界刺激或自发产生的，比如由某些偶像角色所引起的。

5. 关联营销

关联营销包含感官营销、情感营销、思考营销与行动营销等层面。关联营销的目的是让品牌和一类特定的群体产生关联，让使用该品牌的人们自然而然地形成一个社交圈，从而建立其对品牌的偏好。

13.1.2 体验式营销的措施

在体验消费盛行的今天，越来越多的企业开始意识到体验式营销的战略意义。它不仅可以加深顾客对产品和企业的认知，还能够增大顾客购买的利益并使顾客得到满足，是提升品牌竞争力的重要手段。企业在具体运营中，可采取多种方式实施体验式营销。

1. 消费者需求调研与体验定位

现代市场营销遵循"消费者导向"，强调"以消费者为中心"，根据消费者需求去开发产品和推广产品，因此，体验式营销必须关注消费者的体验需求，研究消费者的体验心理和感受，才能击中消费者的心灵。为了正确把握消费者的体验需求，必须先进行目标消费群体的细分定位，如从性别、年龄、收入水平、文化程度等多维度对消费群体进行分类，准确识别目标消费群体的体验特性并进行个性化的体验定位和体验产品设计。

2. 增加附加体验，开发具有体验特征的产品与主题

在体验式营销中，产品不仅需要有好的质量和功能，还要有能满足使用者视觉、触觉、审美等方面要求的特性。现在消费者对产品的期望值越来越高，某一个很小的缺陷便会影响消费者对产品的感知，从而不利于产品的销售。因此，企业要密切关注消费者反馈，在附加体验或去除不良体验方面精耕细作，在产品开发环节和主题设计的过程中重视追求要素的体验特性与冲击力，才能形成对消费者的吸引。

3. 服务传递体验

在服务过程中，企业在完成基本任务的同时，可以突出服务所传递的体验，注重与消费者的每一次接触，实现与消费者的直接互动，最大限度地使消费者满意。例如，知名餐饮品牌海底捞，以积极热情的服务态度感染着每一名消费者，让消费者可以无忧无虑、专注地享受吃火锅的过程。

4. 通过广告传播体验，选择合适的体验媒体和方式

借助媒体来传播体验信息，可以影响潜在消费者，形成体验效应。优秀的体验媒体广告更能吸引目标消费者，达到产品销售的目的。体验媒体包括但不限于电视媒体、户外媒体、印刷媒体、电子媒体与网站、产品推介会等。需要注意的是，体验媒体的选择要因时而异、因产品而异、因企业而异。思考选择什么媒体比较合适、划算时，主要应考虑媒体的有效性、经济性、可信度和影响力标准。媒体的有效性在于能否击中目标消费群体；媒体的经济性考虑媒体投入与效益产出的核算；媒体的可信度和影响力是其美誉度特征及权威性表现标准。只有选择合适的媒体，才可以有效地吸引潜在消费者，达到营销的目标。

5. 借品牌凝聚体验，提升品牌形象

随着社会的发展，品牌日益成为企业竞争和发展的核心要素之一，品牌的创立在本质上表达了企业的类型与内涵、产品的形象与理念，展现了企业的自身特色。表面上，品牌是产品或服务的标志。实际上，品牌所蕴含的内容是十分丰富且复杂的。从体验营销的角度来看，品牌是人们心理和精神上的追求，是"消费者对某种产品或服务的总体体验"。因此，只有好的品牌体验和好的品牌形象才能够吸引消费者，扩大市场，企业必须重视对品牌的塑造。

6. 创造全新的体验业务

体验业务是企业真正要出售以获取利润的东西，而不是依附于产品或服务的。全新体验业务的创造需要企业以消费者体验为向导，关注消费者体验，运用各种营销体验工具设计、制作和销售产品；需要在各大行业，如影视、艺术、体育、旅游等行业创造出全新的体验业务，以满足人们不断增加的体验需求。

7. 客户体验实施的延展与客户保持

从服务营销的角度考察，体验作为一种无形产品或一种服务，必然存在"售后服务"的问题。一次完美的体验活动应该延续到此次体验之后，甚至需要有一个不断强化的过程，才能使已产生的美好体验固化成为习惯，并由此形成客户的信任和忠诚，因此，体验实施必须延续到体验之后，这就需要引进 CRM。CRM 是一种后续的营销策略，它的目标是通过与客户的交互式沟通，建立良好的长期客户关系，创造客户忠诚。

13.1.3　体验式营销与传统营销的区别

体验式营销与传统营销的相同之处在于它们都是为了满足消费者需求，区别在于体验式营销更加注重消费者体验。企业关注与消费者之间的沟通，发现消费者内心的需要，站在消费者的角度去思考自己的产品和服务，在产品设计、制作和销售中倾注体验式的理念，通过影响消费者的感官来销售自己的产品，让消费者切身地感受到产品的优势。体验式营销与传统营销的不同主要有以下三点。

1. 侧重点不同

传统营销的侧重点只在产品本身，好的、有特色的产品才会带来更高的利润。而体验式营销的侧重点则是消费者的体验，通过设计一系列的体验活动来满足消费者的体验需求，通过提升消费者的体验满意度使企业获取利益。随着社会不断发展，消费者不再仅仅局限于对物质生活的追求，而是更加关注精神文化方面的需求。体验式营销正是时代发展的衍生物，在满足消费者物质需求的同时注重满足其在精神文化方面的需求，为消费者创造难忘的、有价值的体验，突出消费者的精神感受。

2. 对目标消费者的理解不同

传统营销认为消费者是理性的，他们明确自己的需求，会花费一定的时间和精力寻找最实惠、最符合自己预期的产品进行消费。而体验式营销则认为消费者既是理性的，同时又是感性的，消费者在消费时是通过理性和感性的综合作用来进行决策的。体验式营销注重强调消费者的参与性，使得消费者既沉浸在体验中，又参与到体验的设计中去，以此拉近消费者和产品的距离，真正地体现出了以消费者为中心的营销理念。

3. 效果不同

传统营销认为购买过程随着产品的交付、消费者对产品的评价而完成。而体验式营销认为，消费者的体验感知具有一定的持续性，不会在完成一次体验后就立马结束，消费者会在一段时间后对所获得的感知进行重新评价，从而产生新的感受。比如，星巴克一直致力于打造一种"星巴克体验"，为消费者打造一个温馨、高档、舒适的社交聚会场所，在这里人们能够放松心情，得到精神和情感上的满足和补偿，使来过一次的消费者往往会想要再来光顾。由此可见，体验式营销的效果是长期持久的。

13.1.4 体验式营销的应用——麦当劳的体验式营销

随着科技的发展，虚拟现实（VR）技术为体验式营销提供了新思路。利用人们的好奇心诱导消费者体验企业所要推销的产品，从而激起消费者的购买欲，是一种划时代的体验经济模式。例如，麦当劳为了庆祝开心乐园套餐在瑞典推出 30 周年，设计了一款由开心乐园套餐的餐盒改造而成的 VR 头戴设备——Happy Goggles。消费者只需要在手机中下载相应的 App，并将手机放入 Happy Goggles 中，就能身临其境地感受麦当劳打造的 VR 世界。麦当劳 VR 眼镜盒子如图 13-3 所示。

图 13-3 麦当劳 VR 眼镜盒子

麦当劳利用 VR 眼镜盒子成功吸引了大量消费者，为消费者带来了廉价的入门级 VR 产品，满足了消费者极大的好奇心，使消费者不仅能饱餐一顿，还能免费获得一款 VR 眼镜盒子，观看有趣的 VR 内容。这种"VR+ 营销"的方法大大提升了消费者的体验感和满意度，精准地戳中了消费者的兴奋点。

13.2　互动营销

13.2.1　互动营销的含义

互动营销的本质是从消费者的实际需要出发，使产品的实用性得到充分的体现。它可以促进企业和消费者换位思考，使二者从一个全新的角度看待问题并彼此启发和改进。同时，互动营销可以使企业及时有效地与消费者进行信息沟通与获得反馈，了解消费者真正的需求，增强消费者的黏性，激发他们的购买欲望，从而能够有效地支撑销售，与消费者建立长期的合作关系，实现消费者利益的最大化。对于互动营销的内涵，学者有不同的解释。

百度百科认为，在互动营销中，互动的一方是企业，另一方是消费者。只有抓住共同利益，寻找适宜的交流时机和恰当的方式，才能使双方更加紧密地结合在一起。互动营销的重点在于互动双方都要采取一种共同的行为，以此来达到促进推广、助力营销的效果。

宋利利等（2020）在《大数据与市场营销》一书中指出，互动营销是指参与销售的企业与消费者找到契合的某一利益点，企业获得销量，消费者获得满意的产品或服务，以此来达到双方互利的目的与效果。企业的目的是通过满足消费者需求而获取利益，而互动营销则能有效地搭建企业与消费者交流和沟通的桥梁，使企业发现消费者的真实需要，从而实现产品的实用价值。

张向南（2017）在《新媒体营销案例分析：模式、平台与行业应用》一书中指出，互动营销是指在市场营销活动中，企业可以充分运用消费者的意见和建议来进行产品或服务的策划与设计，从而为企业的市场运作提供有效支持。企业的目标是尽量制造生产出符合消费者需求的产品，只有通过与消费者交流和沟通，企业才能生产出真正适销对路的产品。

综上所述，本书认为互动营销是企业在营销过程中，通过大数据技术挖掘消费者需求、分析消费者网络行为，借助网络平台与消费者进行长久有效的互动交流，鼓励消费者参与到产品或服务的生产、设计、推广、销售等各个环节中，在此过程中，企业与消费者抓住相同的利益点，企业获取利益，消费者则获得满意的产品或服务，以达到双方互惠互利的目的与效果。

13.2.2　互动营销的特点

1. 双向性

互动营销的核心在于交互，它的最大特征是突破了传统企业对消费者的单一信息传递，变成了企业和消费者的双向交流。在这一过程中，企业能够传达市场信息，消费者也成为积极的创造者，能将自己的真实需求传达给企业，从而产生有共鸣的热点话题。此外，企业通过互联网搜集消费者不断反馈的信息数据，运用大数据技术对品牌、商品和消费者进行精准的画像，从而更有针对性地帮助企业及时掌握市场行情与动态，为消费者提供更加贴近其需求的信息、产品和服务。

2. 即时性

碎片化是当今时代的一个显著标签，移动端的兴盛更加剧了碎片化。而科学与数据处理技术的不断发展则助力碎片化的媒介环境整合在一起，通过不同的场景影响消费者，让企业与消费者之间的联系更加紧密。在数字时代，先进的网络技术让企业与消费者之间的交流变得更加便捷和频繁，企业可以针对消费者对产品提出的多种疑问与需求及时与其进行多渠道互动，与消费者建立长期的联系。无论是及时响应解答消费者的疑问，还是实时反馈效果，这种即时性互动都使消费者感觉自己受到了尊重，并在不知不觉中提升对企业品牌和产品的好感度与忠诚度。

3. 互动性

互动性主要指企业与消费者之间的互动性，是互动营销发展的关键。在进行企业的市场营销活动时，要把更多的信息整合到目标消费者关注的内容当中。这就好比好友间的沟通，是认真回应、用心感受的。长此以往，企业和消费者就会产生一种微妙的感情纽带，企业品牌能唤起消费者的情感认同。互动过程中企业可以使用优惠券、刮刮卡、LBS 图文回复等互动营销工具（如图 13-4 所示），借助企业微博、官网、微信公众号等媒介与消费者进行交流，从而实现营销的目标。

图 13-4　互动营销工具

4. 创造性

互动营销应以消费者的需求为导向，让消费者也能参与到市场营销的过程中，与企业一起完成产品的研发与改进。比如，小米的粉丝论坛，就是一个很好地将消费者联系起来的平台。这样的交互可以激发消费者的创意，使产品或服务能更好地满足消费者的需要，同时也能带来一种焕然一新的市场营销效应。

5. 社交性

在信息传播过程中，人们必须通过某种媒介来实现交互。而在网络社会中，网络社交媒体就是一个必不可少的交流平台。网络社交媒体是一种能够让个体和组织创造和交流生产内容的网络化社会组织，它连接并且能够建立、扩展和整合关系网络，从而扩展了互动营销的社交性特征，满足消费者分享、交流等需求。

6. 舆论性

互动营销主要是通过消费者之间的回复，直接或间接地对某个产品产生积极或消极的影响。其中，舆论领袖的作用非常重要。例如，数年前，某艺人在微博上为甘肃省农民推广马铃薯，很快就帮助农民解决了难题，可见舆论领袖的作用。

13.2.3　互动营销的应用——饿了么的互动营销

移动互联网时代，用户可能一天 24 小时都在线。用户在看电视时会经常性地瞄一下手机，看视频时会打开弹幕，看 kindle 时喜欢分享批注。用户拥有的设备越来越多，其时间和专注力在不断分散。用户在上网时，一般会发生资料收集、获取信息和网络娱乐购物等行为，当用户检索有趣的信息资讯时，与之相应的企业推广内容便会呈现。企业应在充分考虑用户需求和目标的基础上，实施互动营销。

2022 年 6 月 20 日，饿了么推出了夏日免单活动。在这一活动中，用户完成饿了么给出的试题，焦急不安地等待最终结果，成功者将喜悦同步分享到社交平台。这一活动自开始就频频登上热搜，成为热搜榜前十名的常客，"饿了么免单 1 分钟"话题为品牌带来了 109.8 万的讨论量和日均近一亿的话题阅读量。在一天中的某个特定时刻，饿了么下单界面拥挤成为常态，欢呼或失落的声音从盯着手机屏幕拼手速的网友口中倾泻而出，点外卖仿佛成了某种仪式，无论成功或失败，众人在其中只觉得酣畅淋漓。

不同于大部分品牌营销活动的大规模预热，饿了么这场夏日营销开始得悄无声息，在部分后知后觉的网友眼中，这场活动甚至以系统 Bug 的"伪装者"姿态低调进场。而在不少用户纷纷收到来自不同时间的免单短信，并经由数十小时的传播发酵后，众人才惊觉，原来这是饿了么早就精心策划好的一场互动营销。

饿了么"免单一分钟"活动整体以猜题的形式展开，除第一天外，活动题目会在当天的 19 时左右发布，用户只需猜对试题中隐藏的时间点，并在对应时刻 1 分钟内下单即有机会免单，免单金额最多 200 元。值得注意的是，部分题目还对下单地区进行了规定，这就需要用户在猜题时保持对各类线索的敏感，通过理性分析得出答案。根据官方发布的攻略（如图 13-5 所示），每天 19 时左右饿了么都会发出一道题，需要大家参与这一解谜游戏，猜出第二天发放免单福利的时间点。因为每一场活动的免单时刻都是不同的，用户想要享受免单，就需要找到其中的规律。通过图片猜关键字和关键时间，增加游戏的趣味性和传播性。用户自发在各种社交平台、朋友圈进行猜测的分享和交流。用户寻找答案，引发一波讨论；用户猜测答案，引发一波围观；用户分享自己的免单截图，直接带来更多用户的关注和参与。

饿了么免单活动的试题涵盖数学、化学、音乐、生活等方面的内容，难度有高有低，且每场活动对应不同免单名额，消费者答题的心情也随之跌宕起伏。在活动期间，第一、二天的试题难度最低。第一题是总结免单时刻规律，得出其分钟位的数字呈圆周率依次排列；第二题由歌手周某作画出题，时间线索基本隐藏在画作中，答案也很明显。由于这两场参与人数少，因此免单名额也未设上限。第三天起，受话题发酵的影响，参与活动的人数激增，不过题目难度也陡然上涨：试题画面中给出了不少模棱两可的时间线索，不过答案却与之毫不相关，反而藏在不起眼的花草之中。尽管官方一再提示用户不要被表象迷惑，但仍有大批人猜错了方向，贸然下单，错失了免单机会。第四天，饿了么调整了免单规则，在原来的基础上增加了"每分钟免单"活动，即在一天里的每一分钟都抽取一名用户免单，全天随机抽取 1 440 名用户，如此就在原来可预料的免单时刻外，增加了活动的惊喜性。此后的几天内，饿了么适当降低了题目的难度，以规定免单名额上限的方式有效控制参与人数，推动活动逐渐步入正轨。

此次互动营销活动为品牌带来了不小的收获。"免单一分钟"互动营销活动抓住了用户追求免费的心理。"饿了么免单一分钟"的相关话题先后登上微博热搜榜，获得了大面积曝光，如"某大学寝室四个人同时免单""饿了么短信"等。在效果层面，饿了么不仅借助本次活动实现了拉新促活，还在某种程度上改变了用户的外卖平台使用倾向。从短期来看，这能够促进品牌收益的快速提升；而从长期来看，尽管不少用户对此颇有微词，但此次活动为饿了么沉淀了一批留存用户，从而拉动品牌后期增长。此次

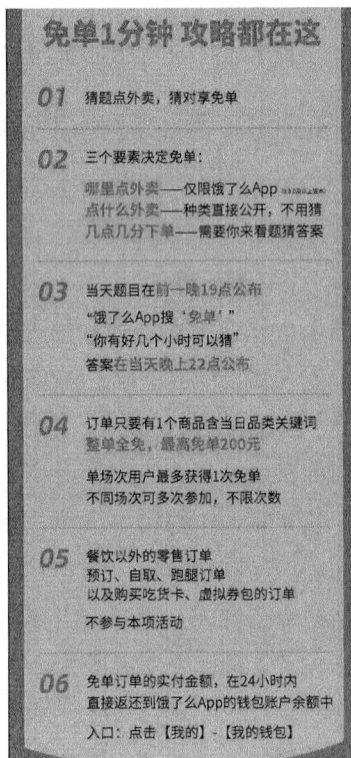

图 13-5　饿了么免单活动攻略

营销活动离不开大数据技术的支持。用户的答案与评论反馈帮助营销人员获得了足够多的信息，然后营销人员对用户进行了解、判断和预测，从而给出更符合用户兴趣的免单问题，引起用户与企业之间的共鸣，这是一个不间断的动态过程，离不开数据的驱动。

13.3　定制营销

13.3.1　定制营销的含义

所谓定制营销，是指企业在大规模生产的基础上，进行市场极限细分，将每一位用户都视为一个单独的细分市场，根据个人的特定需求来进行市场营销组合，在理想状态下，由企业向每位用户提供差异化的产品和服务，以满足每位用户的特定需求。

如今，各个行业都被烙上了"定制营销"的印记。承载爱意的蛋糕定制、实用的家具设计、展露个性化特征的手工艺品制作、注重纪念意义的旅游产品，以及价格高昂的汽车制造等。各个行业为了抢占市场，获取更多的销售利润，都力推定制化服务。定制营销能够广泛应用于各个行业，离不开大数据技术的助力。用户画像技术的广泛应用为企业提供精准的产品定制服务奠定了基础；此外，企业还可以根据用户浏览的内容，分析其消费习惯与偏好，并进行实时追踪与相关定制化产品的精准推送。

13.3.2　定制营销的特点

定制营销与传统营销方式相比，其特有的竞争优势如下。

（1）以消费者为中心的营销理念

定制营销以消费者需求为出发点，借助现代化的各类在线社交平台，与每一位消费者进行即时的交流沟通，以建立良好的关系，收集消费者的需求偏好信息，为其提供精准的个性化服务。实施一对一营销的策略，能够最大限度地满足消费者的个性化需求，进而提升企业的竞争力。

（2）产品的个性化

定制营销注重产品设计的个性化与创新性，个性化的服务管理与高效的经营模式能够带动市场的快速发展。在定制营销中，消费者可以通过网络等渠道以低成本方式与企业直接沟通，告知企业自身的需求偏好，以便企业为其定制个性化的产品。此外，企业还可以运用大数据技术对积累的大量消费数据进行分析，以便获取消费者的喜好与购买习惯；然后，基于需求偏好对消费者进行聚类，以得到同质的消费者子群，再根据不同消费者子群的个性化需求进行差异化的大规模定制。

（3）以销量定产量

定制营销实现了以销量定产量，能有效降低经营成本。实际上，在大规模的定制下，企业的生产以及运营由消费者需求驱动，以消费者订单为依据来安排定制产品的生产与采购，使企业库存最小化，降低了企业成本。

（4）产品与消费者紧密结合

在定制营销中，需要把低成本的大规模生产与以消费者为中心的定制生产这两种生产模式的优势结合起来，即将大规模的产品和消费者的定制紧密联系起来，这便要求企业能够进行精准的信息传递和重点消费者的有效筛选。在大数据技术的支撑下，企业推送的互联网广告都可以通过数据形式进行呈现，将这些数据导入专业的数据分析平台与软件，使得消费者的行为数据变得易于统计和分析，有助于企业实现对消费者精准的信息传递，让基于消费者行为的产品个性化定制成为可能。此外，大数据技术还可以帮助企业筛选重点的目标消费者，从而有利于对重点的目标消费者实施个性化的定制营销策略。

定制营销由于库存少甚至没有库存，导致供货周期较长，消费者和企业易花费高昂的时间成本，为了让消费者能迅速享受到定制的个性化产品或服务，企业可以通过以下几个方面来提升定制营销的时间竞争优势。

（1）信息化是定制营销的基础

得益于互联网和社交软件的迅猛发展，越来越多的消费者喜欢在各大社交平台上展露自己的需求、留下自身的行为数据。考虑到定制营销得以顺利开展的现实基础便是快速、准确地获取消费者的个性化偏好信息，因此，企业可以运用大数据技术，如网络爬虫、数据库技术、多元统计分析等捕获各大社交平台上的消费者数据信息，构建面向消费者的全面、动态的数据仓库，以便为企业的研发、销售等业务人员提供可靠的数据支撑。此外，畅通的信息渠道也能为企业的定制营销节省时间成本。

（2）选择合理的定制营销方式

定制营销的方式包括合作型定制与消费型定制等。面对产品的具体特性以及消费者的特定需求，企业可以选择合适的定制营销方式，以降低时间成本。例如，当企业产品具有复杂的结构特征，且消费者难以权衡哪一类产品或者产品组合符合自身需求时，便可采取合作定制的方式，让企业的研发人员与消费者进行互动沟通，一方面让消费者了解各类产品的特色功能，另一方面让企业洞悉消费者的需求偏好，通过研发人员与消费者的共同努力，高效设计出令消费者满意的定制产品。

（3）企业业务的外包

企业可以运用业务外包的方式将非核心的业务转移给专业公司，这能够有效提高该部分业务的完成效率和完成质量。然后，企业集中内部的资源和人力，将重心放在所擅长的核心业务上，从而大大提高生产效率，这有利于快速为消费者提供定制产品或服务，获取时间优势。

13.3.3 定制营销的应用——网易花田的定制营销

与传统的营销方式相比，定制营销具有成本低、一对一营销、能发挥消费者最大价值、以销定产从而减少社会资源浪费等优点。因此，在实际生活中得到了广泛应用，如网易"花田"推出的"定制爱情"。

花田是网易旗下的一个全新婚恋交友网站，它以向年轻人提供免费沟通服务为卖点，主要面向中高端市场和二线城市。摒弃了传统婚恋网站的"人工红娘"，花田不提供任何人工服务，从推荐到搜索全由系统自动完成。

传统的婚恋网站更像相亲网站，更强调"婚"这个概念。而当代年轻人更看重"恋"，认为只有经过真正的恋爱，婚姻才能水到渠成，也会更加稳固、长久。这也正是花田倡导的理念：享受恋爱，享受爱情。传统的婚恋网站都是通过"实名制"登记且通过对用户身份证或手机号码进行验证的，网站可获得用户真实姓名、年龄、性别、地区等身份数据，对防止婚姻诈骗有一定的威慑作用。但随着婚恋网站的竞争加剧，"实名制"并不能成为独有的竞争优势，毕竟有身份证的人不一定是有身份的人，并且当用户将理想配偶的身高、体重、年龄、学历、收入等硬性指标一一框定后，网站还能推荐许多个符合基础要求的对象，让用户难以选择。这时就需要借助充分的网络沟通和理性的大数据分析，向用户进行精准推荐以便高效地实现交友双方的最优匹配。

事实上，在婚恋交友市场，网易并不是后来者。其旗下的同城约会已运行七八年之久，也正因为有着一定的市场经验，花田的许多产品功能才显得格外时髦和接地气。从某种程度上看，花田更像一款结合了微信、微博、QQ 等多种社交工具的新式交友平台。花田的产品功能更强调社交性、无障碍沟通、永久免费。花田界面清新简洁，采用类似微博的信息流展示形式。花田用户可以在其首页随时发布文字和图片动态，展示其生活方式、个人品位等，并且能够与其他用户进行即时在线沟通。为更好地实现这一属性，花田引进了易信的沟通机制，由原来的私信机制变成 IM 机制，保证沟通更及时、更顺畅。当然，最让单身人士感兴趣的是，花田摒弃了传统婚恋交友网站靠信件收费的模式，其收发信件全部免费，这种无障碍的免费沟通机制为花田吸引了大量用户。

此外，花田的精准推荐可以说是产品的一大特色。花田的团队在对海量数据进行分析的基础上，总结出一些人物特征，建立一定数量的人物模型，然后分析具体用户的特征，将其分门别类地套入各种模型。如果用户心仪某一个人，系统便可向其推荐这一类人。花田负责人夏某某表示："我们可以通过'内心独白'来挖掘用户的性格特征。"花田借助自然语言处理技术和语义分析方法来解码用户性格，实现精准推荐。首先，运用切分词方法，从用户的"内心独白"中提取出现频率较高的关键词；其次，将这些关键词分类，如感性词汇或理性词汇；最后，通过文本分析、语义分析，从中挖掘用户的性格是内向、外向、理想化，还是现实派等。例如，Q&A 是花田推出的一个问答题库系统，通过设置价值观、兴趣爱好、生活习惯、爱情观等分类问题，让用户参与答题，从而获得用户的"内心独白"。然后，花田通过对 Q&A 数据的处理分析，能够发现异性之间在生活习惯、价值观、兴趣爱好等方面的契合度，从而有助于找到最优配对。此外，花田还建立了基于人脸识别的外貌模型。据悉，花田正准备引入一款能够识别相似脸的系统，从用户过往的选择数据中总结归纳用户喜欢何种脸型，给用户推荐类似脸型的人。

花田的"定制爱情"，不仅是对定制营销的一种应用，更是基于大数据技术的运用与分析。以后，各行各业想要基于海量的数据为用户提供精准的推荐，必定离不开对大数据技术的运用。

习 题

一、名词解释

体验式营销　定制营销　互动营销

二、简答题

1．体验式营销的本质是什么？

2．体验式营销是如何通过"感官"创造体验的？

3．体验式营销的措施有哪些？

4．体验式营销与传统营销的不同有哪些？

5．与传统营销相比，定制营销的竞争优势是什么？

6．如何提升定制营销的时间竞争优势？

7．结合所学知识简述互动营销的特点。

三、开放性思考

1．请结合实际生活，思考体验式营销的应用还有哪些。

2．定制营销和精准营销的区别和联系是什么？

3．互动营销可以与其他哪些大数据营销方式结合，使营销方案达到更好的效果，请展开阐述。

参考文献

[1] 刘鹏. 云计算 [M]. 北京：电子工业出版社，2015.

[2] 程士安. 消费者洞察 [M]. 北京：中国轻工业出版社，2003.

[3] 姚曦，秦雪冰. 技术与生存：数字营销的本质 [J]. 新闻大学，2013（6）：7.

[4] 王娇，唐守廉，杨桓. 移动营销活动模式研究 [J]. 移动通信，2011，35（9）：4.

[5] 沈昌祥，张焕国，冯登国，等. 信息安全综述 [J]. 中国科学（E 辑：信息科学），2007（2）：
129-50.

[6] 郝戊，王刊良. 网络营销 [M]. 北京：机械工业出版社，2007.

[7] 何晓兵，何杨平，王雅丽，等. 网络营销 [M]. 北京：人民邮电出版社，2017.

[8] 秦勇，陈爽，张黎，等. 网络营销 [M]. 北京：人民邮电出版社，2017.

[9] 蔡宁. 网络经济背景下的现代市场体系研究：现代市场网络体系概念与市场功能 [J]. 商业经济，
2014（9）：74-77.

[10] 李晓夏，赵秀凤. 直播助农：乡村振兴和网络扶贫融合发展的农村电商新模式 [J]. 商业经济研究，
2020（19）：131-134.

[11] 庄家煜，迟亮，曾梦杰，等. 移动互联网在中国农村的发展 [J]. 科技导报，2021，39（23）：
94-100.

[12] 洪杰文，归伟夏. 大数据营销 [M]. 北京：科学出版社，2020.

[13] 赵宏田. 用户画像：方法论与工程化解决方案 [M]. 北京：机械工业出版社，2019.

[14] 伍青生，余颖，郑兴山. 营销新发展：精准营销 [J]. 经济管理，2006（21）：56-58.

[15] 徐海亮. 论精准营销的广告传播 [J]. 济源职业技术学院学报，2007（1）：30-33.

[16] 徐芳，应洁茹. 国内外用户画像研究综述 [J]. 图书馆学研究，2020（12）：7-16.

[17] 秦冲，赵铁柱，柳毅. 个性化推荐算法的研究及发展综述 [J]. 东莞理工学院学报，2021（3）：
51-60.

[18] 胡涵清，金春华，李莉，等. 大数据营销 [M]. 北京：经济管理出版社，2020.

[19] 史密斯. SEO 和 AdWords 营销的 59 个技巧 [M]. 高采平，史鹏举，译. 北京：电子工业出版
社，2011.

[20] 宋利利，刘贵容，陈伟. 大数据与市场营销 [M]. 北京：经济管理出版社，2020.

[21] 王丽萍，李创. 网络营销学概论 [M]. 北京：清华大学出版社，2014.

[22] 阳翼. 数字营销 [M]. 2 版. 北京：中国人民大学出版社，2019.

[23] 何苑，郝梦岩. 搜索引擎优化策略研究 [J]. 计算机与数字工程，2009（7）：60-64.

[24] 李莎. 搜索引擎及搜索引擎广告 [J]. 广告研究（理论版），2006（3）：109-113.

[25] 任勇旗，唐毅. 以用户为中心的搜索引擎优化研究 [J]. 图书馆学研究，2009（1）：44-50.

[26] 谭静. 微信小程序营销与运营实战从入门到精通 [M]. 北京：人民邮电出版社，2018.

[27] 王易. 微信营销与运营全能一本通 [M]. 北京：人民邮电出版社，2018.

[28] 阳翼. 大数据营销 [M]. 北京：中国人民大学出版社，2017.

[29] 李灿辉. 微信搜索引擎优化策略的研究 [J]. 数字技术与应用，2020，38（4）：2.

［30］张波. O2O 移动互联网时代的商业革命 [M]. 北京：机械工业出版社，2014.

［31］袁国宝. 抖音运营 [M]. 北京：中国经济出版社，2020.

［32］魏艳. 微视频营销 [M]. 北京：企业管理出版社，2017.

［33］营销铁军. 短视频营销 [M]. 天津：天津科学技术出版社，2020.

［34］王萍，耿慧慧. 抖音电商实战：引流＋蓝 V＋直播＋橱窗＋小店＋小程序＋带货＋广告 [M]. 北京：中国铁道出版社，2020.

［35］王晓红，包圆圆，吕强. 移动短视频的发展现状及趋势观察 [J]. 中国编辑，2015（3）：7-12.

［36］谭畅，贾桦，杜港，等. 浅析网络直播的定义、特点、发展历程及其商业模式 [J]. 现代商业，2018（19）：165-168.

［37］秦子茜. 基于用户消费特性的网络直播营销策略研究 [D]. 武汉：武汉大学，2018.

［38］ALDER L. Symbiotic Marketing[J]. Harvard Business Review，1966，44：9-10.

［39］陈炳祥. 跨界营销. "互联网＋"时代的营销创新与变革 [M]. 北京：人民邮电出版社，2017.

［40］程丹亚，袁炜灿. 跨界营销：品牌另辟蹊径的营销之道 [J]. 新闻研究导刊，2018，9（15）：76-77.

［41］杜永利，滕芳芳. 品牌联合视角下的"CROSSOVER"（酷越）[J]. 经济与管理，2008（10）：56-62.

［42］甘勇，李德荣. 基于案例研究的企业跨界营销策略探索 [J]. 中国商贸，2010（25）：57-58.

［43］黄春萍，王芷若，马苓，等. 跨界营销：源起、理论前沿与研究展望 [J]. 商业经济研究，2021（4）：80-82.

［44］雷良. 基于 4C 理论的跨界营销分析 [J]. 商场现代化，2022（3）：51-53.

［45］陆朦朦，方爱华. 移动阅读品牌跨界营销探析：概念、元素与模式 [J]. 出版广角，2018（19）：32-35.

［46］宋利利，刘贵容，陈伟. 大数据与市场营销 [M]. 北京：经济管理出版社，2020.

［47］张向南. 新媒体营销案例分析：模式、平台与行业应用 [M]. 北京：人民邮电出版社，2017.

［48］刘俊清. B2C 环境下线上互动、感知价值与消费者重购意愿的关系研究 [J]. 内蒙古财经大学学报，2018（2）：50-55.

［49］王爱莲，冯睿. 大数据背景下网络互动营销研究综述 [J]. 北方经贸，2021（9）：63-66.

［50］郑锐洪. 体验营销的实施模式与成功要素研究 [J]. 企业经济，2008（6）：82-85.

［51］倪宁. 大数据营销 [M]. 北京：中国人民大学出版社，2015.

［52］李永平. 数字营销 [M]. 北京：清华大学出版社，2021.